T0278339

Satanismo. Historia del culto al Mal

JAVIER CAVANILLES

Satanismo
Historia del culto al Mal

Ⴔ
ALMUZARA

Editorial Almuzara • Colección Historia
Edición de Daniel Valdivieso Ramos

www.editorialalmuzara.com
pedidos@almuzaralibros.com - info@almuzaralibros.com

Editorial Almuzara
Parque Logístico de Córdoba. Ctra. Palma del Río, km 4
C/8, Nave L2, n.º 3. 14005, Córdoba

Imprime: Liberdúplex
ISBN: 978-84-10522-78-7
Depósito legal: CO-1351-2024
Hecho e impreso en España - *Made and printed in Spain*

*A archives.org, Sci-Hub y wikipedia.com,
sin ellos no habría podido escribir este libro.*

*A Bruno y a Antonio,
sin vosotros ya llevaría diez.*

Índice

Introducción
A LAS PUERTAS DEL INFIERNO 13

SATÁN, EL CONCEPTO 19
 La revolución de Zoroastro 21
 El monoteísmo 23
 Satán llama a su puerta 25
 Entre dos aguas....................................27
 Todos los satanes llevan a Roma 31

LA SINAGOGA DE SATÁN 35
 Los evangelios como conspiración 36
 El enemigo interior.................................37
 El dilema del primer cristianismo 39
 Un salvador cuestionado 40
 La Sinagoga de Satán 44
 Don Diablo se ha escapado 45

SATÁN COMO HEREJÍA 49
 Cristianismo, ¿con o sin Satán?......................51
 De Satán solo se cuenta lo malo 55
 Constantino 1 - 0 Satanás 57

LA EDAD DE ORO DEL SATANISMO CRISTIANO 63

Un proceso de aculturación 67

¿Y cómo es él? 68

La Caza de Brujas 72

DE LA FACCIÓN DEL DIABLO A LA ESCUELA DE SATÁN 81

El Satán rebelde 84

La facción del diablo 86

La Escuela de Satán 90

Los «versos satánicos» de Beaudelaire 94

Los pactos satánicos 99

SOCIEDADES (CASI) SECRETAS 101

La masonería 106

A la salud de Satán 109

La conspiración 112

El origen de los amos del mundo 115

Satán el conspirador 119

LA LEYENDA NEGRA: MENTIRAS Y TRUE CRIME 123

El crimen de los venenos 127

Satán acecha 131

Cruzando el umbral de la leyenda 135

El regreso de Taxil 137

DEL CONOCIMIENTO OCULTO
AL SABER INVENTADO 143

¿Entorno cúltico o banda de frikis? 148

La gran gurú 149

Las sociedades iniciáticas 156

El satanismo como doctrina 159

El Satán que venció a Milton 161

DE CROWLEY A LAVEY 165

El Crowley que nunca existió 173

El Papa Negro 176

La Biblia Satánica 180

El legado del Doktor 184

SATÁN MADE IN USA..189

    El diablo acecha 191

    Viñetas infernales 197

    Y se hizo el rock..............................200

    Puestos del revés.............................204

BIENVENIDOS A SATANLANDIA 213

    El triunfo de la literatura fantástica 215

    Bienvenido a Satanlandia 220

    Bakersfield, engrasando la maquinaria............222

    Satanás sale al rescate.........................225

    McMartin suma y sigue.........................227

    Dragones y mazmorras.........................231

    El fin del pánico..............................236

SATANISMO PARA TODOS LOS GUSTOS...........239

    El demonio cambia de profeta...................242

    El Proceso… hacia la Tradición Siniestra 246

    Hail Hitler 248

    Un nuevo comienzo 253

    De las cenizas de LaVey 257

    La Cienciología del satanismo 258

    Templo de Satán S.L...........................261

    Sacrificios humanos...........................263

EXORCISTAS, LOS APÓSTOLES DE SATÁN 267

    Historia de los exorcismos......................269

    La ciencia de la posesión 273

    En el cine....................................277

    Los exorcistas de Hacendado....................281

    Exorcistas, el poder de la fantasía................283

SATÁN EN EL BANQUILLO 289

    Metal y tal....................................292

    Narcosatánicos, la película 296

    Las redes que nunca existieron..................300

    El pánico moral en cifras 301

El caso Argos: *sostenella y no enmendalla* 303

¿Existen los abusos rituales? 305

Abuso por brujería 307

¿Dónde se esconden los satanistas? 308

SATANÁS MARCA ESPAÑA 311

La Guerra Civil y el Franquismo 317

El nuevo *milieu*. 319

Miedo para todos los públicos 321

Las sectas satánicas en España 323

La Iglesia de Satán en modo Berlanga 327

El satanismo hoy 330

LA SINAGOGA DE SATÁN 2.0 335

Su majestad Nesta Webster 337

Satán cruza el Atlántico 339

Satán es rojo 342

La Religión del miedo 345

De los Illuminati a los iluminados 347

Obama, el anticristo 350

De «Killary» Clinton a QAnon 352

QAnon entra en escena 355

Conclusión:

NOS VEMOS EN EL INFIERNO 361

En España 364

El futuro del satanismo 365

Introducción
A las puertas del Infierno

> La mayor parte de los miembros de la Iglesia de Satán son fanáticos, seguidores de una secta o bichos raros.
>
> Anton LaVey al FBI

Se supone que un libro sobre satanismo debe incluir túnicas negras, velas, extraños rituales, Death Metal y algún sacrificio humano. Evidentemente, esa es una parte de la historia, sin duda la más divertida, pero también la más insignificante en una corriente de pensamiento que tiene veinte siglos de historia. Los tópicos forman parte de esta historia, sí, pero los estudios académicos de autores como Ruben van Luijk, Asbjorn Dyrendal, Per Faxneld, Jesper Aa. Petersen o Massimo Introvigne han hecho avanzar el conocimiento de esta realidad más en las últimas dos décadas que en todo el siglo XX.

El satanismo es, como cualquier religión, un fenómeno que nace, evoluciona, y se manifiesta de diferentes maneras a lo largo del tiempo. Es un proceso largo, no lineal, que refleja la cultura y la mentalidad de cada época. Aquí no hay verdades reveladas ni inspiraciones divinas, tampoco nadie que pretenda tener la última palabra o la interpretación definitiva de un hecho, como hacen otras religiones para intentar enmascarar que no son más que un producto de la imaginación humana. La historia del satanismo, una vez despojada de tópicos y leyendas negras, permite ver cómo se va forjando una creencia. Un proceso en el que, como ocurre con cualquier creencia, es complicado distinguir lo sublime de lo ridículo.

El satanismo, la fe en una especie de Dios del Mal es, sobre todo, una creencia cristiana, aunque no todas las Iglesias inspiradas en la Biblia se relacionan con él de la misma manera. Para los católicos, por ejemplo, creer en Satanás o el diablo no es ni siquiera un dogma de fe, tan solo están obligados a admitir la realidad del infierno al que algunos irán por sus «pensamientos, actos y omisiones» y no por la voluntad de Dios. Los protestantes no siguen esos dogmas, pero en algunas de sus versiones más conservadoras, la creencia en el diablo como realidad incuestionable está mucho más extendida y es mucho más profunda.

Todo lo dicho merece algunos matices, pero la idea de un Satán es más la excepción que la norma en el mundo de las religiones. En todo caso, Satán como Dios del Mal es patrimonio de los cristianos. Eso no significa que otras creencias no incluyan el mal en su menú, pero lo hacen de otra manera.

En *Children of Lucifer* —con quien este libro tiene tantas deudas— Ruben van Luijk introducía una reflexión fundamental para entender la historia del culto al maligno, al separar entre el satanismo de atribución (cuando un colectivo acusa a otro de servir al diablo) del de identificación (los que se denominan a sí mismos satanistas). En este libro, la distinción que se utiliza es diferente por una sencilla razón: los que acusan a terceros de estar al servicio de Lucifer (o cualquiera de sus variantes) no se identifican con él, pero no hay ninguna duda de que creen tanto o más en él que aquellos a los que señalan. De hecho, mientras que el satanismo moderno es mayoritariamente ateo —su dios es tan inexistente como el de cualquier otra religión pero ellos, al menos, lo admiten abiertamente— los que practican el satanismo de identificación creen en el diablo y su poder con la fe del carbonero. A ellos, este libro se refiere como satanistas cristianos frente a los satanistas sin apellido, que sí se corresponden con lo que Van Luijk denomina satanismo de identificación. Otra distinción que se puede hacer es la de satanistas ateos (tipo LaVey) y satanistas creyentes que, aunque no es del todo errónea, tampoco es del todo correcta. Muchos satanistas no creen que el diablo sea un Dios del Mal —lo consideran un símbolo o una metáfora—, pero sí creen en «algo» (fuerza, energía…), por lo que la distinción entre unos y otros no es tan radical como parece.

Otra cuestión compleja es definir qué es un satanista. El término *satánico* es un adjetivo con connotaciones negativas evidentes; *satanista*, un sustantivo, define a la persona que se identifica con una religión que tiene al maligno como símbolo (o realidad) superior. Sin embargo, no todos los satanistas tienen la misma visión de Satán. La mayoría lo ve como una figura simbólica positiva que representa la rebeldía contra el poder y rechazan cualquier connotación negativa; otros lo ven tan real como los cristianos a su Dios y lo aprecian precisamente por representar el mal absoluto. Estos adoradores del diablo —una definición que les describe— creen en el llamado Satán histórico, el de la Biblia. También están los que prefieren denominarse Luciferinos, para evitar las connotaciones negativas de asociarse su creencia con Satán.

En todo caso, si hay un principio común a las distintas corrientes satánicas es su antinomismo, entendido como un repudio a las leyes morales de la Iglesia. El origen de esta postura es el teólogo protestante Johannes Agricola (1494-1566) —amigo de Lutero—, que defendía que la salvación dependía únicamente de la fe. La interpretación que hacen los satanistas de esta doctrina es un poco *sui generis*, ya que solo comparten la primera parte del razonamiento. Además, para unos, que no existan leyes morales o un modelo de conducta correcto (que, por supuesto, no emanan de Dios), para otros es una carta blanca para abrazar el mal. El satanismo cristiano, en cambio, no presenta tantos matices, para ellos Satán es sinónimo del mal y causa de la ruina moral del ser humano y es, a la vez (o según la ocasión), la serpiente que tentó a Eva, el padre biológico de Caín, el funcionario al servicio de Dios que le ayudó a poner a prueba a Job, el que tentó a Jesucristo, el Anticristo o la mano que mece la cuna del Nuevo Orden Mundial. No hay delirio que se les ocurra que no puedan atribuir al maligno.

Otro de los avances que se ha producido en los últimos años es dejar de ver el satanismo como un festival de túnicas negras y demás parafernalia. En realidad, es un mundo muy diverso que incluye desde los que solo se relacionan con otros compañeros en foros de internet, hasta los que forman parte de manera activa de alguna de las distintas órdenes existentes, y todo un catálogo de posiciones intermedias con enfoques doctrinales a veces comunes y otras, muy alejados. La Iglesia de Satán por ejemplo, es una organización, en la que cada miembro busca de manera individual su propio camino. Para entrar, hay que pagar 225 dólares, responder a un formulario, y haber leído *La Biblia Satánica* de Anton Lavey y *Las Satánicas Escrituras* de Peter H. Gilmore, su actual Sumo Sacerdote. «No se trata de tener actividades, ya que nuestros miembros son individuos creativos y productivos que no necesitan ningún tipo de organización para llenar sus ya ocupadas vidas. Nuestros miembros exploran y perfeccionan sus propios potenciales a través de cualquier forma de actividad que les guste y que se adapte a sus talentos, ya sea en las artes, la literatura, el atletismo o cualquier posible habilidad que puedan desarrollar y que les resulte personalmente satisfactoria. Si deciden pasar tiempo y trabajar con otros miembros, es únicamente por elección personal», explica Gilmore.[1]

En cambio, en el Templo de Set, una escisión de la anterior, tras ser aceptado, el aspirante necesita pasar un periodo

_____
1   Mail con el autor

de dos años de intensa formación y tutelado por un veterano antes de poder considerarse miembro de pleno derecho. Avanzar en sus grados obliga a estar en permanente contacto con la entidad y demostrar la evolución constantemente. Entre una y otra, hay todo tipo de organizaciones con estructuras muy diversas. Unas con una clara visión progresista y otras que han sido calificadas como un «semillero de terrorismo». Para complicar más la cosa, hay iglesias a las que se señala como satánicas y no lo son. Es el caso del citado Templo de Set, la Astrum Argentum de Aleister Crowley, o el Dragon Rouge de Thomas Karlsson. Estas se engloban en la etiqueta más amplia de Sendero de la Mano Izquierda, y han influido al movimiento satanista al tiempo que se han dejado influir por este, pero no forman parte de él.

El satanismo es mucho más que la creencia en el maligno. Es también el mecanismo que Otto Rank, el principal discípulo de Sigmund Freud, definió como «proyección inversa», y que se caracteriza por permitir a un grupo achacar a otro una acción que el primero considera tabú y que ha cometido o desea cometer. Un mecanismo que, según añadió el folclorista americano Alan Dundes, se activa cuando una cultura dominante quiere victimizar a otra más débil, de modo que la minoría victimizada es, paradójicamente, acusada de intentar agredir a la mayoría. La consecuencia son los llamados *mitos de subversión,* que se caracterizan, según el sociólogo Bill Ellis, por:

- Son gramáticas culturales que conectan relatos que, de otro modo, serían difíciles de vincular.

- Son imposibles de demostrar, lo que los convierte en una cuestión de fe.

- Funcionan por su capacidad de construir narrativas, no por su factualidad.

- Desacreditar un hecho no destruye la narrativa, ya que es la suma de tantos elementos que es imposible rebatirlos todos. En todo caso, el relato tiene capacidad suficiente para evolucionar y modificarse para superar contradicciones o adaptarse a posibles cambios.

- Creer en un mito subversivo es, en sí mismo, una prueba de su veracidad. Cualquier duda exterior se percibe como la acción de una agenda oculta de quien lo cuestiona. Intentar rebatirlo contribuye a confirmar su veracidad y aumenta su público potencial.

- Son mutantes: cuando el objetivo, o chivo expiatorio, deja de ser visto como un peligro, busca una nueva diana.

El satanismo es el mito de subversión por excelencia, y todos los elementos citados encajan con el funcionamiento de las teorías conspiranoicas. En ellas, partiendo de unas conclusiones (una elite satánica global domina el mundo), cualquier acontecimiento aleatorio sirve para confirmar la hipótesis de partida y se vincula con otros hechos aparentemente inconexos y ocultos tras un manto de misterio tejido, para que los verdaderos responsables del mal puedan esconderse. Así, y no por casualidad, el historiador francés definió la agencia que anima esta dinámica como «causalidad diabólica».

Quiero aprovechar estas líneas para agradecer, a todos en particular y a ninguno en general, a los que me han echado una mano a la hora de escribir este libro. Como la lista es tan extensa y corro el riesgo de olvidarme de algunos, prefiero hacerlo en persona. Eso sí, a los que me ayudaron con la corrección —tarea más que complicada ya que soy disléxico— sí que los voy a nombrar (por orden alfabético, no necesariamente de importancia), aunque entendería perfectamente que no quisieran que les relacionaran conmigo: Andrea Díaz, Sergio Moreno y Óscar Tamarit. Y, por supuesto, a Marieta Ibáñez Díaz y a Cristina García Ruiz. A la primera sé, que le hará mucha ilusión; a la segunda, me temo que le va a dar igual.

Satán, el concepto

En de agosto de 1939, mientras participaba en la excavación de Hohlenstein-Stadel, en la sierra de Jura de Suabia (al suroeste de Alemania), el geólogo alemán Otto Völzing encontró una curiosa talla de marfil. El inicio de la Segunda Guerra Mundial, una semana más tarde, condenó al olvido en un cajón en el Museo de Ulm a aquel pequeño trozo de cuerno de mamut que alguien talló entre 35.000 y 40.000 años atrás. Sesenta años pasaron hasta que se pudiera restaurar esta «figura hombre-león» (como se le conoce) de 31 centímetros, la representación conocida más antigua de un ser sobrenatural al que el ser humano ha rendido culto.[2] Este primer ídolo fue la consecuencia de una idea transcendente previa que, un buen día, a uno de nuestros antepasados se le ocurrió convertir en representación física. Luego vendrían

---

2   *Historia de las creencias contada por un ateo.* Matthew Kneale, p. 17. Taurus, 2013.

19

—no necesariamente por ese orden— los ritos, el alma, el cielo, el infierno, las herejías, la prohibición de masturbarse o de comer jamón, una forma de explicar el origen del mundo y unos códigos de conducta. Había nacido la religión.

El «Hombre-León» de Ulm. Fotografía: Dagmar Hollmann.

Algunas de esas creencias que fueron apareciendo a través del tiempo podían incluso no tener dioses (como en el budismo) o carecer de una moral propia (Roma o Grecia). Había de todo gracias a que existía una gran tolerancia. Alejandro Magno (que, acabó convencido de que era un dios inmortal pocos años antes de morir envenenado), conquistó todo el mundo conocido, pero jamás obligó a nadie a renunciar a sus creencias siempre y cuando respetara las de su imperio. En los buenos viejos tiempos cualquiera podía rendir culto a lo que quisiera mientras no se cuestionase la religión del poder, que era lo mismo que cuestionar al poder propiamente dicho. El monoteísmo supondrá un cambio radical: no sólo habrá dioses más importantes que otros, sino que los dividirá entre los verdaderos y los falsos. Y será el poder político el encargado de determinar cuál es cuál.[3]

LA REVOLUCIÓN DE ZOROASTRO

Los conceptos del bien y del mal son tan antiguos como la humanidad, pero durante más de 3.000 años eran las caras de una misma moneda. Las religiones eran monistas, creían en la existencia de un principio único en el cosmos. La gran revolución se produce con la llegada del zoroastrismo (en algún momento entre el II y el I milenio a.C.). Zoroastro (Zaratustra), quienquiera que fuera y cuando viviera, introdujo el dualismo y la existencia de un Dios «bueno» (Ahura Mazda) y otro «malo» (Angra Mainyu o Arimán), una visión que también separa el cielo del infierno (aunque el *hamestagan* tenga también algo de purgatorio) y distingue entre ángeles y demonios.

En este contexto religioso, el hombre era libre de optar por el dios que deseara: era un decisión personal y racional como corresponde a una religión henoteísta en la que hay

3   *Dios contra los dioses,* Jonathan Kirsch, p. 104. Ediciones B. 2006

varios seres supremos pero solo uno que merezca ser adorado. La decisión de postrarse ante uno u otro dios era libre pero las consecuencias de la elección, cuando es el poder quien ha definido qué es el *bien* y el *mal*, están claras.

De Zoroastro se sabe poco, más allá de que realmente existió, así que es difícil determinar las circunstancias que originan su reforma, pero es evidente que coincide con el momento en el que en Irán —su lugar de nacimiento— empieza a formarse una nueva civilización, la de los medos, que requiere un mito fundacional necesario para forjar una identidad propia, que permita superar las creencias preexistentes (la religión védica). Este sacerdote vivió la época del ascenso del Imperio Persa, que la dinastía Aqueménida, logró extender por Mesopotamia, Siria, Egipto e India. El cambio religioso no es casualidad. Se produjo en época de grandes reformas políticas, administrativas y financieras, sobre todo mientras Ciro el Grande (559-530 a. C.) y Darío I (521 al 486 a. C.) ocuparon el poder.

El *faravahar* de Persepolis, una de las representaciones más conocidas de Ahura Mazda, el dios del Zoroastrismo. Fotografía: Napishtim.

Solo en ese contexto de grandes cambios se entiende una revolución tan radical. Pero, como explicó el escritor francés Gerald Messadié,[4] no cabe dejar que los árboles impidan ver el bosque:

> Zoroastro, sacerdote y mago, sin duda fue el primero que calibró los riesgos inherentes que para su casta suponía la ambigüedad de los dioses, la naturaleza indescifrable de sus voluntades, y tal vez, pero esto no es más que una hipótesis, la peligrosidad que siempre implica el convertir la religión en un reflejo demasiado fiel de las sociedades terrestres [...]. Para ser verdaderamente poderosa, la religión necesitaba unos pilares inconmovibles, es decir una definición trascendente del Bien y del Mal, de cuya definición fuese administrador terrenal el clero. Sólo así se consolidaría el poder de los sacerdotes.
>
> Pero hizo más: y fue que cimentó el poder de los magos sobre el postulado de que la religión pertenece al pueblo y solo tiene vigencia por la adhesión de este. Esta iniciativa demagógica presentaba el mérito siguiente: que asentaba el poder del clero no sólo en lo espiritual, es decir, sobre la jurisdicción definitoria del Bien y el Mal, sino asimismo en lo político, es decir, sobre la voluntad del pueblo. De esta manera el mazdeísmo creó un verdadero poder paralelo, reforma única en la historia de las civilizaciones hasta aquel momento.

EL MONOTEÍSMO

El primer gran monarca que impuso la creencia en la existencia de un dios único fue el faraón Akenatón[5] (*a.k.a.* Amenofis IV, 1353-1336 a.C). Pese a que no fue más que un pequeño paréntesis en la historia del Antiguo Egipto, alguna enseñanza dejó. La implantación del culto a Atón —un concepto religioso— se tradujo en términos políticos, y solo así se entiende en su verdadera dimensión: Akenatón

---

4   *El diablo.* Gerald Messadié, p. 113. Martínez Roca. 1994.

5   *Akenatón, el primer revolucionario de Egipto*, Peter Hessler. National Geographic (Historia). Junio 2020.

se convirtió así en la representación en la Tierra de ese dios del Sol al que ahora ordena venerar, tras obligar a destruir todos los anteriores. Su reforma hay que entenderla en el contexto de una lucha de poder contra la casta sacerdotal, a la que dejó fuera de juego temporalmente al lograr que el poder religioso pasara del templo al palacio.

El ejemplo de Akenatón apenas influyó en creencias posteriores, ya que sus sucesores eliminaron cualquier traza de su existencia. El verdadero origen de la expansión del monoteísmo es la tradición judía, que señala como su fundador a Abraham, de cuya historicidad no hay prueba alguna. La época es difícil de precisar, aunque el texto en el que narran su encuentro con Dios pudo ser escrito en el siglo VI a.C.

En gran parte del Antiguo Testamento, Yahvé (o Jehová) coexiste con otros que, para los judíos, están por debajo de él (y a los que se alude en más de medio centenar de ocasiones). El monoteísmo, como ocurrió en Egipto con Akenatón, nació fruto del principio de un dios en el cielo y un rey en la Tierra. En el caso del judaísmo, la implantación del monoteísmo cabe atribuirla al rey Josías (648-609 a.C.),[6] descendiente de David y el segundo monarca más importante de los citados en el Antiguo Testamento.

Según el relato bíblico, Josías recibió un libro descubierto por casualidad: el *Deuteronomio*, el último libro de la Torá o el Pentateuco.[7] Este incluía una ley desconocida hasta entonces: Dios sólo acepta los sacrificios que se celebren en el Templo de Salomón. Con esta centralización de poder religioso, el monarca se ganó el apoyo de la casta sacerdotal, a la que volvió a contentar destruyendo todos los demás templos del país y eliminando el rastro de cualquier deidad pagana. Actualmente no se discute que el *Deuteronomio* se escribió mucho después que el resto de libros que conforman el *Pentateuco*, y, desde luego, su autor no fue Moisés (cuyo nombre sirve para legitimar el cambio). Se da así un paso

---

6   Kirsch, pp. 80-81
7   *Reyes* 22: 8-17

más en la institución de una jerarquía centralizada, necesaria para combatir cualquier tipo de disidencia religiosa (y
política). De hecho, si al *Deuteronomio* se le conoce como la
Segunda Ley no es gratuito.

SATÁN LLAMA A SU PUERTA

Una vez consolidada la estructura administrativa de la nueva
creencia, comienza la evolución, y Satán jugará un papel muy
importante. Lo curioso es que no en la Biblia, sino que se
cuela en ella. El maligno, como lo conocemos, surge cuando
el Antiguo Testamento ya está escrito y el Nuevo Testamento
ni se vislumbra. Pero no solo nació en una época que está
fuera de la Biblia sino que lo hizo en libros que no formarán
parte de ella.

En el Antiguo Testamento, el Señor del Mal comienza
siendo una especie de funcionario a las órdenes de Dios
(Jehová o Yahvé), que ni le planta cara ni alberga esa intención. En el *Libro de Job*, en su primera aparición, Satán es
quien se encarga de intentar agotar la paciencia del que
llegaría a ser santo por su capacidad de encajar golpes arbi-
trarios del destino, pero actúa siempre bajo la atenta mirada
de Dios. De hecho, Satán aquí no se refiere a una persona,
sino más bien a un cargo[8] conferido a una suerte de funcionario que desempeña el papel de fiscal, y cuyo título puede
traducirse como «el oponente», «el adversario» (*diablo*, voz
de origen griego, sería «el que pone obstáculos»).[9]

Pero lentamente Dios y el maligno se irán separando. En
Crónicas, Satán engaña a David para que haga un censo de
los israelitas, algo que el Señor ha prohibido expresamente.
El maligno ya ha alcanzado entidad propia y goza de una
incipiente independencia con respecto al creador. Ya no es
un cargo, sino un ser con capacidad de volición. El personaje

---

8   *Breve historia de Satanás*. Gabriel Andrade, p.57. Nowtilus, 2014.
9   *Breve historia del diablo*, George Minois, p. 25. Espasa, 2002.

evolucionó y se adaptó a los cambios sociales y políticos, y no es casualidad que esos cambios fuesen paralelos al aumento del peso de la casta sacerdotal, que necesita ofrecer a su público, a cambio de obediencia y sumisión, un dios bondadoso y protector, o atenerse a las consecuencias. Y alguien tiene que encargarse de estas.

Satán hiriendo a Job (1825), del pintor inglés William Blake.

Así comienza el proceso que explica por qué el Satán del Antiguo Testamento no es el que hoy conocemos. El Yahvé de esta primera parte de la Biblia no necesita un adversario maligno, ya que este forma parte de su propia naturaleza. La relación entre el dios del Antiguo Testamento y el pueblo elegido es la del maltratador con su víctima, a la que exige sumisión total a cambio de un reino que no acaba de llegar. Temerosos de su ira, los hebreos hacen todo lo que les reclama para contentarle, pero nunca es suficiente. Hay varios ejemplos que hablan por sí solos de su nivel de crueldad, como el diluvio universal o los cuarenta años vagando por el desierto del Sinaí para «humillarlos y ponerlos a prueba»,[10] acusándoles de un delito que sólo existía en su imaginación. ¿Y qué decir de Sodoma y Gomorra, borradas de la faz de la Tierra sin que a día de hoy esté claro si fueron víctimas de su voraz apetito sexual, de su apego al dinero o su afición a la blasfemia? ¿O cómo juzgar su papel en Egipto?[11] Cuando los judíos quieren irse es él quien endurece el corazón del faraón para que cambie de opinión cada vez que está a punto de acceder a la petición de estos.

Ejemplos de la crueldad de Yahvé hay para aburrir, y es importante notar que, incluso suponiendo que en alguno de estos episodios exista un ápice de historicidad, su verdadero valor reside en que refleja la visión que tenía los autores de los textos de su dios. Por eso no es de extrañar que el dominico Henri Lacordaire,[12] que nunca se lo pensó dos veces cuando se trataba de enfrentarse a la jerarquía católica, afirmase que «Dios emplea a veces métodos satánicos».

ENTRE DOS AGUAS

El dios del Antiguo Testamento, como apuntó Richard Dawkins, es «posiblemente, el personaje más desagradable de toda la literatura de ficción».[13] Sin embargo, el del Nuevo Testamento se presenta como un ser de una benevolencia absoluta e infinita. El dato no pasó desapercibido a los primeros cristianos y, por destacar esa obviedad en su obra *Antítesis*, Marción de Sinope (85-160) fue duramente perseguido y se convirtió en hereje dos siglos antes de que el concepto naciera en el Concilio de Nicea (325 d.C.). No es casualidad que el obispo y mártir Policarpo de Esmirna

---

10   *Deuteronomio* 8:2-16

11   *El príncipe de las tinieblas,* Jeffrey Burton Russell, p. 49. Andrés Bello, 1994.

12   *El diablo,* Giovanni Papini, p.84. Emecé, 1954.

13   *The God delusion,* Richard Dawkins, p. 31. Black Swan, 2007.

bautizase a Marción, a falta de mejores argumentos, como «el primogénito de Satanás».[14] Pocas formas se han inventado más efectivas para zanjar sin argumentos un debate que acusar al otro de estar al servicio del Señor del Mal.

El Satán moderno no está en el Antiguo Testamento (cuyo proceso de elaboración se extiende a lo largo de más de un milenio y concluye sobre el 450 a.C.), pero ya aparece como tal en el Nuevo Testamento, cuya redacción se inicia unos 500 años más tarde: es lo que se conoce como *periodo intertestamentario*, el tiempo que trascurre entre los escritos del profeta Malaquías y la entrada en escena de Juan El Bautista. En estos cinco siglos no hay actividad profética mientras, desde un punto de vista histórico, se suceden el ascenso y caída del Imperio Persa (y del zoroastrismo), del Imperio Helénico de Alejandro Magno y de la República Romana, que logró dominar todo el Mediterráneo. También los judíos han vivido un periodo fundamental de su historia, el conocido como el Segundo Templo —516 a.C. al 70—, que marca el regreso a Jerusalén desde Babilonia (donde los líderes judíos han estado cautivos medio siglo) y el inicio de una época de relativa independencia: sigue bajo domino extranjero (persa, ptolomeico y seléucida), pero con una Judea dirigida por un Sumo Sacerdote (y un Consejo de Ancianos), y una *Knéset Haguedolá* (Gran Asamblea), a medio camino entre lo jurídico y lo religioso, que funciona como máxima institución política. Que en estos siglos de relativa tranquilidad no haya grandes innovaciones religiosas explica hasta qué punto estas dependen más de lo terrenal que de lo divino.

Mientras, el tiempo pasa. Por un lado, miles de ideas que influyeron (o compitieron) con las de los judíos; por otro, una sucesión de acontecimientos históricos que les obligó a repensar su relación con Yahvé. ¿Dónde estaba el Reino Prometido? ¿Y el profeta que debía volver para suceder a David? ¿Por qué, si mantenían la fe y seguían el pacto al pie

---

14   *Padres apostólicos.* Daniel Ruiz Bueno, p. 448. BAC, 1950.

de la letra, no se cumplían las profecías? Así, se ven en una tesitura: o asumir que estaban creyendo en un dios inexistente —o, al menos, en el equivocado— o intentar racionalizar lo que estaba ocurriendo y buscar una nueva explicación que diera sentido a su atribulada existencia. Y optaron por la segunda vía.

Para los judíos, el punto de inflexión tiene lugar en el siglo II a.C. Tras la muerte de Alejandro Magno, Judea (o Palestina) estuvo bajo el control de la dinastía ptolemaica sin que su forma de vida se viera particularmente afectada. Pero las cosas sobre todo se tuercen cuando la región cae en manos de los seléucidas, que impulsaron una profunda helenización de la zona.[15] Aunque al principio las relaciones entre ellos y el poder fueron buenas, la difusión de la cultura griega por la zona (a la que algunos judíos se oponían), acompañada de varias subidas de impuestos, marcó el inicio de una inminente ruptura. La tensión provocó, en el 168 a.C., una intervención militar y el fin de la política de conciliación: prohibición del *sabbath* y otras costumbres bajo pena de muerte, la obligación de rendir culto a los dioses griegos (se erigió una estatua dedicada a Zeus en el Templo) y la ocupación militar de la zona.

La respuesta fue lo que se conoce como la Rebelión de los Macabeos (una efeméride que actualmente se celebra bajo el nombre de la *Janucá*) y que se prolongó hasta 162 a.C. Un grupo reducido de judíos (no todos apoyaron el movimiento) luchó, liderado por Judas Macabeo, contra una fuerza muy superior, ganó todas las batallas y logró revertir la situación. La victoria, además, puso las bases de un nuevo Estado judío independiente —aspiración a la que casi se habían visto obligados a renunciar—, un hito que necesitará de la aparición de nuevos relatos para justificarse y darle un sentido teológico.

Aunque la exitosa Rebelión de los Macabeos estuvo encabezada por los sectores más conservadores del judaísmo, la

---

15   britannica.com/biography/Antiochus-IV-Epiphanes

paz no puso fin a la helenización de Judea. La consecuencia es la aparición de nuevas escisiones (o sectas) que serán las que, definitivamente, consoliden a Satán como esa especie de demiurgo malo enfrentado a Dios, y sólo un peldaño por debajo de él. De entre todas esas corrientes, por su número y organización, destacan los esenios, un grupo que decide romper con el resto y, guiados por el Maestro de Justicia —del que apenas conocemos nada —, se refugia a orillas del Mar Negro convencidos de que el judaísmo está perdido y de que todas las demás interpretaciones de la Ley están corruptas: solo quedan ellos. Pero ese mal que impide que se cumpla la profecía no es abstracto, existe, y esa es la argumentación que les permite explicar por qué, aun habiendo sido fieles a su pacto con Yahvé, no dejaban de sufrir desgracias. Si Dios representa el bien, ¿de dónde viene ese mal que les aflige? La respuesta es obvia: de Satán.

El punto de vista de los esenios está presente en los famosos Manuscritos del Mar Muerto (o Rollos de Qumrán), que presentan una doctrina fuertemente influida por el zoroastrismo de la que surge un Satán cada vez más parecido al que hoy conocemos. Entre esos textos, descubiertos por casualidad en 1947, hay dos que serán particularmente importantes: *El Libro I de Enoc* y el *Libro de los Jubileos*.

El *Libro I de Enoc* (atribuido nada menos que al nieto de Noé, y que se comenzó a componer en el II a.C.) incluye el *Libro de los Vigilantes*, en el que narra cómo unos ángeles descienden a la Tierra, yacen con las mujeres, y de ahí nace una raza de gigantes (los Nefilim). Esos ángeles están liderados por Semyaza y su lugarteniente Azazel, que acaban derrotados por el arcángel San Gabriel. Aunque no se cita a Satanás, la imagen de ángel caído que desobedece a Dios y se enfrenta a él ya está creada.

El otro texto que contribuye a formar la idea de Satán es el *Libro de Jubileos*, cuyo interés reside en su capacidad para reescribir la historia narrada en el Antiguo Testamento y darle otra lectura acorde con los nuevos tiempos. El relato recupera un hecho de *Éxodo* en el que Dios, en otro de sus alardes de bondad infinita, intenta asesinar a Moisés porque no ha circuncidado a su hijo. Lo interesante es que en esta segunda versión no es Yahvé el que quiere acabar con la vida de su siervo, sino Mastema («el odiado»), cuya naturaleza no está del todo clara, pero que remite directamente a la figura de Satanás. Que sea Mastema y no Yahvé el responsable del fallido infanticidio demuestra el interés de los autores del texto en despojar al dios de los judíos de sus características más terribles.

TODOS LOS SATANES LLEVAN A ROMA

Aunque Satán (y sus secuaces)[16] apenas tiene presencia en el Antiguo Testamento, en el Nuevo son omnipresentes. Ya sea por su nombre o como Belcebú, como demonio, bestia, diablo o dragón, se le nombra 188 veces. Evidentemente, no lo hace de la misma forma en los Evangelios, en las cartas paulinas, en los *Hechos de los Apóstoles* o en el *Apocalipsis*. Una de las maneras en las que Satán se hace presente en el Nuevo Testamento es, sobre todo, en los relatos sobre los exorcismos de Jesús o cuando lo tienta en el desierto. Esos enfrentamientos con el diablo permiten mostrar al nazareno Jesús como una figura religiosa, y no como el líder político y aspirante a caudillo militar que seguramente quiso ser en realidad. Este retrato hubiera molestado a los romanos pero, ya lo explicó el escritor José Ruiz Mata,[17] «siempre ha sido muy eclesiástico estar a bien con el poder».

Aunque no parece que Jesús —como apuntan algunos autores— fuera esenio,[18] la visión de Satán como el rival de Yahvé se extendió por las distintas ramas del judaísmo, de

---

16 Messadié, p. 324.

17 *Eso no estaba en mi libro de historia de las religiones*, José Ruiz Mata, p. 157. Almuzara. Córdoba, 2017.

18 Antonio Piñero: «Jesús era político, y su religiosidad llevaba a unas implicaciones políticas». Jesús Bastante. 11/VI/2017. *Periodista Digital*.

ahí su presencia en el Nuevo Testamento y su evolución. El contexto es fundamental. Un ejemplo es Marcos. El primer evangelista está condicionado por la reciente primera guerra judeo-romana (66-73) que acabó con Jerusalén arrasado y el Tempo destruido. La única forma de racionalizar el suceso es insistir en la existencia de un mal fuera del mensaje del nazareno y de Dios. Por un lado, para no levantar las suspicacias del poder político, por otro, para justificar que no solo no llegaba el Reino de Dios, sino todo lo contrario.

La primera tentación de Cristo frente al Diablo, vitral de la catedral de Saint-Pierre de Troyes (c.1170-1180) que hoy se guarda en el Victoria and Albert Museum de Londres.

El punto álgido de cómo el maligno se adapta a los tiempos llega con el último libro de la Biblia. El *Apocalipsis* (o *Revelación*) narra la gran batalla entre el Bien y el Mal que acaba con Satán en un lago de fuego y azufre, y la llegada —definitiva y para siempre— del Reino de Dios. Una vez más, el contexto es importante, aunque existen dudas que permitan fechar el texto con exactitud. Es evidente que Juan, su misterioso autor —que no hay que confundir con el evangelista—, conoce las persecuciones de Nerón en Roma a los cristianos del año 64. De hecho, el famoso número de la Bestia (666) podría aludir al emperador. El autor también ha sido testigo de la primera guerra judeo-romana, incluso es probable que llegara a vivir las de Trajano (entre 109 y 111).[19] Pero lo importante de este libro, el único de carácter apocalíptico de la Biblia, es que consagra al Anticristo (un Satanás con esteroides) como el gran enemigo de Dios, pero también predice su final y la llegada de la salvación.

El *Apocalipsis se* escribió probablemente a finales del siglo I, tras la destrucción del Templo y con Domiciano de emperador. Fue una época de persecuciones a los judíos (y a los primeros cristianos) probablemente difícil de entender para los descendientes del rey David: cuanto más fieles eran a la Ley (y más se negaban a asumir otros cultos de la época) peor lo pasaban. ¿No debería su Dios premiar su actitud? A esta pregunta trata de responder el texto, y lo hace de una manera tan curiosa como inteligente.[20] Primero, acepta un dualismo poco compatible con el monoteísmo judío, lo que le permite esquivar el problema de fondo afirmando que el sufrimiento se produce en la Tierra (donde tiene lugar esa lucha entre el Bien y el Mal) pero no en el Reino de Dios. Así, de rondón, aparece un nuevo dualismo, este vertical, del que nacerá el concepto del infierno (la morada de Satán) y el cielo.

Pero además, segunda genialidad, soluciona el problema del Reino de Dios, que el propio Jesús había anunciado —con escaso acierto— como un hecho inminente y terrenal,[21] pues a sus seguidores les aseguró que ellos lo verían antes de morir. Ahora, el Reino llega después de la muerte, y la resurrección

---

19   *Los libros del antiguo testamento.* Edición de Antonio Piñero. Trotta. 2021, pp. 1478-1481.

20   *¿Dónde está Dios?* Bart D. Ehrman, pp. 256-258. Ares y Mares, 2008.

21   *Marcos* 9:1 y 13:30

de las almas no supone que volverán del *Sehol* (ese limbo al que iban todos, independiente de si había sido buenos o malos),[22] sino que renacerán en el lugar donde reina Dios y no hay espacio para el diablo. Eso, si son buenos; en caso contrario, al infierno. La salvación, además, deja de ser el pueblo de Israel: a partir de ahora se analizará caso a caso. Satán ya no sólo es el gran enemigo de Dios, es la excusa perfecta de la clase sacerdotal para justificar que este haya incumplido todas sus promesas y el arma con el que amedrentar a todo el que intente resistirse.

---

22 *Jesús desenterrado.* John D. Crossan y Jonathan L. Reed, pp. 256-258. Crítica, 2007.

La Sinagoga de Satán

> El plano de santidad que nos pide el Señor está deter-
> minado por estos tres puntos: la santa intransigencia, la
> santa coacción y la santa desvergüenza.
>
> Camino, JOSEMARÍA ESCRIVÁ DE BALAGUER

Resulta evidente que cuando los evangelistas narraron la vida de Jesús no entraba sus planes construir un relato conspira-noico. Sin embargo, es lo que consiguieron. El mensaje final fue el resultado de su intento de exponer ante la opinión pública a la que se dirigían —las distintas ramas del judaísmo de la época— su punto de vista, en el contexto de una impor-tante ansiedad social (la presión de Roma, la lucha por la verda-dera interpretación de la Ley, las profecías incumplidas sobre el Reino de Dios...).[23]La hipótesis de Satanás como mano que mueve los hilos racionalizó unos miedos que se aparecen con más fuerza cuando una minoría[24] se siente perjudicada (aquí, los cristianos frente a las demás sectas judías).[25]

---

23   *The psychology of conspiracy theories.* Jan-Willem van Prooujen, p. 26. Routledge. 2018.

24   *Ibid,* p. 61

25   *Ibid,* pp. 58-59

Enrique Irazoqui, como Jesús de Nazaret,
El evangelio según san Mateo (Pier Paolo Pasolini, 1964).

Todos estos factores influyeron en crear una situación que —con todos los matices— se puede apreciar en las modernas conspiraciones. Los fariseos y los saduceos eran, en cierto modo, el enemigo, pero falta cierta proporcionalidad. El mal de los cristianos es demasiado grande como para admitir una explicación tan mundana y el recurso a una mano negra, en forma de intervención de Satán, se adecuó perfectamente a las necesidades de su discurso. Ya decía Karl Popper[26] que las teorías conspirativas, no son más que «la laicización de las supersticiones religiosas», narrativas que suelen encontrar un terreno fértil en los contextos milenaristas o apocalípticos, y sin duda los primeros seguidores de Jesús lo eran.

LOS EVANGELIOS COMO CONSPIRACIÓN

Los Evangelios pretenden ser la narración objetiva de los últimos días de Jesús, son el texto que legitima el cristianismo como la verdadera interpretación de la Ley y, a la vez,

---

26   *Routledge handbook of conspiracy theories*. Asbjørn Dyrendal, pp. 372-373. Routledge, 2020.

deslegitima todas las anteriores. Son dos procesos distintos, paralelos, que dejan claramente a la luz las intenciones de los autores. Un relato que, por cierto, será la piedra sobre la que se edificará el antisemitismo.

Y dentro de este relato aparece un concepto —conocido, pero no suficientemente valorado— como es el de la Sinagoga de Satán. Es una idea fundamental para entender la naturaleza de la conspiración en su sentido más moderno, y para comprender las bases del satanismo cristiano, que ha perdurado hasta nuestros días. Lo importante de una conspiranoia no es que sea cierta, sino los mecanismos que pone en marcha y que la impulsan a seguir avanzando. Su triple objetivo, como relato, es atribuir intenciones, eximir de responsabilidades y crear enemigos.[27] La suma de todo es lo que hace que cumpla una función como relato autojustificativo.

EL ENEMIGO INTERIOR

Desde su aparición hasta el Antiguo Testamento, Satán no dejó de evolucionar. Pasó de simple funcionario de Dios a su gran rival y, a la vez, se convirtió en el chivo expiatorio, es decir, en la excusa perfecta para despojar a Dios de toda responsabilidad sobre la existencia del mal.[28] A partir de ahí, todo obedecerá a un perfecto plan divino, pero cuando algo salga mal la culpa será del diablo. Este transito es el que hará evolucionar hacia un monoteísmo encabezado por un ser lleno de bondad, que dejará atrás la abominación que conocieron los judíos en el Antiguo Testamento.

La idea de culpar al maligno de todo aparece varias veces en el Nuevo Testamento. De hecho, para los fariseos Jesús es uno de sus agentes,[29] un ejemplo de lo que se conoce como

---

27 *The United States of Paranoia*, Jesse Walker, p. 21. Harper, 2013
28 *Scapegoat. A history of blaming other people*, Charlie Campbell, p. 31. Duckworth Overlook, 2011.
29 *Mateo* 12:24-48

«el enemigo interior»[30] propio del discurso conspiranoico. Y eso ocurre porque en esos momentos, la némesis de los judíos no son los romanos o los paganos, sino los otros judíos que tienen su propia interpretación de la Ley.

Los fariseos constituyen uno de los grupos más importantes de Jerusalén —un estatus que ambicionan los primeros cristianos— y se caracterizan por seguir «la tradición de sus mayores» por encima de la Ley, costumbres que Jesús no tolera, pues considera que vacían de contenido el culto a Dios. ¿Y cómo pueden unos y otros desacreditarse? Literalmente, satanizando al contrario. Se da así un paso importante, el que va del maligno como chivo expiatorio al de «culpable por asociación». Ya solo falta un escalón más, que está a punto de llegar: convertir al maligno en la herramienta para crear un enemigo exterior: la Sinagoga de Satán.

El recurso al maligno en el proceso de afirmación de la nueva fe, como verdadera y original, no es casualidad. Es el «poli malo» sin el que los cristianos jamás hubieran logrado su propósito. Como dijo muy acertadamente Burton Russell[31]:

> El Diablo del Nuevo Testamento no es tangencial al mensaje fundamental, no es un mero símbolo. La misión salvadora de Cristo puede ser comprendida en su totalidad solo en términos de oposición al Diablo. Este es un punto nodal del Nuevo Testamento: el mundo está lleno de dolor y sufrimiento, pero más allá del poder de Satán hay un poder mayor que ofrece un nuevo sentido a ese sufrimiento.

El mensaje es religioso, pero también político: sufrimiento o salvación («conmigo o contra mí») a cambio de aceptar la *verdad*.

---

30   Walker, p. 16.
31   Burton Russell, p. 73

EL DILEMA DEL PRIMER CRISTIANISMO

El contexto de la llamada Sinagoga de Satán está en el nacimiento del cristianismo que, como secta judía emergente, se tuvo que enfrentar a la necesidad de legitimarse frente a tradiciones más antiguas. Los primeros cristianos son una minoría cuya originalidad estriba en pretender que su líder conoce la verdadera interpretación de la Ley y que esta no depende del Templo. Con todo en contra, consiguieron salir airosos e imponerse en la lucha por imponer su relato.

En sus inicios, el principal enemigo del cristianismo no era Roma, sino el propio judaísmo, que lejos de ser una religión unitaria estaba dividida en distintos grupos. Los evangelios canónicos se escriben en un momento en el que coexisten fariseos, zelotes, asmoneos, saduceos, esenios... más de veinticuatro sectas, según el Talmud,[32] cuyas relaciones oscilan entre la tolerancia, la indiferencia o el odio. En común tenían que todos se consideraban los poseedores de la Verdad.

Imponer su visión sobre la Ley a las demás facciones judías fue un problema; cómo relacionarse con el poder político era otro. El Imperio podía ser muy tolerante con las distintas religiones, pero su paciencia tenía un límite. A las buenas con los romanos, los descendientes de Abraham sabían que tenían más que ganar que perder. De ahí que los evangelistas tuvieran claro que —desde un punto de vista práctico— lo mejor era acusar a otras facciones de la muerte de Jesús, en lugar de señalar a los verdaderos autores de la crucifixión: los romanos (los únicos con potestad para dictar una sentencia de muerte).

Pero los primeros cristianos se enfrentaban a un tercer problema, y este es probablemente el más original. Todas las sectas judías consideran que la suya es la verdadera interpretación de la Ley, y estaban tan seguras de que las demás vivían en el error. Pero los Evangelios introducen una

---

32 Kirsch, p. 112.

novedad: el cristianismo no solo es la verdad, sino que todo el mundo lo sabe, y los que lo nieguen actúan desde la ignorancia o, lo más probable, desde la maldad. Justificarlo todo esto no resultaba tan fácil.

Para superar estos tres obstáculos, los evangelistas desarrollaron la explicación perfecta: fue el Sanedrín (la máxima autoridad judía) el que, maniobrando en la sombra, obligó a los romanos a cometer un deicidio y estos poco pudieron hacer para evitarlo. Pero si las autoridades judías actuaron de ese modo fue porque Satanás movió los hilos para impedir a los hijos de Israel reconocer a Jesús como el mesías tantos siglos esperado.

Toda sociedad necesita un relato sobre su nacimiento, generalmente más mítico que histórico, para justificar su singularidad.[33] Aquí, la presencia de un enemigo es fundamental y cuando no existe hay que inventarlo. Es la «noble mentira» de Platón, «el mito saludable» de Leo Strauss, o la «tradición inventada» de Eric Hobsbawm, que establece una narrativa sobre la que se construye la base de la sociedad y que la elite tiene que defender para mantener, como garante del orden resultante, sus privilegios que emanan del poder. Es el proceso que vivieron los primeros cristianos.

UN SALVADOR CUESTIONADO

Aunque existen matices en los relatos de los evangelistas, es importante tener presentes los últimos momentos de la vida de Jesús. Tras ser traicionado por Judas (uno de sus *followers*), es detenido y acusado de hacerse pasar por el hijo de Dios. Posteriormente es arrastrado hasta el Sanedrín, que será quien lo lleve ante el gobernador de Judea, Poncio Pilato. Pero este prefiere no verse metido en una lucha de poder entre facciones religiosas, así que hace todo lo que puede

---

33 *Conspiracy theory in America*, Lance DeHaven-Smith, pp. 86-88. University of Texas Press, 2013.

por salvar la vida del reo, e incluso se ofrece condenar a otro (Barrabás) en su lugar. Pero Jerusalén quiere sangre y se niega al cambalache, así que Pilato se ve obligado a rendirse a los deseos de las autoridades religiosas y el poder de la turba. Finalmente, el hijo del carpintero es crucificado.

La última cena, por Ugolino da Siena (c.1325-30).

Así, Jesús es víctima de una conspiración en toda regla de las autoridades judías. Tanto Marcos como Mateo insisten en que el Sanedrín planea «con astucia»[34] cómo apresarle y evitar así una sublevación de sus seguidores. Judas se vende a las autoridades judías y no sólo traiciona a Jesús, sino que busca la mejor ocasión para hacerlo.[35] Más revelador es el testimonio de Juan, muy claro a la hora de expresar los temores del Sanedrín. Reunidos en secreto, los prebostes judíos son conscientes de que el nazareno está dando demasiadas pruebas de ser el verdadero hijo de Dios y que, de seguir así, «todos creerán» y será el fin de los hebreos como pueblo.[36] Es

---

34   *Mateo* 26:3-5 y *Marcos* 14: 1-2
35   *Mateo* 26:16 y *Marcos* 14: 11
36   *Juan* 11: 46-53

en ese preciso instante cuando deciden matarlo. Este último punto es fundamental y es el que necesita de un relato conspiranoico: sus asesinos no acaban con él por considerarlo un impostor sino, al contrario, porque están convencidos de que es el Mesías anunciado. En otras palabras, el crimen es, para los evangelistas, la prueba de que los cristianos están en lo cierto frente a todas las demás corrientes judías, la legitimación de su discurso.

Cristo ante Caifás, del pintor Giotto di Bondone (1505-06).

A la hora de analizar las últimas horas del nazareno no se puede perder de vista que son textos escritos, como mínimo, entre treinta años y un siglo después de los hechos que dicen narrar, redactados por personas que no fueron testigos de lo que cuentan y cuya identidad se ignora. Así, sus testimonios hay que tomarlos como lo que son: unos escritos religiosos cuya razón de ser no es la verdad histórica sino defender la visión (históricamente fidedigna o no, da igual) que mejor satisfaga las necesidades de los fieles a los que iba dirigida.

Con este telón de fondo, los evangelistas necesitaban explicar a sus seguidores por qué el resto de judíos no aceptó a Jesús de Nazaret como su Mesías si era el hijo de Dios. Y no es que los descendientes del rey David fueran un público particularmente difícil. Al contrario, estaban totalmente entregados a la causa, ya que llevaban más de siete siglos esperando que se hiciera realidad la profecía de Isaías (que ni siquiera era la más antigua) que hablaba de la llegada de un nuevo salvador, alguien nacido de una virgen. Por otra parte, Jesús aseguró que venía a hacer cumplir la Ley judía hasta la última letra y la última tilde:[37] lo normal es que los seguidores de Yahvé lo hubieran recibido dando palmas, pero acabaron condenándolo a muerte. ¿Qué mejor que recurrir a Satán para dar sentido a tanto despropósito?

Sobre este punto hay que recordar que si en algo se parecen los relatos de los cuatro evangelistas (Marcos, Mateos, Lucas y Juan) es en su esfuerzo por exculpar a Poncio Pilato de la muerte de Jesús y atribuírsela al Sanedrín. A Pilato, el Nuevo Testamento no desperdicia ocasión para presentarlo como una víctima de las circunstancias, incapaz, muy a su pesar, de evitar la crucifixión del nazareno. Sin embargo, la verdad histórica va por otros derroteros y ha retratado al gobernador romano de Judea[38] como un hombre cruel, injusto, arbitrario y poco amigo de tender la mano a los judíos, mucho menos de dejarse influir por ellos. Los testimonios de Filón y Josefo coinciden en destacar su brutalidad, por la que, finalmente, fue destituido y enviado de regreso a Roma.[39] A esto cabría añadir que no está nada claro —más bien, todo lo contrario— que el Sanedrín tuviera capacidad

---

37   *Mateo* 5:17-18
38   *The origin of Satan.* Elaine Pagels, pp. 29-31. First Vintage Books, 2006.
39   D. Crossan y L. Reed, pp. 278-279.

para condenar a muerte[40] a nadie por mucho que se hubiera hecho pasar por el rey de los judíos. En otras palabras, si Jesús murió en la cruz, solo los romanos tenían capacidad para condenarlo. Pero ya se sabe que enfadar a Roma sólo daría problemas, así que los evangelistas hicieron todo lo posible por buscar una explicación alternativa.

Aunque los evangelios culpan a todos los judíos en general, algunos de sus dardos van especialmente dirigidos contra los saduceos, que son los que controlan el Templo de Jerusalén, el lugar donde residía el poder religioso. No es casualidad que Juan (que escribe cuando la escisión entre judíos y cristianos ya se ha producido) asegure que antes de llevar a Jesús ante Caifás[41] (el sumo sacerdote) lo condujeran también ante Anás,[42] suegro del primero y predecesor suyo en el cargo: une así a dos generaciones del grupo que ostenta el poder el Templo en el deicidio. De esta manera, la muerte de Jesús no es una decisión personal de Caifás, es algo más.

LA SINAGOGA DE SATÁN

Una conspiración necesita un fin para existir, y hacer cargar los judíos con la muerte de Jesús lo cumple a la perfección: evita culpar a los romanos y desacredita a los competidores en el mercado de las ideas religiosas. Pero falta otro elemento, uno que racionalice y explique por qué los judíos no reconocieron al hijo del carpintero como el Mesías que esperaban. Los evangelistas entendieron que el cristianismo no podía sobrevivir simplemente presentándose como la culminación del judaísmo, así que intentaron convencer a sus lectores de que el Sanedrín sabía que Jesús era el Mesías y le traicionaron por el poder. El relato no deja lugar a dudas:[43]

---

40 *Jesús. Ese gran desconocido.* Juan Arias, pp. 99-100. Maeva, 2001.
41 *Juan* 18: 24
42 *Juan* 18: 12-13
43 *Juan* 11: 45-57

Los sumos sacerdotes y los fariseos convocaron el Sanedrín y dijeron: «¿Qué hacemos? Este hombre hace muchos signos. Si lo dejamos seguir, todos creerán en él, y vendrán los romanos y nos destruirán el lugar santo y la nación». Uno de ellos, Caifás, que era sumo sacerdote aquel año, les dijo: «Vosotros no entendéis ni palabra; no comprendéis que os conviene que uno muera por el pueblo, y que no perezca la nación entera». [...]. Y aquel día decidieron darle muerte.

El texto presenta a saduceos y fariseos como enemigos de Jesús y unidos contra él. Pese a sus diferencias en cuestiones doctrinales (la vida después de la muerte, la helenización, la relación con Roma o su carácter popular o elitista...), ambos grupos se reparten el poder en el Templo, de ahí el interés del autor del texto por equipararlos y enfrentarlos juntos al Mesías. El relato conspiranoico mata dos pájaros de un tiro creando enemigos mientras legitima al nazareno: no lo matan por ser un impostor sino porque, al contrario, es el verdadero profeta anunciado por las escrituras.

DON DIABLO SE HA ESCAPADO

En la mentalidad de los evangelistas estaba clara la necesidad de eximir a los romanos de cualquier responsabilidad en la muerte de Cristo y atribuírsela a los judíos, tanto para deslegitimarlos de su condición de descendientes de Abraham como para señalarlos como grupo conflictivo a ojos de las autoridades romanas. Pero lo más arduo era explicar por qué los hijos de Israel se habían negado a reconocer al nazareno como su esperado salvador. La explicación era que los que negaban a Jesús, lo hacía de mala fe y ocultando sus verdaderos motivos.

Satanás, cuenta Lucas,[44] entra en Judas. Luego, a través del apóstol traidor, negocia con el Sanedrín y se encarga de

---

44 *Lucas* 22:3-6

encontrar el mejor momento para traicionar a Jesús. El papel de maligno en la trama es fundamental, de ahí la importancia de que la acusación contra los judíos que posteriormente aparecerá en *El Apocalipsis* de San Juan, y que será una de las mayores declaraciones antisemitas de todos los tiempos. La primera alusión a la Sinagoga de Satán que el narrador pone en boca de Jesús aparece en una carta dirigida a la Iglesia de Esmirna (Turquía):[45]

> Conozco tu tribulación y tu pobreza —aunque eres rico— y las calumnias de los que se llaman judíos pero que no son sino sinagoga de Satanás. No tengas miedo de lo que vas a padecer. Mira, el Diablo va a meter a algunos de vosotros en la cárcel para que seáis tentados durante diez días. Sé fiel hasta la muerte y te daré la corona de la vida. El que tenga oídos, oiga lo que el Espíritu dice a las iglesias. El vencedor no sufrirá daño de la muerte segunda.

La segunda alusión va dirigida a la iglesia de Filadelfia (también en Turquía):[46]

> Mira, voy a entregarte algunos de la sinagoga de Satanás, los que se llaman judíos y no lo son, sino que mienten. Mira, los haré venir y postrarse ante tus pies para que sepan que yo te he amado.

Aunque la palabra *sinagoga* no debe interpretarse necesariamente como un lugar físico (algunos traductores proponen *asamblea*), lo cierto es que la elección no parece casual, ya que en aquella época los cristianos habían sido expulsados de estos lugares de culto.[47].

El apocalíptico Juan distingue entre los judíos espirituales (los cristianos, el verdadero pueblo de Dios) y los carnales (descendientes de Abraham que se negaban a aceptar al

---

45   *Apocalipsis* 2:9-11

46   *Apocalipsis* 3:9

47   *El libro del Apocalipsis*. Ariel Álvares Valdés, p. 43. PPC, 2017.

Mesías y, por tanto, traicionan su legado). Unos forman la Asamblea de Dios y los otros, la Sinagoga de Satán. Una acusación, la de estar bajo el yugo del maligno, que ya había hecho Juan (en este caso, el evangelista) al atribuir a Jesús la frase de que los judíos que no le creían eran hijos del diablo[48] y querían cumplir la voluntad de su amo.

Puede parecer exagerado dar tanto valor a una expresión que apenas aparece dos veces en la Biblia, y que lo hace en uno de sus libros más oscuros, aunque también de los más optimistas: concluye con la victoria de Bien sobre el Mal. Eso no impide que sea la frase que con más rotundidad define y separa a los que están del lado del primero o del segundo. Y con siempre, el Bien y el Mal se presentan como fenómenos naturales, cuando son conceptos que nacen del poder con un fin claro. Para unos, los que sigan el recto camino, el alivio llegará al final; para los otros, no puede haber perdón. No son los lobos con piel de cordero —esos falsos profetas contra los que alertaba Mateo—, son el mal absoluto. Sin este concepto, difícilmente Hitler hubiera podido escribir párrafos como este:[49]

> Su enemigo no es sólo el que le ataca sino también el que le ofrece resistencia. El medio, sin embargo, por el cual el judío intenta dominar las almas osadas y francas, no es la lucha noble sino la mentira y la calumnia. En este punto el judío no retrocede ante nada. Se vuelve tan ordinario en su vulgaridad, que nadie se debe admirar de que, entre nuestro pueblo, la personificación del diablo, como símbolo de todo mal, tome la forma de judío en carne y hueso.

La Sinagoga de Satán es la culminación de un proceso político-religioso que nace con el monoteísmo y culmina con la división del mundo entre dos realidades irreconciliables, que no son el Bien y el Mal, sino el *nosotros* contra el *ellos*. Es la semilla de la que germinará el antisemitismo y

---

48 *Juan* 8:44
49 *Mi lucha.* Adolf Hitler, p. 197. Jusego, 2003.

que se convertirá en el elemento nuclear de la conspiración moderna. Puede no ser un término excesivamente conocido por el gran público, pero sí muy extendido en los rincones más extremos de la conspiranoia. Si hoy se habla de los amos del mundo es porque hace unos veinte siglos, un tal Juan, definió con una metáfora la maldad absoluta.

Satán como herejía

Mi opinión es que si el diablo no existe, si ha sido creado por el hombre, éste lo ha hecho a su imagen y semejanza.

Los hermanos Karamazov. FIÓDOR DOSTOYESKI

En sus orígenes, el cristianismo se enfrentó a otras corrientes del judaísmo para imponerse, el problema se repitió cuando hubo distintos cristianismos en liza por el título de *verdadero*. A dirimir esa cuestión se dedicaron los hoy llamados con reverencia Padres de la Iglesia, a quien, su habitual sorna, el exfranciscano reconvertido en azote del cristianismo Joseph McCabe describió como «unos simplones que no habían recibido una educación como es debido».[50] Una visión un tanto exagerada, pero es cierto que los debates teológicos se producían en una época en la que todo se ignoraba, y que la religión no hizo más que añadir nuevas capas de ignorancia. El recurso a la fe sustituyó en el debate a la razón que animaba la filosofía de la cultura helénica, y los argumentos de cada bando, por lo tanto, solo podían imponerse por la fuerza o las matemáticas: sumando más adeptos y/o

---

50 *Breve historia del satanismo.* Joseph McCabe, p. 38. Melusina, 2009.

más poderosos que los del contrario. Aniquilar físicamente al rival podía ser (y, de hecho, era) parte de la estrategia.

El cristianismo se expandió por todo el Mediterráneo (y llegó a Asia) porque el mensaje de Jesús caló en millones de personas y por su capacidad organizativa. Pero también porque la casta sacerdotal logró imponer una doctrina unificada que legitimara sus ansias de poder, y un poder político vio la necesidad de aliarse con ella. A la hora de fijar la ortodoxia (el corpus definitivo), Satán fue un argumento de peso.

Crear una nueva religión prácticamente *ex novo* no era tarea fácil. Jesús ni tuvo esa intención ni dejó nada por escrito. No había ni siquiera un canon (la Biblia, con sus setenta y tres libros, se compiló en el año 405 d.C.) y sí muchos textos contradictorios circulando. Así, las distintas doctrinas florecieron como la mala hierba ¿Había un solo Dios, dos, treinta o trescientos sesenta y cinco? ¿Dios creó el mundo o fue un ser imperfecto e inferior a él? ¿Pudo ser obra de una divinidad malvada? ¿Jesús era humano, divino, las dos cosas a la vez o ninguna? ¿Trajo el nazareno la salvación o no? De hecho, ¿murió realmente?[51] Era evidente que, para sobrevivir, la nueva religión necesitaba una doctrina clara porque, literalmente, no se aclaraba ni Dios.

El pistoletazo de salida de convertir a Satán en el culpable de la división en el seno de una Iglesia que, como tal, aún no existía, lo daría Pablo de Tarso. Como advirtió a la comunidad griega de Corinto,[52] los que no aceptaban su versión habían sido cegados por «el dios de este mundo para que no vean el resplandor del Evangelio de la gloria de Cristo». Argumentos similares aparecen en su epístola a Timoteo, uno de sus más fieles seguidores.[53] Conocido como *el apóstol de los gentiles* o *de las naciones*, Pablo marcaría la pauta de los debates posteriores a la hora de defender una postura

---

51 *Cristianismos perdidos*. Bart. D. Erhman, pp. 18 y 19. Ares y Mares, 2004
52 1 *Corintios* 4:3-5
53 2 *Timoteo* 2:23-26

concreta. Él, que persiguió a los cristianos hasta que vio la luz de camino de Damasco —¿insolación? ¿ataque de epilepsia? ¿brote psicótico?[54]—, decidió nombrarse el verdadero intérprete de las enseñanzas de Jesús (a quien nunca conoció), enfrentándose a algunos de los apóstoles como Pedro, Juan o Santiago.

CRISTIANISMO, ¿CON O SIN SATÁN?

Pocos conflictos evidencian el poder de Satán en los debates religiosos como el que enfrentó a la Iglesia protortodoxa con una de las corrientes más influyentes de los primeros años del cristianismo: el gnosticismo. Aunque la etiqueta engloba a grupos con doctrinas bastante dispares, tuvieron en común que fueron borrados del mapa (destrucción de templos, escritos...) por los cristianos para lograr imponer su visión de la nueva religión. De hecho, si no llega a ser por el descubrimiento casual en Luxor (Egipto) de la biblioteca de Nag Hammadi, en 1945, solo se sabría de ellos por testimonios indirectos.

Los gnósticos creían que las enseñanzas religiosas no eran el fin, sino el medio mediante el cual, a través del conocimiento espiritual, se podía llegar a la verdad. El mundo no había sido creado por un Dios (este ser supremo permanece oculto y se accede a él mediante el conocimiento o *gnosis*) sino que está separado en espíritu y materia, y el creador del mundo (el *demiurgo*, según un término que toman de Platón), es un dios inferior y defectuoso al que algunos identifican con Yahvé. También eran profundamente dualistas, y distinguían entre el bien y el mal, la materia y el espíritu, el cuerpo y el alma, además de en la existencia del *pléroma* (otro término platónico), unidad primordial de la que emana todo. Algunas doctrinas eran tan radicales que, como defendía

---

54 *Mentiras fundamentales de la Iglesia Católica*, Pepe Rodríguez, p. 98. Ediciones B, 1997.

Marción de Sinope (85-150), el dios del Antiguo Testamento y el del Nuevo no tenían nada que ver: el primero era un ser imperfecto frente al segundo que es pleno. Tales ideas le valieron que Policarpo, obispo de Esmirna (c. 70 - c. 155), le concediera el título de «primogénito de Satán».

El gnosticismo nació poco después de la muerte de Jesús, aunque no alcanzó su esplendor hasta el siglo II. Pero de lo que no cabe duda es de su increíble expansión. Cuenta la tradición que cuando Pedro llegó a Roma (un hecho sin base histórica) se encontró con un samaritano de nombre Simón el Mago (o Simón de Gitta), que gozaba de miles de seguidores, «desde el más pequeño al más grande» (lo cual hace pensar que predicaba a los gentiles) y se decía de él que era «la potencia de Dios llamada la Grande»[55].

El relato neotestamentario que aparece en *Hechos de los Apóstoles* continúa asegurando que Simón el Mago intentó comprar a los apóstoles Pedro y Juan el don de hacer descender el Espíritu Santo mediante la imposición de manos. Con el tiempo, la historia ganó en colorido y la versión más extendida es que los apóstoles le invitaron a fingir una ascensión al cielo para demostrar su poder. Cuando empezó a elevarse, los asistentes rezaron piadosamente para que Dios evitara el prodigio, por lo que cayó al suelo ante miles de testigos, piñazo que demostró que no era un enviado del señor, sino un impostor al servicio del maligno. Que *Hechos* se tomara la molestia de citarlo o su presencia en algunos textos como *Reconocimientos* o pseduoclementinas (homilías atribuidas al papa Clemente I) y *Hechos del Apóstol Pablo*, dan fe de la importancia que alcanzó su figura y la influencia del gnosticismo.

El gran mérito de Simón el Mago —que seguramente existió— fue pasar a la historia por ser «el primer autor de toda herejía», según Eusebio de Cesarea (c. 263/30 - 339),[56] obispo, santo y primer historiador importante del

---

55   Hechos. 8:10

56   *Historia Eclesiástica*, Eusebio de Cesarea. He 13:6, pp. 85-86. BAC, 2008.

cristianismo. La herejía fue una cuestión crucial en los primeros tiempos del cristianismo. Uno de los primeros en abordar a fondo el problema, mucho antes de que existiera una doctrina establecida, fue Ireneo de Lyon (c. 135-202). En su libro *Contra los herejes*, los gnósticos (sobre todo los valentinianos y sus derivaciones como marcionistas, barbeliotas, ofitas y ebionitas) fueron el principal blanco de sus diatribas. Su delito: presumían de un conocimiento secreto con el cual «introducen falsos discursos» y confunden a los cristianos. ¿Y quién estaba detrás? Satán, por supuesto.

La caída de Simón el Mago (1461-1462) vista por Benozzo Gozzoli.

Para Ireneo sólo había una verdad, la que emana de las escrituras, acusaba a los gnósticos de interpretarlas según sus intereses (como todos, por otra parte) y rechazaba de plano cualquier tipo de enseñanza que proviniera de la cultura helénica que creía, había inspirado a Simón el Mago. Pero por encima de todos defendía que la herejía, la división de la Iglesia, era obra del «Príncipe de la Apostasía». Es este, añade, el que difunde estas doctrinas, y el que ha enviado a los gnósticos, «instrumentos de Satán», para «seducir y llevar a la perdición a aquellos que no tienen firme la fe, ni conservan la que desde el principio han recibido de la Iglesia».[57]

En la misma línea se situaba Tertuliano (c. 160- c 220), uno de los pocos Padres de la Iglesia que no fue canonizado, pese a estar considerado uno de los teólogos más importantes de la época. Su biografía refleja hasta qué punto el debate de la ortodoxia-herejía estaba viciado de origen, ya que, tras perseguir con saña a los gnósticos, se unió a ellos (en concreto a los Montanistas), y como no le parecieron suficientemente radicales, acabó formando su propia Iglesia. En su famosa obra, *Apologética*, retoma algunos de los puntos de vista de Ireneo, como su rechazo a la filosofía clásica (cita expresamente a Platón o Aristóteles), y cree que eran «demonios y no dioses» aquellos seres a los que los paganos adoraban. Según él,[58] la misión del «Príncipe de este ruin linaje» era hacer «caer al hombre» y «apartar con engañosos encantos de la noticia de los hombres el conocimiento de la divinidad verdadera».

Sobre la herejía también escribió Orígenes de Alejandría (c. 184 - c. 253), otro de los Padres de la Iglesia que se quedó sin canonizar por decir que, al final, Dios perdonaría a Satanás, defender el libre albedrio, la preexistencia del alma y ser profundamente pacifista. Pese a ser un protortodoxo y uno de los grandes teólogos de su tiempo, sus descendientes acabaron condenándolo como hereje, y sus escritos (se le atribuyen cerca de 200 libros), quemados. Para él, el enemigo no fue el gnosticismo, sino el ateísmo del filósofo del siglo II Celso, al que dedicó los ocho volúmenes de su obra *Contra Celso*. Fue su respuesta a las obras del anterior —*La palabra verdadera* y *Discurso verdadero contra los cristianos*—, en las que aseguraba que Cristo no era más que una reelaboración de mitos anteriores e igualmente increíble desde el punto de vista de la razón.[59]

---

57 *Contras las herejías*. Ireneo de Lyon. Libro II 14,1-7, Libro I 27,4, Libro III 26,2 y 40,1, y Libro I 13,4

58 *Apologética*. Tertuliano. Capítulos XXII.

59 *Contra Celso*. Orígenes, p. 102. BAC, 2001.

DE SATÁN SOLO SE CUENTA LO MALO

Alguien que entendió perfectamente la capacidad del cristianismo como remedio para mejorar la vida de la gente corriente fue Justino Mártir (100/11 - 162/168 d.C.). Profundo conocedor de la filosofía griega (coqueteó con pitagóricos, estoicos, peripatéticos y platónicos), se vio incapaz de encontrar respuestas, aunque la consideró una semilla para llegar a la verdad. De los cristianos admiraba su capacidad de resistir todo tipo de tormentos, pues veía en ellos a los herederos de Sócrates, que se burló del tribunal que le condenó a muerte y aceptó plácidamente su destino.

A diferencia de ese dios del Mal en el que sus coetáneos habían convertido a Satán, Justino Martir lo entendió como una fuerza que mantenía a los hombres subyugados y les impedía progresar. Mientras el paganismo atribuía al destino el devenir de cada existencia, él rechaza esta idea al ver a los seguidores de Jesús morir sin inmutarse en el circo romano. Tras una conversación con un viejo cristiano comprende que, por medio de la razón, nunca se podrá alcanzar la iluminación, porque su mente está dominada por unos demonios que le impiden ir más allá. Sólo a través del bautismo y el posterior exorcismo, el ser humano queda libre de estas limitaciones y adquiere verdadera conciencia y capacidad de elección. Sólo entonces será verdaderamente libre.

Los dioses a los que había venerado desde su juventud se le antojan como lo que son, esos demonios que mantienen a los humanos en una situación de cautividad de la que los principales beneficiarios son el emperador romano y su régimen político. En esa lucha, cada cristiano es una especie de soldado en una guerra contra el mal que, con su actitud, contribuye a ganar. El odio a los cristianos, por otra parte, no es más que una de las consecuencias de la acción de esa fuerza cósmica que ciega a los que no aceptan la verdad y son incapaces de entender la posibilidad de superación individual y colectiva. Como era de esperar, el considerado primer filósofo católico murió decapitado. Antes, como Sócrates, rechazó salvar su vida a cambio de realizar una simple ofrenda a esos dioses en los que ya no creía.

El miedo a Satán en esos primeros cristianos se fundamentó, como advirtió Pablo, en su capacidad para nublar los ojos de los fieles a Jesús, engañarlos y alejarlos de él a base de doctrinas falsas. Pero a falta de una única doctrina, las falsas eran simplemente las que no coincidían con las que determinado autor predicaba, y la discrepancia siempre se atribuía a Satán. Empieza así a surgir así la ortodoxia y la herejía, siendo la primera la opinión correcta y la segunda (aunque etimológicamente significa «elección»), la desviada.

Aclarar cuál era la verdad no era tarea fácil. A lo largo de los siglos, un cristiano pudo elegir entre arcónticos, cerintios, fibionistas, decimocuartos, meandiranos, nazarenos, estratióticos, encratitas, y así hasta 156 grupos herejes o cismáticos. Dónde poner el límite era complicado: los seguidores de Carpócrates fueron considerados herejes por practicar sexo en grupo; los de Marción, por considerar que hasta el sexo entre casados era fornicación.[60] La mayoría eran grupos minoritarios, pero también hubo otros —gnósticos, arrianos, donatistas, marcionistas, maniqueístas...— cuyas ideas alcanzaron tanta importancia en la naciente cristiandad que llegaron a competir con las teorías protortodoxas.

Justino Mártir ya se refirió a cualquier interpretación que no coincidiera con las mayoritarias como «doctrina demoniaca», y sus escritos serán la principal influencia de Ireneo de León cuando publique *Contra las herejías* (sobre el 180 d.C.) para frenar la creciente popularidad del gnosticismo. Previsiblemente, Ireneo califica a Satanás como «el príncipe de la apostasía».

---

60 Kirsch, p. 161.

CONSTANTINO 1 - 0 SATANÁS

Citar a Satanás en un debate funcionaba bien para desacreditar al contrario, pero como era un recurso utilizado por todos los bandos, su utilidad era limitada. Al final no fue ni el diablo ni Dios quien zanjó la cuestión, sino un mortal como Constanino I, digno representante de esos que, parafraseando a Voltaire, «encontraron la fórmula para vivir como criminales y morir como santos».[61] Fue Constantino quien supo ver la importancia que iba adquiriendo la religión cristiana en el Imperio Romano y entendió que controlándola podría utilizarla para consolidar su poder político. Él y Licinio (emperador del Imperio de Oriente) impulsaron el Edicto de Milán (313), que estableció la libertad de culto en el Imperio, y fue él quien convocó a los cerca de trescientos obispos que acudieron al Concilio de Nicea. Dos pasos importantes que culminaron en 380, cuando el emperador Teodosio proclamó el cristianismo como religión oficial del Imperio. La política de Constantino tuvo que ver con la religión, pero siempre por su utilidad política. Sus decisiones solo se entienden por una rivalidad con Licinio, tan ambicioso de poder como él, al que derrotó en la batalla del Helesponto (324).

Nicea sucedió al concilio de Arlés (Francia, 314), en el que ya se había condenado a donatistas y agonistas. Los primeros seguían a Donato, obispo de Cartago y, entre otras cosas, recelaban de los cantos de sirena del poder político y rechazaban a los cristianos que no hubieran mantenido una actitud ejemplar durante las pasadas persecuciones —sobre todo la de Diocleciano—. En Roma, donde estaban más vigilados, muchos evitaron la cárcel y la tortura recurriendo a todo tipo de ardides (desde el soborno a la delación, pasando por renunciar públicamente a su fe para seguir practicándola en secreto). La cerrazón de los donatistas no gustaba al emperador, que prefería pasar página y empezar una relación nueva inspirada en el Edicto de Milán.

---

61   *Diccionario filosófico*. Voltaire, p. 155. Akal, 2000.

Cabeza del Coloso de Constantino, escultura que se conserva en los Museos Capitolinos de Roma.

El concilio de Nicea merece en puridad considerarse el primero de carácter católico, el que sentó las bases definitivas del proceso de conversión de la Iglesia en un apéndice del poder político. Los temas que se trataron fueron el dogma de la Trinidad, el origen divino de Cristo y, sobre todo, la condena de la herejía arriana. Esta corriente tomaba su nombre del obispo Arrio, que defendía que Jesús había sido creado por Dios, y por tanto no era él. Esa era la cuestión medular en Nicea, que probablemente muchos de los asistentes ni llegaron a entender, porque era incompatible con la Santísima Trinidad. Los partidarios de una y otra opción no dudaban en atacarse físicamente, aunque al emperador sólo le preocupaba la Paz de la Iglesia, resumida en la frase «Un Dios en el cielo y un rey en la Tierra».

Ni que decir tiene que Constantino, volviendo a Voltaire, «no sabía qué partido tomar ni a quién perseguir [...]. Indudablemente, le era indiferente que Alejandro, Eusebio o el sacerdote Arrio tuvieran o no razón».[62] Lo único que quería era una doctrina unificada. Y eso sabía cómo conseguirlo. Los obispos acudieron a la cita con todos los gastos pagados y disfrutaron de lo mejor que podía dar la hospitalidad del Palacio de Nicea, a orillas del lago Iznik (Turquía). La cita se prolongó desde el 20 de mayo hasta el 19 de junio de 325, y al terminar, la fiesta de despedida fue de tal fuste que los presentes llegaron a preguntarse si «se estaba representando una imagen del reino de Cristo, y que lo estaba ocurriendo «un sueño era, que no una realidad»,[63] según relató el obispo Eusebio de Cesarea, amigo del emperador.

Durante las reuniones, Constantino se mantuvo en un discreto segundo plano, aunque nunca se separó de su escolta.[64] El primer día tomó la palabra y comenzó recordando que la desunión era fruto del «maligno demonio» para que todos entendieran lo que se jugaban. Luego puso sus cartas sobre la mesa:[65] nadie saldría de ahí hasta que se resolviera para siempre la cuestión de la naturaleza de Jesús.

Finalmente, el Credo de Nicea —que enterró las tesis de Arrio—, se aprobó por una amplia mayoría de obispos a los que antes se les había advertido que oponerse supondría el destierro, la excomunión y la pérdida de canonjías. Como dijo el escritor Percy Shelley, así fue como ganó para «su corte un grupo de sacerdotes cristianos fanáticos y sedientos de sangre, uno de los cuales se habría bastado para poner a media humanidad en contra de la otra media y obligarlas a matarse mutuamente».[66] Al final, solo tres asistentes—Arrio entre ellos—, se atrevieron a votar en contra. Y pagaron las consecuencias.

---

62 Voltaire, p. 227.

63 *Vida de Constantino*, Eusebio de Cesarea, p. 280. Gredos, 1994.

64 Kirsch, pp. 176-177.

65 *Ibid*, pp. 276-277.

66 *A Refutation of Deism*, Percy Shelley, p. 10. Schulze and Dean, 1818.

En Nicea la Iglesia sufrió la mayor transformación de la historia y se puso la primera piedra para convertirse en religión oficial. Así, la institución se convirtió en una administración paralela a la del Estado, bien financiada, y con capacidad incluso para emitir sentencias con validez legal. El cambio fue radical, como explicó el historiador y teólogo August Bernhard Hasler:[67]

> Lo más importante para el futuro fue en el seno de la Iglesia, y debido a estos cambios aparecieron dos clases: los que tenían un cargo y quienes carecían de él, los seglares. Los primeros, los maestros, tenían que enseñar, que mandar; eran los activos. Los otros, los laicos, desempeñaban el papel de ignorantes. Tenían que comportarse pasivamente y obedecer.

Durante los debates, ambos bandos se acusaron de estar a las órdenes del maligno, pero al final se impuso el acuerdo. Curiosamente, Constantino tenía poco que envidiarle a Satán. Este «espíritu magnánimo» y «ser por completo dado a la misericordia», como lo definió Eusebio en la hagiografía que le dedicó, fue implacable con sus enemigos: acabó con todo el que le pudiera hacer sombra y, de paso, ahogó a su mujer, degolló a uno de sus hijos y asesinó a un sobrino y a un cuñado. Además, consiguió el título gracias a un golpe de Estado, y es probable que mantuviera relaciones con su madre (que ha pasado a la historia como Santa Helena de la Cruz).

Aunque se hizo llamar «enviado de Dios», «representante de Cristo», y se hizo enterrar con el título de Decimotercer Apóstol, presidió durante toda su vida el colegio de los sacerdotes paganos, no se bautizó hasta los últimos días de su vida, y lo hizo como hereje, en un ritual oficiado por un obispo arriano. En justicia, se le puede aplicar lo de genio y figura hasta la sepultura.

---

67 *Cómo llegó el Papa a ser infalible* August Bernhard Hasler, p. 40. Planeta. 1979

Icono conmemorativo del Primer Concilio de Nicea en el que parecen diez hombres y una reproducción del Credo en griego.

La edad de oro
del satanismo cristiano

Si rascas un poco la superficie de la herejía, siempre aparece el leproso. Y lo único que se busca al luchar contra la herejía es asegurarse de que el leproso siga siendo tal».

El nombre de la Rosa. UMBERTO ECCO.

Tras Nicea, la siguiente fecha que marcó el futuro del cristianismo ocurrió el 21 de diciembre de 381, cuando Teodosio I El Grande (347-395) prohibió, con el Edicto de Constantinopla, la practica de cualquier culto pagano e impuso la adoración al dios de los cristianos.[68] De este modo la *pax deorum* (paz de los dioses) se saldó con un claro ganador al convertir en ley lo que ya decía el Antiguo Testamento sobre el culto a los falsos ídolos o qué hacer con los enemigos de la Iglesia.[69] La consecuencia de la adopción del cristianismo como religión del Estado fue un retroceso en todos los ámbitos (el arte, la ciencia, la filosofía, las letras...) del que occidente tardaría siglos en recuperarse. Para que emergiera un mundo nuevo, antes hubo que hacer desaparecer el que existía.

---

68 *El hispano Teodosio y la cristianización del Imperio,* Florencio Hubeñák, p. 29. *Hispana Sacara.* Vol. 5. nº 103. 1999.

69 *Deuteronomio* 5:8-10 y *Salmos* 18:37

El dios Huitzilopochtli, máxima deidad mexicana,
representado por primera vez con pezuñas, en una
lámina de *Description de l'univers* (1683).

A falta de un león en el circo o una cruz, los nuevos cristianos encontraron otra forma de ganarse el cielo: participar en los pogromos contra aquellos que, al rendir culto a los viejos dioses, no hacían otra que adorar a Satán. Para la historia ha quedado como ejemplo el asesinato por una turba de seguidores del Obispo Cirilo de Alejandría, de la filósofa neoplatónica y matemática Hipatia de Alejandría (c. 355 - c 416), a la que despellejaron y cuyos restos quemaron en una plaza. El caso sólo fue un reflejo de una cruel forma de actuar que está en la base de la expansión del cristianismo hasta el siglo V.[70]

La práctica se repitió durante la conquista de América. La pauta la marcó el misionero jesuita y brillante científico José de Acosta (1540-1600) en su libro *Historia natural y moral de las Indias* (1590), en el que aseguraba que Satán se había trasladado al nuevo continente huyendo del cristianismo y que la similitud entre algunas prácticas (bautizos, ayunos, comunión, conventos femeninos…) formaban parte de las tretas del maligno para atraer a los habitantes de aquellas tierras. Y ya de paso, puesto que el oro que ofrecían a sus dioses iba, en realidad, al demonio, ¿qué mejor que recuperarlo y devolvérselo a su legítimo propietario, el rey de España, quien ya se encargaría de ofrendarlo a Dios?[71] Que algunas culturas precolombinas practicaran el canibalismo o los sacrificios humanos tampoco favorecía una visión muy diferente, aunque algunos como Fray Bartolomé de las Casas se mostraron más comprensivos con los nativos del nuevo continente.

Pero sin necesidad de cruzar el mar, la satanización fue un proceso habitual, como demuestra el caso de los judíos. Desde el siglo VI, con el papa Gregorio I, la política de la Iglesia era la de protegerlos. La Biblia los retrataba como deicidas y se les podía identificar con una marca amarilla, obligar a llevar una capirote o crujir a impuestos, pero su vida y sus costumbres debían ser respetadas. Eso no impidió

---

70   *La Edad de la penumbra*. Catherine Nixey, p. 118. Taurus, 2018
71   *El miedo en Occidente*. Jean Delumeau, pp. 324-326. Taurus, 2020

algún episodio violento, como el sucedido en 1096, durante la primera cruzada en Renania, que luego se extendió por toda Alemania y llegó a Francia.

La plaga de peste bubónica que asoló Europa entre 1348 y 1349 cambió las tornas e hizo popular una idea —surgida en Francia unas décadas antes— de que los seguidores de Yahvé querían destruir la cristiandad, que Satán había reclutado a los judíos para tal fin, y que el Mesías que esperaban no era otro que el Anticristo. Como escribieron los historiadores Marvin Perry y Frederick M. Schweitzr:[72]

> Para la mentalidad medieval, los judíos no sólo eran malvados, sino que también eran asesinos y demonios peligrosos y temibles: mataban a niños cristianos para obtener su sangre para antiguos rituales; armados por Satanás con poderes ocultos, conspiraron para destruir la cristiandad y frustrar el plan divino. Había que proteger a la cristiandad de estos demonios.

Un grupo de judíos representados como diablos en la portada de *Der Juden Erbarkeit* (1571).

---

72 *Antisemitism. Myth and hate from antiquity to the present.* Marvin Perry y Frederick M. Schweitzr, p. 76. Palgrave Macmillan, 2002

Satán fue la justificación de las persecuciones contra todas las herejías que surgieron (albigenses, cátaros, bogomiles, waldesianos, Hermanos Apostólicos...). Por supuesto, también estuvo presente en el enfrentamiento con el islam a partir del siglo VII: el dominico Álvaro de Córdoba (c. 800-861) aseguraba que Mahoma era el anticristo y que había muerto en el año 666. ¿Casualidad? Él pensaba que no, aunque el Profeta, al que llamaba Mahound para equipararlo a un demonio, en realidad había fallecido en el 632. Seis siglos más tarde, Dionisio El Cartujano (1402-1471)[73] aún insistía en que era «la bestia del Apocalipsis». Curiosamente, los únicos que se libraron de la acusación de servir al diablo fueron los Templarios,[74] aunque del mito que les rodeó nació la figura de Baphomet.

UN PROCESO DE ACULTURACIÓN

Por supuesto, la guerra declarada contra los falsos ídolos y las falsas creencias, todo trampas del maligno, fue acompañada de cambios sociales que contribuyeron aún más a que Satanás se convirtiera en la sal de todos los guisos. Las viejas supersticiones de otros tiempos no desaparecieron, solo se adaptaron a los nuevos tiempos. Como recordaban los curas en cada sermón, un cristiano podía echar mano de una oración a Dios en busca de ayuda y justificar cualquier mal apelando al maligno.[75] Ya dijo Pablo que «los gentiles ofrecen sus sacrificios a los demonios».[76] No fue este el único ejemplo de asimilación: el antiguo panteón romano fue sustituido por uno igualmente florido, pero esta vez lleno de santos y mártires.

---

73 *Contra perfi diam Mahometi libri quattuor.* Dionisio Cartujano. I, 28, 326A.

74 *Templarios, griales, vírgenes negras y otros enigmas de la historia,* Juan Eslava Galán, p. 43. Planeta, 2011

75 *Christianity and paganism in the fourth to eighth centuries.* Ramsay MacMullen, p. 91. Yale University Press, 1997.

76 2 *Corintios* 10:20

¿Y qué decir de la idolatría pagana? Ya se encargó el arte sacro de elevar estatuas a esos mártires y santos a los que alabar. Eso, cuando la iglesia local no se había hecho con algún huesecillo, trozo de cabello o jirón de ropa al que rendir culto. Dios sólo había uno; pero diosecillos, para aburrir. El monoteísmo del cristianismo no era más que politeísmo disfrazado, mientras las viejas supersticiones campaban a sus anchas con nuevos ropajes.

¿Y CÓMO ES ÉL?

Teniendo en cuenta la importancia de Satán en el discurso religioso, lo mínimo era buscarle un aspecto. Por extraño que parezca, durante los primeros siglos no hubo representaciones pictóricas del maligno, ni siquiera estaba claro su origen. Aunque hoy se asimila a la serpiente de Paraíso Terrenal, lo cierto es que esta idea es bastante tardía. Es verdad que el *Apocalipsis* habla de «la antigua serpiente, el llamado Diablo y Satanás, el que engaña al mundo entero», pero su aspecto no es el que pasó a la historia, ya que, unas líneas antes, describe a este animal como «un gran dragón rojo que tiene siete cabezas y diez cuernos».[77]

La biografía de Satanás no empezó a perfilarse hasta mediados del siglo II tomando con referencia *Libro de Enoc*, que describe la caída de un grupo de ángeles a la tierra que se dedicaron a copular con mujeres. Interpretaciones posteriores de *Orígenes*, crearon la idea de que Satanás era el ángel caído, sacando de contexto una profecía de Isaías sobre la futura ruina del rey de Babilonia —Sennaquerib (705 a.C. a 681 a.C)— o quizás Nabucodonosor II (630 a 562 a.C.)— y otra sobre la del rey de la ciudad libanesa de Tiro.[78] Con estas líneas básicas nació Lucifer, en alusión a la estrella de la mañana de la que habló el profeta Ezequiel

---

77 *Apocalpisis.* 12:9
78 *Isaías* 14:3-17 y Ezequiel 28:1-9

(probablemente se refería a Venus). Una biografía, por cierto, copiada del dios cananeo Helel, que trató de destronar a Él (su principal deidad), cuya morada estaba en la cima de una montaña.

«La caída del dragón y sus ángeles», en el *Apocalipsis* de San Juan de la Biblioteca de Trier, la representación más antigua del diablo.

La representación del maligno más antigua aparece en una lámina del llamado *Apocalipsis de Trier*, un libro ilustrado que data de entre el año 800 y 825 y se guarda en la Biblioteca de Tréveris (Alemania): la imagen carece de los elementos que hoy se le atribuyen. Satán es simplemente una serpiente alada rodeada de ángeles caídos. Es curioso que la imagen sea tan tardía y tan alejada de la canónica, la del demonio con alas y cuernos y que aparece en obras tan antiguas como la de llamada Divinidad infernal etrusca que se guarda en el Museo de Florencia, y que data del siglo IV a.C. En ella se ve una criatura con alas puntiagudas (antecedente de los cuernos), vestido con apariencia angelical y con una serpiente alrededor de una de sus piernas.[79]

Existe una creencia muy extendida de que la imagen del Diablo no es más que una asimilación de Pan (Fauno, para los romanos), el dios griego de la sexualidad, y cuyo único crimen había sido dar la turra con la flauta travesera. La elección de Pan no fue casual, y se debe a la obsesión que les entró a los primeros cristianos con la sexualidad. En la Biblia el enfrentamiento entre Jesús y Satanás es puramente doctrinal. Pero las persecuciones de los siglos II y III habían dado lugar a la figura del anacoreta y los ermitaños que se aislaban del mundo para alejarse del tumultuoso día a día, viviendo en las más absoluta pobreza y soledad. Con el tiempo, algunos fueron agrupándose en conventos donde, a ritmo de *ora et labora*, pasaban el día. De entre todos ellos, destacó el monje Antonio Abad (251-356).

Las tentaciones a las que fue sometido el santo son un fiel reflejo de un cambio de estrategia en la naturaleza de la tentación diabólica. Conociendo el espíritu humano y viendo que el monje no se dejaba convencer por los bienes materiales, el amor, el dinero, la gloria o la buena mesa, decidió una nueva estrategia: el sexo.[80]

El enemigo quería sugerirle pensamientos sucios, pero él los disipaba con sus oraciones; trataba de incitarlo al placer, pero Antonio, sintiendo vergüenza, ceñía su cuerpo con su fe, con sus oraciones y su ayuno. El perverso demonio entonces se atrevió a disfrazarse de mujer y hacerse pasar por ella en todas sus formas posibles durante la noche, sólo

---

79 *Historia del Satanismo.* Dr. Frederik Koning, p. 90. Bruguera, 1976.
80 *Vida de San Antonio Abad.* San Anastasio de Alejandría. Capítulo 2.

para engañar a Antonio. Pero él llenó sus pensamientos de Cristo, reflexionó sobre la nobleza del alma creada por Él, y sobre la espiritualidad, y así apagó el carbón ardiente de la tentación.

El diablo, que no duda en presentarse como «el amante de la fornicación» ni manifestarse como «un muchacho negro», no consiguió que San Antonio se apartara del recto camino. Con el tiempo, de esta obsesión nacieron, por ejemplo, los súcubos (demonios con forma de mujer que seducían a los hombres) y los íncubos (su contraparte masculina), que acudían a los dormitorios para copular con sus víctimas, tan populares en la Edad Media como añorados en estos tiempos de *Tinder*.

De Pan, el diablo adquirió alguno de sus rasgos más comunes (la desnudez, la lujuria, el cuerpo peludo, las pezuñas, las orejas en punta...), pero no fue la única influencia. Otros de sus rasgos los tomó de Bes,[81] un dios mesopotámico menor que se hizo muy popular en Egipto como amuleto contra el mal y protector de la infancia. Ambos compartían algunos rasgos (la desnudez), pero Bes aportó otros elementos, como la boca llena de dientes, las alas y el pelo en punta y alborotado, o el taparrabos.

En todo caso, lo importante es que no hubo una representación del diablo sino muchas. Su imagen dependía del estilo del autor y sus influencias, el periodo en el que hizo su obra y el lugar donde trabajaba, el pasaje del texto en el que se hubiera inspirado (no es lo mismo representarlo en el infierno que tentando a Jesús o durante el juicio final). En algunos casos es un dragón, un gorila o un ser abyecto de tres caras que come herejes y los defeca; la mayor parte de las veces es negro, pero puede ser rojo o incluso azul; puede o no tener alas, y que estas sean grandes o pequeñas, como las de un ángel o las de un murciélago; aparece desnudo o con taparrabos; unas veces es terrorífico y otras simplemente ridículo; era a la vez el genio

---

81 *El Diablo. Una máscara sin rostro.* Luther King, p. 74. Sintesis, 1995.

del mal y un tonto al que se le podía engañar con facilidad, el soberano del infierno y un mindundi.

Pero mientras la iglesia y los teólogos van creando una imagen terrorífica de Satán, el pueblo llano moldeó la suya. El demonio era un habitual de las compañías teatrales que recorrían los pueblos y en el folclore, pero con otros rasgos. «Mientras más amenazante pareciera el poder de Satán, más necesaria resultaba la comedia para dominarlo y aligerar la amenaza», sentenciaba Jeffrey Burton Russell.[82] Así, en los relatos populares y las piezas teatrales para el vulgo, el demonio siempre salía derrotado gracias a la sabiduría popular.

LA CAZA DE BRUJAS

Si a los musulmanes y a los judíos les había tocado ya la paranoia satanista del cristianismo, el turno de las mujeres llegó en el siglo XIV —en los albores de la Edad Moderna— y se extendió hasta el XVII durante la llamada caza de brujas (la etapa más dura se desarrolló entre 1589 y 1650). Las fechas, como siempre, han de tomarse como orientativas: en 1324, veintiséis personas fueron denunciadas en Coventry (Inglaterra) por contratar a una bruja para matar al rey;[83] en 1944, la médium londinense Jane Rebecca Yorke se convirtió en la última condenada en virtud de la *Witchcraft Act* de 1757.

La misoginia en el cristianismo venía de lejos, aunque no de Jesús, a quien no se le puede acusar de este pecado (si hacemos caso a la Iglesia, de ninguno), sino de Pablo.[84] Pero el desprecio por las mujeres no fue patrimonio del cristianismo. De hecho, el mito de las brujas se remonta las *strigas* de la mitología griega (espíritus nocturnos femeninos que se alimentaban de sangre humana). Tampoco cabe olvidar que no hubo emperadoras ni senadoras en la Antigua Roma

---

82 Burton Russel, p. 147.

83 *Historia de la brujería*, Frank Donovan, p. 57. Alianza Editorial, 1978.

84 1 Corintios 11:3-12 ó 14:34-35

porque, aunque eran libres, carecían de derechos políticos debido a la *imbecillitas mentis* (debilidad de espíritu) y la *infirmitas sexus* (imperfección de su sexo), y lo mismo podría decirse de la Grecia clásica, donde no eran admitidas en el Ágora. De las grandes civilizaciones, solo Egipto fue una ligera excepción.

Varias mujeres rinden culto al diablo en *El Aquelarre*, de Goya (1798).

El juicio de la Brujas de Salem,
visto por el pintor Howard Pyle (1892).

Por otro lado, tampoco se puede decir que fuera un fenómeno únicamente misógino. En algunos países, como Inglaterra,[85] el cincuenta por ciento de los testigos eran mujeres que denunciaban a otras mujeres, y en varios países, como Rusia o Finlandia,[86] la mayoría de las víctimas fueron hombres (aunque en esos países el fenómeno fue muy limitado). Por otra parte, la caza de brujas sacudió Europa, pero no de manera uniforme: la mitad de las víctimas se registró en el Sacro Imperio Germano. Además, fue la suma de muchos factores, desde la aparición de la imprenta a la pequeña Edad del Hielo que asoló Europa en esos siglos, un hecho que se atribuyó a los efectos la magia negra.[87]

La visión de la Iglesia con respecto a la brujería no fue siempre la misma. La magia y los encantamientos están proscritos ya desde el Antiguo Testamento,[88] pero el Concilio de Frankfurt de 794 implantó la pena de muerte para los que quemaran a una bruja (lo que hace pensar que la práctica estaba extendida), ya que su existencia se consideraba una superstición. La visión de la Iglesia podría resumirse en el *Canon Escopi*, que redactó el abad benedictino Regino de Prüm en Tréveris en 906. El texto consideraba las brujas como un fenómeno imaginario y que estas no eran adoradoras de Satán, sino que habían sido engañadas por este diablo haciéndose pasar por la diosa romana de la naturaleza: Diana.[89]

Pero de la comprensión pronto se pasó a la persecución. El cambio llegó con Juan XXII que, en 1326, dictó la bula *Super illius specula* en la que equiparaba la brujería con la herejía,

---

85 *Brujas. La locura de Europa en la Edad Moderna*, Adela Muñoz Páez, p. 231. Debate, 2020.

86 *Ibid*, p. 218

87 «Climate change and witch-hunt. The impact of the little ice age on mentalities», Wolfing Behringer. *Climatic Change* n° 43. 1999.

88 *Deuteronomio* 18:11-13

89 «Ungüentos, transformaciones y vuelos. Brujería y psicoactivos de la Antigüedad como antecedente de la brujería de la Edad Media». Daniel Becerra. *Bolskan*, n° 21. 2004.

por tanto, debía perseguirse con el mismo celo. De paso, su represión sería competencia de la Inquisición, fundada en 1184 en Francia para luchar contra albigenses y cátaros. Esta doctrina tuvo su continuación en 1484 con Inocencio VIII en *Summis desiderantes affectibus*,[90] en la que pedía «eliminar todos los impedimentos y obstáculos que pudieran retardar y dificultar la buena obra de los Inquisidores». En el interín, Johannes Nider publicó en 1448 *Formicarius*, la primera exposición teológica sobre la brujería.

Aunque no era la intención de Nider, su obra impulsó la publicación de *Maleus Maleficarum* (*El martillo de las brujas*), que vio la luz en Alemania en 1487. Sus autores fueron dos inquisidores dominicos, Heinrick Kramer y Jakob Sprenger. El contenido se puede resumir en la frase del *Éxodo*: «A la hechicera no dejarás con vida».[91] Por lo que respecta a la actividad de las brujas, el libro aporta pocos delirios nuevos, si acaso destaca su carácter profundamente misógino y su obsesión sexual. La obra consagró el uso de todo tipo de tortura para obtener confesiones, pues el reo era culpable hasta que demostrara su inocencia...[92] si podía.

Aunque los aquelarres son la primera imagen que viene a la cabeza al hablar de la caza de brujas, no todo fueron fiestas al aire libre. Algunos casos, como el ocurrido en Loudum (Francia, 1634) que tuvo lugar en un convento, refleja hasta qué punto el miedo al demonio era, también, una atracción.[93] El caso comienza con la llegada a la localidad de un atractivo sacerdote, Urbain Grandier, cuyas aficiones incluían yacer con toda la que se le pusiera a tiro y buscarse enemigos hasta debajo de las piedras. El párroco consiguió convertirse en el confesor del convento y pronto

---

90 *Summis desiderantes affectibus.* § 2. Traducción de Pedro E. León. *Magister Humanitis.* sites.google.com/site/magisterhumanitatis/escritores-latinos/ malleus-maleficarum/bula-summis-desiderantes-affectibus

91 *Éxodo* 22:17

92 *Malleus Maleficarum.* Heinrick Kramer Jakob Sprenger, p. 15. Orion, 1975.

93 *Exorcistas y posesas a través de la historia.* Víctor Zalbidea, pp. 77-84. Tropos, 1975

las monjas (primero la madre superiora, enamorada de él, luego las demás) empezaron a sufrir episodios de posesión diabólica que, en pocos meses, tras la intervención del obispo de Burdeos, fueron amainando.

Cena de ateos, del pintor belga Felicien Rops (1874).

Lo interesante comenzó meses después, cuando Juan de Lauberont, un pariente de la madre superiora y amigo del cardenal Richelieu (a quién Grandier había humillado públicamente años atrás), llegó al pueblo y decidió reabrir el caso. Consiguió que las monjas acusaran al polémico sacerdote de haberlas endemoniado, y a la lista se sumaron sus amantes despechadas (entre ellas, la hija del fiscal de la localidad). En total, más de setenta testigos se sumaron a la acusación. Grandier fue revisado por un médico (con el que también había tenido problemas) que consiguió encontrar en él la marca del diablo. Por si fuera poco, apareció un pacto suscrito entre él y varios demonios (Lucifer, Satan, Beelzebub, Leviathan, Elimi y Astaroth) que no se sabe si firmó bajo coacciones o, simplemente, fue falsificado. Finalmente, fue quemado vivo.

Por lo que respecta a la Iglesia, no se puede negar que abonó el campo para que la locura floreciera, pero también fue más comedida que otros estamentos. En España, el caso más famoso fue el de las brujas de Zugarramurdi (Navarra), en 1610, que se inició poco después de que ochenta brujas ardieran en el sur de Francia. El inquisidor Alonso de Salazar y Frías llevó a cabo y contra viento y marea (corría el riesgo de ser declarado hereje) una investigación tan seria que evitó que la plaga se propagara al sur de los Pirineos. Demostró que «no hubo brujas ni embrujados» y marcó el camino en Europa sobre cómo enfrentarse a estos casos, repudiando la tortura e introduciendo un procedimiento garantista para estos juicios.

De hecho, los tribunales civiles en toda Europa se mostraron mucho más duros que los religiosos. En el reino de Castilla, donde la Inquisición tenía plenas competencias, hubo menos juicios y sentencias más benignas que en el de Aragón, donde los procesos dependían de la jurisdicción seglar.[94] Si la caza de brujas fue particularmente dura en el Sacro Imperio Germano (una amalgama de miles de

---

94 *Historia de la brujería en España,* Joseph Pérez, p. 278. Espasa. Madrid, 2010.

entidades locales de distinta naturaleza política) fue precisamente por este hecho. También hay que señalar que los países protestantes fueron más duros que los católicos.

A partir de mediados del siglo XVII los casos fueron decayendo hasta que, por agotamiento, el fenómeno se olvidó y a las brujas, por lo visto, se les fueron la ganas de ir de *rave*. El último gran caso fue el de Salem, en Massachusetts (Nueva Inglaterra, Estados Unidos), que tuvo lugar entre 1692 y 1693, y que no habría pasado de lo anecdótico (el patrón se había repetido cientos de veces) si Arthur Miller no lo hubiera utilizado como material literario en *El Crisol* (1953) para denunciar los excesos del McCarthismo.

De la facción del Diablo
a la Escuela de Satán

¿Cómo se vestía entonces el diablo?
¡Oh! Estaba en su mejor momento del domingo;
Su abrigo era rojo y sus pantalones azules,
Y había un agujero por donde salía su cola.

The Devil's Walk. ROBERT SOUTHEY

El Satán cristiano evolucionó hasta convertirse en el Satán moderno en la literatura, donde encontró más libertad que en las artes plásticas, controladas por la Iglesia y dependiente del marco referencial de las escenas bíblicas. Fue un proceso lento y paulatino y, como siempre, vinculado a los cambios sociales. Si hubiera que poner una fecha al nacimiento de ese Satán una buena candidata sería la que corresponde a la leyenda del pacto satánico, cuyo origen se remonta a la historia de Teófilo el Penitente (¿? - c. 538). Según el mito, siendo archidiácono de Adana (Turquía), recibió la oferta para convertirse en obispo, pero la rechazó para seguir ayudando a los más necesitados. La gente comenzó entonces a murmurar que actuaba por orgullo, ya que aspiraba a más, así que su superior decidió despojarle de todos sus cargos. Para vengarse, firmó un pacto con el diablo con el fin de recuperar su cargo y su buen nombre. Así, a cambio de renunciar a Jesucristo y a la Virgen

María, una vez muerto, le entregaría su alma. Pero, carcomido por el remordimiento, decidió pedir ayuda a la Virgen, que recuperó el documento que Teófilo había firmado con su propia sangre, y quemarlo. Otras versiones incluyen la participación de un nigromante judío como intermediario, quien al final resulta ser el verdadero culpable, en el enésimo ejemplo de antisemitismo de la Iglesia en aquellos tiempos.

Fausto invoca al diablo, en una reproducción de la
novela del inglés Christopher Marlowe (1604).

La primera referencia escrita a esta historia data del siglo VI (obra de un desconocido llamado Eutychianus, quien aseguraba haber sido testigo de los hechos) y posteriormente, conoció diferentes versiones. Las más conocida fue la inspirada en el alquimista alemán Joahnn Georg Faust,[95] que popularizó el escritor inglés Christopher Marlowe en *La trágica historia del doctor Fausto* (1604) y, más tarde, a Johann

---

95 *Grimoires: a history of magic books.* Owen Davies, pp. 49-50. Oxford University Press, 2010.

Wolfgang von Goethe y su *Fausto. Una tragedia* (1808). Entre ambas obras hay muchas diferencias, pero el tema central es el mismo: la búsqueda del conocimiento y de la verdad fuera de las escrituras está condenada al fracaso. En el fondo, una revisión del mito de Adán y Eva en el paraíso.

Otra obra ineludible al hablar del Satán literario es *La divina comedia* (1337) de Dante Alighieri, considerada una de las cumbres de la literatura italiana. En ellas, el autor cuenta su viaje por el infierno, luego el purgatorio y, por último, el cielo. Este tránsito le sirve para reflexionar sobre la manera de alcanzar la felicidad, que vincula al conocimiento de Dios, en una obra que se considera referencial para entender el paso del pensamiento medieval al renacentista. El periplo comienza con el descenso a los infiernos del autor acompañado por el poeta Virgilio. Juntos, van recorriendo uno a uno los círculos concéntricos de los que se compone el inframundo, cada uno más profundo que el anterior, y mientras más arriba se encuentran, menor es la pena que sufren los inquilinos.

Aunque *La divina comedia* es una referencia que se repite al hablar de la historia de Satanás, lo cierto es que al maligno le dedica poco espacio (el canto XXXIV). Simbólicamente está situado en el centro de los nueves infiernos, en el más profundo de todos, lo que lo convierte en el centro del universo. Mientras devora traidores (entre ellos a Judas y a Bruto y Casio, asesinos de Julio César) cumple su castigo de vivir eternamente atrapado en un lago congelado del que intenta salir batiendo sus seis alas, sin saber que con ello no hace más que bajar la temperatura del agua y contribuir a su propia sentencia. Finalmente, Dante y Virgilio trepan por encima de él y consiguen llegar al purgatorio. El maligno del poeta es un ser físicamente terrorífico pero ridículo: ni siquiera se encarga de castigar a las almas en pena, es la más miserable de todas ellas. Pese a su fama y sus innegables méritos, por lo que respecta a Satanás, *La divina comedia* no aporta gran cosa, pues no modificó la visión que se tenía de él. Si hay un autor que sentó las bases de la visión moderna del demonio, ese fue el poeta inglés John Milton con *El paraíso perdido* (1667).

El Infierno de Dante visto por Giovanni da Modena (1410).

EL SATÁN REBELDE

John Milton (1608-1674) ya estaba ciego cuando dictó su libro más famoso, sufría gota, y lamentaba la muerte de su mujer y uno de sus hijos. Su situación personal influyó en el tono de este poema, una de las obras más importantes de la literatura inglesa. *El paraíso perdido* ha pasado a la historia como la biografía del Satán rebelde, el que clamaba desde el infierno que «más vale reinar aquí, que servir en el cielo».[96]

En realidad, Milton no cuenta la historia de la rebelión de Satán contra Dios o, al menos, no solo eso. De hecho, los primeros versos advierten de que la obra no gira en torno al ángel caído, sino a «la primera desobediencia del hombre, y el fruto de aquel árbol prohibido, cuyo funesto manjar trajo la muerte al mundo y todos nuestros males, con la pérdida del Edén».[97] De igual forma, Satán deja de aparecer en el

---

96   *El paraíso perdido.* John Milton, p. 72. Montañer y Simon Editores, 1873
97   *Ibid*, p. 62.

libro X (de los XII) de que se compone la obra: es uno de los protagonistas del libro, pero no *el* protagonista.

El paraíso perdido enfrenta dos formas de desafiar el poder de Dios (la de Adán y Eva y la del demonio) y dos caminos para enmendar el error: una, aceptando con sumisión el castigo, y otra, negándose a hacerlo. El poeta defiende la primera opción. En el fondo, lo que expresa son sus ideas políticas: apoya la libertad de elección y rechaza la tiranía, pero a la vez, defiende que existe una jerarquía social y política en la que los ciudadanos deben obedecer a sus líderes y estos servir a su pueblo. Otros temas de fondo son el libre albedrío y la predestinación: todos los personajes han podido elegir, y Dios sabía su destino, pero Satán ha elegido *motu proprio* el mal mientras que Adán y Eva han sido engañados.

El poema comienza con Satán reunido con el resto de ángeles caídos tras haber sido derrotados por el arcángel San Gabriel. Han construido una ciudad en el infierno (Pandemonium) y allí meditan cuál debe ser su siguiente paso. Moloch no es partidario de volver a la guerra, ya que prefiere que llegue el perdón celestial; Belial se muestra contrario a pelear —básicamente, por pereza—, opinión que respalda Mammon, pero con matices: se niega a plegarse ante Dios y propone aprovechar las riquezas minerales del infierno para crear allí su propio paraíso. Finalmente se impone el plan de Satán y su mano derecha, Belcebú: aprovechar que Dios ha creado al hombre (Adán, al que envidia) para pervertirlo y arruinar su obra. Tras muchas vicisitudes, Satán consigue entrar en el Paraíso y, haciéndose pasar por una serpiente, consigue que Eva pruebe el fruto prohibido, pese a que San Gabriel le había advertido de las consecuencias.

Al final, todos los culpables son castigados. Satán es reenviado al infierno, repudiado por los suyos, que han sido convertidos en serpientes y condenados a no comer más que el fruto prohibido, que en sus bocas se convierte en arena. Eva y Adán también, a partir de entonces, tendrán que ganarse el pan con el sudor de su frente y ellas parirán entre dolores. Pese a todo, reciben gustosos la penitencia, ya que se les muestra que otra vida serán perdonados y recuperarán es paraíso perdido. Es la *felix culpa* (o culpa feliz).

Pero ¿es Satán el rebelde que se alza contra la autoridad o un simple ángel resentido cuyas acciones no conducen a ninguna parte? Están los dos, pero el que impera es el segundo. El Satán antisistema de cuerpo apolíneo es el del inicio del relato, y va sufriendo un proceso de degradación hasta acabar convertido en reptil y repudiado por los suyos. No se debe olvidar que *El paraíso perdido* es un libro religioso, una reinterpretación muy personal del *Génesis*, en ningún caso una refutación o reivindicación del papel del maligno. De hecho, el Libro II (en el que los demonios debaten qué hacer) se suele interpretar como una crítica a los sistemas políticos representativos en el que se imponen los mejores discursos, no los argumentos de más peso: Satán utiliza a Belcebú para convencer al resto de sus planes sabiendo que no tiene ninguna oportunidad de conseguir su objetivo. Aun así, sin pretenderlo, la imagen del rebelde es la que sobrevivirá y sentará las bases del satanismo moderno.

LA FACCIÓN DEL DIABLO

Para que el Satán rebelde se impusiera al fracasado tuvo que transcurrir más de un siglo. Hasta finales del siglo XVIII, con el Romanticismo paseándose por toda Europa, la obra de Milton no gozó de especial fama. Entonces se produce una reformulación de la que surgirá una imagen del maligno más allá de la imaginada por Milton, y carente de los atributos religiosos que presentaba en el poema al convertir al diablo en símbolo o metáfora. Este concepto nace en Londres, en el círculo de pensadores radicales organizados alrededor del editor Joseph Johnson y del que formaron parte, entre otros Thomas Paine (el ideólogo de la Revolución Americana y reconocido ateo), Benjamin Franklin (filósofo y padre fundador de Estados Unidos), el paleoanarquista William Goldwin o la pionera del feminismo Mary Wollstonecraft.

Sus reuniones se celebraban en una sala presidida por un cuadro titulado *La pesadilla,* de Henry Fuseli (pintor y miembro del círculo), en el que un súcubo descansa sobre el cuerpo de una mujer tumbada en la cama y con aspecto de haber sufrido un orgasmo.

La pesadilla o *El íncubo* (1871), del pintor suizo Henry Fuseli.

El encargado de abrir la veda y poner la primera piedra de lo que se conocería como el *satanismo romántico* fue el poeta y pintor británico William Blake y *El matrimonio del cielo y el infierno* (c. 1790), considerada hoy «la primera Biblia Satánica»,[98] que también hay que leer como una especie de manifiesto de este movimiento. Blake se divirtió afirmando en su libro que Milton «era de la facción del Diablo [*The Devil's Party*], pero no lo sabía»,[99] y acusaba irónicamente al

---

98   *The Devil's party: Satanism in modernity,* Ruben van Lujik, p. 43. Oxford University Press, 2012

99   *The Voice of the Devil in The Marriage of Heaven and Hell.* William Blake, p. 75. *The Norton Anthology of English Literature,* Vol. 2. Norton, 2000.

poeta de haber ocultado parte de la verdadera historia de la lucha entre Satán y Dios, por su fidelidad a este.

El maligno que pinta Blake es el bueno de la historia, el que se rebela contra un poder que niega al ser humano su energía, su libertad y su deseo. En su infierno, «los demonios son los poseedores del verdadero conocimiento mientras que los ángeles son píos moralistas».[100] Entre los proverbios que incluye la obra, y que dejan muy clara su filosofía, se pueden citar algunos como «el que desea y no actúa, alimenta la pestilencia» o «la prudencia es una vieja fea solterona cortejada por la incapacidad». Por lo que respecta a la iconografía, el Satán de Blake no es el de Dante ni el de Milton, es el Lucifer de belleza apolínea que se convertirá en el nuevo estándar, el que más tarde inspiraría al maestro Gustave Doré.

Si Blake convirtió a Satán en símbolo político de la rebeldía, William Goldwin se encargó de darle una lectura social. En *Justicia política* (1793), el escritor y precursor del anarquismo incluye una interpretación *sui generis* de la biografía de Satán, que también nace del autor de *El paraíso perdido*, pero para distanciarse de él:[101]

> Pero ¿por qué se rebeló contra su creador? Fue, como él mismo nos informa, porque no vio razón suficiente, para esa extrema desigualdad de rango y poder, que asumió el creador. Fue porque la prescripción y el precedente no constituyen una base adecuada para la fe implícita. Después de su caída, ¿por qué aún albergaba el espíritu de oposición? Por la persuasión de que fue tratado dura y perjudicialmente. No se desanimó por la aparente desigualdad de la contienda: porque un sentido de razón y de justicia era más fuerte en su mente que un sentido de fuerza bruta.

---

100 *In Infernal Love and Faith: William Blake's 'The Marriage of Heaven and Hell'*, Robert W. Rix. *Literature & Theology*, Vol. 20 No. 2. Junio, 2006

101 *Enquiry Concerning Political Justice and its Influence on Morals and Happiness*, William Godwin. Libro IV, p. 148. J.Watson, 1842. dwardmac.pitzer.edu/anarchist_archives/godwin/PJfrontpiece.html

Satán, visto por Sir John Baptist de Medin, para
la cuarta edición de *Paradise Lost* (1688).

Goldwin no estaba solo en su apreciación por Satán; su esposa Mary Wollstonecraft defendía ideas similares, pero desde una óptica feminista. Para ella, según escribe en *Vindicación de los derechos de la mujer* (1892), Milton sólo aprecia en la mujer su belleza, y la considera culpable de haber comido del árbol de la sabiduría. Sin embargo, la escritora reivindica este acto como un primer gesto emancipador y un pequeño paso hacia la igualdad entre ambos sexos.[102] De hecho, defendía que una educación igualitaria entre hombres y mujeres (comer del árbol del conocimiento) era prerrequisito para que esta saliera de su situación de oprimida. En esta lucha, Satán fue su primer aliado.

LA ESCUELA DE SATÁN

La reivindicación de la figura de Satán también generó cierta reacción en sentido contrario. En 1799, el poeta conservador Robert Southey publicó el poema «Los pensamientos del diablo» (rebautizado como «El paseo del diablo» cuando, posteriormente, Samuel Taylor Coleridge añadió unos versos). En él, en alusión al círculo de seguidores de Joseph Johnson, se introducía el concepto de lo que luego se conoció como la escuela de Satán: «Porque estableceré mi propia escuela, Y mis poetas se lanzarán sobre él»,[103] decía el maligno mientras se paseaba por Londres disfrutando de todos los vicios que veía a su paso. Pero fue en el prefacio de su poema «A vision of judgement» (1821) —un panegírico a mayor gloria del rey Jorge III—, en el que Southey dejó clara su postura sobre esta corriente literaria:[104]

---

102 *The doubleness of Wollstonecraft's subversion of Paradise Lost*, Steven Blakemore. *Texas Studies in Literature and Language*, Vol. 34, nº 4, 1992.

103 *The Devil's Walk*, Robert Southey (y Samuel Taylor Coleridge). *The poetical works of Robert Southey*, vol. 3, págs 75-91 (Estrofa 43). Little Brown, 1860.

104 *The complete poetical works of Robert Southey*, Robert Southey, p. 794. Appleton & Co., 1848.

La escuela que han establecido [los seguidores de Johnson] puede llamarse propiamente escuela de Satán; porque aunque sus producciones respiran el espíritu de Belial en sus partes lascivas, y el espíritu de Moloch en esas repugnantes imágenes de atrocidades y horrores que se deleitan en representar, se caracterizan más especialmente por un espíritu satánico de orgullo y audaz impiedad, que aún traiciona el miserable sentimiento de desesperanza con el que está aliado. Este mal es tanto político como moral, porque de hecho los males morales y políticos están inseparablemente conectados.

Como era de esperar, los ataques de los conservadores espolearon a los seguidores de Johnson. A «Los pensamientos del diablo», Percy Shelley respondió con «El paseo del diablo»: una balada, una parodia que escondía una dura crítica al gobierno británico; a «A vision of judgement» (1812), Lord Byron respondió con «The vision of judgement» (1822), en el que convertía a Southey en una criatura del demonio Asmodeo, al tiempo que lo acusaba de chaquetero y de mediocre.

La llamada Escuela de Satán fue una resurrección de la facción del diablo, una segunda generación. Por encima de todos destacó Percy Bysshe Shelley (1792–1822) —casado con Mary Shelley, autora de *Frankenstein* e hija de William Goldwin y Mary Wollstonecraft—. La impronta que dejó fue importante, como no podría ser menos de alguien que se hizo expulsar de Oxford por su primer libro: *La necesidad del ateísmo* (1811). Su principal aportación a la causa es *Defensa de la poesía* (1821), aunque su visión está más clara en *Sobre el diablo y los diablos* (1819):[105]

Nada puede superar la grandeza y la energía del Diablo tal como se expresa en *El paraíso perdido*. He aquí un Diablo muy diferente de la personificación popular del mal, de la malignidad [...]. El Diablo de Milton como ser moral es muy superior a su Dios, como lo es aquel que persevera en

---

105 *The Prose Works of Percy Bysshe Shelley* (Volume 2), p. 388. Hithchinson, 1914.

algún propósito que él concibe como excelente, a pesar de la adversidad y la tortura, a aquel que, en la fría seguridad de un triunfo indudable, inflige la más horrible venganza a su enemigo.

Pese a todo, en sus últimos años, Shelley se alejó de esta visión. Como escribió en *Prometeo liberado* (1820):[106]

> El carácter de Satanás engendra en la mente una casuística perniciosa que nos lleva a sopesar sus faltas con sus errores y a disculpar las primeras porque las segundas exceden toda medida

En cambio, el Satán de Lord Byron fue, en cierto modo, es un reflejo del autor: rico, libertino, aventurero, radical en la política… una alocada existencia que, de algún modo, sabe que está abocada a un trágico final tras haberse bebido la vida a grandes sorbos. La huida hacia adelante del Satán de Milton, en una lucha contra un enemigo al que no puede superar, es también la suya.[107] Byron no pierde de vista al *Fausto* de Goethe, al que admira profundamente y rinde homenaje en *Manfredo* (1817), un texto autorreferencial —está huido en Suiza tras una relación incestuosa con su hermanastra Augusta—, en el que el protagonista resiste a la tentación de renunciar a sus pecados y prefiere la muerte. Por supuesto, también se nutre de Milton, al que rebate en *Caín* (1821), mostrando a Lucifer como un falso culpable:[108]

> Caín. ¿Con que tú eres el que habló a mi madre?
>
> Lucifer. Yo no hablo a nadie más que la verdad. ¿Aquel árbol, no era el de la ciencia? ¿No había también frutos en

---

106 *The Complete Poetical Works of Percy Bysshe Shelley.* Thomas Hutchinson, p. 205. Oxford University Press, 1988.

107 *Byron: Life and Legend,* Fiona MacCarthy, p. 164. John Murray Publishers, 2002.

108 *Caín. Misterios del Antiguo Testamento.* Lord Byron, pp. 9 y 10. S. Landaburu, 1873.

el de la vida? ¿Fui yo quién dije que no cogieran de estos? ¿Fui yo quién coloqué objetos prohibidos bajo la mano de seres inocentes, y curiosos en razón de su inocencia misma? Yo os hubiera convertido en dioses; así lo temió aquel que os ha arrojado al veros comer el fruto que os haría semejantes a su grandeza. Estas fueron sus palabras.

Caín. Así me las han repetido; así las escucharon mis padres entre el ruido de los truenos.

Lucifer. Juzga, pues, quién es el espíritu perverso. ¿Aquél que no os dejó vivir o aquel que os hubiera concedido la eternidad en el seno de los placeres y del poder que da la ciencia? [...]

Caín. ¿Pero tú fuiste el tentador de mis padres?

Lucifer. ¿Yo? ¿Cómo y por qué los hubiera tentado?

Caín. Dicen que la serpiente encerraba un espíritu.

Lucifer. ¿Y quién lo ha dicho? El Orgulloso creador no se atreve a desnaturalizar la verdad hasta ese punto. Los terrores exagerados [sic.] y la vanidad pueril del hombre hacen culpable de su cobarde derrota a la naturaleza espiritual. La serpiente era una serpiente, y nada más. Sin embargo, muy superior a la Archila que tentaba; muy superior en saber pues que triunfó de ellos adivinando que la ciencia sería fatal para sus estrechos goces.

Pese a la reacción conservadora de Robert Southey y sus seguidores —en cierto modo, gracias a ella— el demonio siguió atrayendo a algunas de las plumas más prestigiosas de la época, en lo que algunos han bautizado como *satanistas románticos*. Con ellos, el ángel caído volvió a levantarse para convertirse en el símbolo del sexo, la ciencia y la libertad.[109]

---

109 Van Lujik, p. 114

LOS «VERSOS SATÁNICOS» DE BEAUDELAIRE

El mismo proceso de reescritura de Satán que se da en Inglaterra se produce en la Francia prerrevolucionaria. El encargado de abrir la veda fue Jacques Cazotte con *El diablo enamorado* (1772). Este precursor del Romanticismo advirtió a quien quiso escucharle que el culto a la razón podría tener trágicas consecuencias (no se equivocó, lo guillotinaron en 1792 por oponerse a los excesos de la Revolución Francesa), pero también fue no de los pioneros del género fantástico. Con él entra en la literatura el Satán desacralizado que, entonces, sólo se podía encontrar en la tradición popular y en los textos de los pequeños teatros itinerantes.

El protagonista de la novela es Belcebú, que se convierte en la bella Biondetta para ponerse al servicio del capitán español Álvaro de Maravillas, a quien trata de seducir. Lo interesante de esta comedia es que enfoca el pacto con el diablo de una manera diferente (no es un acuerdo firmado, sino que Belcebú intenta lograrlo mediante la seducción), y se rompe simplemente cuando el afectado lo decide, sin que medie la intervención de oración ni arrepentimiento.

Pero sin duda la gran referencia del llamado satanismo literario francés es Charles Baudelaire. Al igual que Lord Byron, su biografía (familia venida a menos, libertino, radical...) es difícil de separar de su obra, ya que una alimenta a la otra; como el inglés, marcó un antes y un después en el mundo de las letras. Su Satán es simbólico, metafórico, pero a la vez real. Así lo deja escrito en la estrofa de *El jugador generoso*[110] (1869), con una frase que pierde su sentido cada vez que se cita incompleta:

> Queridos hermanos, no olvidéis nunca, cuando oigáis elogiar el progreso de las luces, que el engaño más bonito del diablo está en persuadiros de que no existe.

---

110 *Petits Poèmes en prose* (Vol. IV), Charles Baudelaire, p. 88. Michel Lévy Frères, 1869.

El poeta no se refiere, como pretenden algunos, que Satán —en quien no cree— sea un genio del engaño, sino que advierte de que no todo lo que ha traído la Ilustración (por ejemplo, el Terror, Napoleón o la restauración borbónica) es bueno. En *Las flores del mal* (1857), por cuya publicación tuvo que pagar una multa de 50 francos, el demonio aparece en varios de los poemas, pero sin duda su intervención más importante se produce en el primer poema («Al lector») cuando advierte de que «es el diablo quien sostiene los hilos que nos mueven»[111].

Pero mientras el diablo existe como metáfora del mal, Satán —con nombre propio— es digno de toda la admiración que encierra *Las letanías de Satán* (1857)[112], el «ángel más bello y asimismo el más sabio», el que está al lado del que no tiene nada más («Tú que das al proscrito esa altiva mirada / Que en torno del cadalso condena a un pueblo entero»), el que da las fuerzas —y las armas— para resistir y luchar («Tú, que por consolar al débil ser que sufre / A mezclar nos enseñas azufre con salitre»). Por si hay alguna duda, concluye su poema con una oración:

> ¡Gloria y alabanza a Ti, Satán, en las alturas
> del Cielo, donde una vez reinaste y en las profundidades
> del Infierno, donde, vencido, sueñas en silencio!
> ¡Haz que mi alma un día, bajo el Árbol de la Ciencia,
> cerca de Ti repose, en la hora en que de tu frente
> como un Templo nuevo sus ramajes se extenderán!

Probablemente solo el premio Nobel Giosuè Carducci (1835-1907) se atrevió a ir tan lejos con su *Himno a Satán* (1865), pensado para recitar como un brindis y que comienza diciendo:[113]

---

111 *Las Flores del mal*, Charles Baudelaire, p. 6. Biblioteca Virtual Universal. biblioteca.org.ar/libros/133456.pdf

112 *Ibid*, p. 68.

113 «Himno a Satán», Giosué Carducci. Traducción de Victoria Montemayor. 2016. circulodepoesia.com/2016/12/himno-a-satan-de-giosue-carducci/

A ti, del ser
Principio inmenso,
Materia y espíritu,
Razón y sentido; [...]
A ti el frenesí
del verso atrevido,
Te invoco, oh Satanás
rey del banquete.

Es la primera oración escrita a mayor gloria de Satán ya
que, aunque es posterior al texto de Baudelaire, el francés
escribió su poema para ser leído; el italiano, para ser decla-
mado en coro, bebida en mano, a modo de un ritual pagano
de exaltación de la amistad. No es difícil ver en esta poesía
una parodia del discurso de Jesús en la Última Cena por
parte de un autor marcadamente anticlerical que, como
tantos otros, no dudó en reconciliarse con la Iglesia en sus
últimos años de vida.

Quien no tuvo ninguna influencia en el satanismo,
aunque hubiera podido, fue Arthur Rimbaud. A su lado,
biografías como las de Lord Byron no pasan de anecdóticas:
hijo de familia pobre, madre asfixiante, superdotado, drogadicto, soldado, desertor, homosexual, traficante de armas...
abandonó la escritura con veinte años tras haber grabado
con letras de oro su nombre en la historia de la literatura.
Una temporada en el infierno (1873) podría haber sido una de
las obras de referencia del satanismo romántico, pero hizo
una autoedición de cien ejemplares de los que solo distri-
buyó seis entre sus amigos, y dejó el resto en el almacén de
la editorial. Afortunadamente, a principios del siglo XX los
ejemplares olvidados fueron recuperados. En este poema, a
modo de biografía simbólica, cuenta su descenso al Averno,
del que, tras muchas vicisitudes, consigue salir renacido. Un
estado de desesperación que describe así:[114]

---

114 *Una temporada en el infierno.* Jean Arthur Rimbaud, p. 6. Biblioteca Virtual
Universal. biblioteca.org.ar/libros/133650.pdf

Debería tener mi infierno por la rabia, mi infierno por el orgullo, —y el infierno de la caricia; un concierto de infiernos.

Muero de cansancio. Es la tumba, voy hacia los gusanos, ¡horror de los horrores! Satán, farsante, tú quieres disolverme con tus encantos. ¡Yo reclamo! Reclamo un golpe de tridente, una gota de fuego.

La aportación francesa a la revisión de la imagen de Satanás no puede obviar la figura del poeta Alfred de Vigny (1797-1863) y su obra *Éola, ou la soeur des anges* (*Éola, o la hermana de los ángeles,* 1824). En ella cuenta la historia de un ángel femenino que se enamora perdidamente de un extranjero que resulta ser Lucifer, y que acabará arrastrándola al infierno, donde le revela por fin su verdadera identidad. Lo más importante de este poema es cómo revisita la imagen del Satán sediento de sexo y lo lleva al terreno del erotismo y la seducción:

Soy yo quien hace hablar a la esposa en sus sueños;
la niña feliz aprende mentiras felices;
les doy noches que consuelan los días,
soy el Rey secreto de los amores secretos.

Por lo que respecta a la modesta contribución española, cabe citar a José de Espronceda (1808-1842) y sus obras *Sancho Saldaña, El estudiante de Salamanca, El reo de muerte* o *El diablo mundo,* donde con un estilo propio de novela gótica pinta un diablo malo sin matices, muy propio de la religión cristiana, prueba inequívoca del retraso que tuvo el país para incorporarse a los avances intelectuales producidos al calor de la Ilustración. Curiosamente, cuando el extremeño escribe *La canción del pirata* —o, en menor media, *El mendigo* o *El canto del cosaco*— sí se aprecia cierta simpatía por personajes al margen (o al límite) de la ley.

Aunque la lista de autores que abordaron desde distintas perspectivas la figura de Satán es bien larga (Víctor Hugo, Mark Twain...), es imposible no incluir en ella —aunque muchos lo han conseguido — a Robert Louis Stevenson y su relato corto *El diablo de la botella* (1891). La breve historia del joven Keawe es una genial deconstrucción del mito del pacto satánico. Mientras que en estos relatos el protagonista solía obtener el perdón —al reconocer el hecho— o el castigo eterno —si no volvía al redil—, aquí se opta por un tercer (y original) desenlace.

" 'THIS IS THE BOTTLE,' SAID THE MAN " (*p.* 154).

Uno de los seis dibujos de artista británico William Hatherell para la versión ilustrada de *El diablo en la botella* (1905).

En su relato, Stevenson cuenta la historia de un pobre hawaiano, sin nada que esperar de la vida, que conoce a un hombre rico y poderoso poseedor de un gran secreto: tiene una botella en la que hay encerrado un diablo que le concede todos sus deseos pero, al morir, tendrá que entregar su alma. La única solución es venderla a un precio menor que el de compra. Keawe ni se lo piensa: le da lo poco que tiene y se la queda. A partir de ahí, se pega la vida padre e, incluso, logra conquistar a la mujer a la que ama.

Pero el tiempo pasa y la parca acecha. Sabiendo lo que se avecina, su mujer decide venderle la botella a un viejo marinero a cambio de recomprársela ella y que sea su alma la que arda en el infierno. El hombre acepta, pero luego se niega a cumplir su parte del trato. Tras una vida llena de excesos, sabe que está condenado, así que decide que no se va a separar de la botella hasta exhalar su último suspiro. A diferencia de otros relatos, ni el diablo es burlado ni el pacto acaba en tragedia, sino todo lo contrario: la pareja, que estaba a punto de divorciarse, se reconcilia y viven felices hasta el fin de sus días y puede que después también, ya que el maligno ha perdido interés en el alma de Keawe.

LOS PACTOS SATÁNICOS

Aunque generalmente no se les suele considerar como tal, cabe incluir dentro de la producción literaria de la época los grimorios o libros de magia, muy relacionados con el mito de los pactos satánicos. Todavía no existe un culto al diablo como tal, pero está claro que se puede llegar a un acuerdo con él. En los siglos XVII y XVIII proliferan los grimorios, el más antiguo de los cuales (*La clavícula de Salomón*) data de los primeros siglos de la era cristiana: es el escrito por el rey Salomón, un personaje probablemente real, hijo del Rey David, que vivió en el siglo IX a.C. y al que se le atribuye la construcción del primer Templo de Jerusalén.

Muy popular fue también *El Gran Grimorio* (o *El Dragón Rojo*), un plagio más o menos descarado del anterior de principios del siglo XVII, y que sobre 1750 conoció una edición barata que lo hizo enormemente popular. En sus páginas incluía una detalla explicación de cómo hacer un pacto con Lucifer. Igual de falso, por cierto, que otros muy populares como *El Gran Grimorio* del Papa Honorio (1760) o *Las ceremonias mágicas*, atribuido a Cornelius Agrippa... Superada la caza de brujas, y teniendo en cuenta que la alquimia o la astrología se consideraban conocimiento científico, no extraña el éxito de estos libros, parecido al que tiene actualmente la Nueva Era... pero en vieja.

Sociedades (casi) secretas

Hey, Satán, pago mis deudas
en una banda de rock.
Hey, Mamá, mírame,
Voy camino de la tierra prometida.

Highway to Hell, AC/DC

Durante siglos, pese a su obsesión con el maligno, los cristianos no creían en una especie de anti-Iglesia en la que se rindiera culto a Satán. El simple hecho de no seguir la doctrina oficial convertía al común de los mortales en herejes y, por tanto, en siervo del maligno. No hacía falta más: así fue mientras el poder temporal y el de la Iglesia fueron de la mano, pero este equilibrio ser rompió a medida que la segunda fue perdiendo importancia en favor del primero. Así fue surgiendo la creencia en adoradores del maligno, dedicados a conspirar contra el poder. Poco a poco, el mal deja de ser religioso o sobrenatural y se convierte en humano. La nueva Sinagoga de Satán está empezando a echar sus raíces.

El primero de estos grupos secretos lo suficientemente importante como para dejar su huella en la historia fue la Orden de la Rosa. La historia de los rosacruces, que nunca rindieron culto a Satán, es un buen ejemplo de los cimientos sobre los que se construirá posteriormente los mitos de las sociedades secretas y los amos del mundo. A principios del siglo XVII, la ciudad de Kassel (Alemania) es un pequeño oasis de tolerancia religiosa en un momento en el que la contrarreforma intentaba recuperar el terreno perdido tras la aparición de las doctrinas impulsadas por Lutero o Calvino. En el aire se respira ya el ambiente enrarecido que, a partir de 1618, enfrentará a las potencias europeas en la Guerra de los Treinta Años, y que comenzará en el Sacro Imperio Germano debido a las diferencias sobre cuestiones religiosas entre sus distintos territorios.

Este es el contexto en el que, en 1614, se imprime *Fama Fraternitatis*, un texto de apenas diez páginas, que llevaba cuatro o cinco años circulando como manuscrito.[115] Cuenta la historia de un misterioso R. C. (1378-1484)[116] quien, tras recorrer el mundo en busca de la verdadera sabiduría, fundó con otros siete monjes una orden (la Fraternidad de la Rosa Cruz), en la que ofrecía una especie de alquimia intelectual que permitía a sus seguidores alcanzar el verdadero conocimiento combinando religión, ciencia y cultura. La inspiración gnóstica, la herejía por excelencia, era evidente. Sus miembros eran hombres cultos, de toda clase social, que habían hecho voto de pobreza, cuya vida estaba dedicada al cuidado de los enfermos, y que no podían hacer pública su membresía. Eso sí, el relato dejaba claro que la Fraternidad tenía oro y plata para aburrir. Tras su muerte, R. C. fue enterrado y su tumba no fue descubierta hasta 1604, cumpliéndose la profecía que hizo con 106 años de edad de que su sepulcro sería hallado 120 años después de morir.

A *Fama Fraternitatis* le siguieron otros dos libros que conforman el corpus original del pensamiento rosacruz: *Confessio fraternitatis* (1615) y *Las bodas químicas* (1616) —también conocido como *Las bodas alquímicas de Christian Rosacruz*—, en el que por primera vez se da a conocer el nombre completo

---

115 *El iluminismo rosacruz*, Francés A. Yates, p. 39. Fondo de Cultura Económica, 2001.

116 *Sociedades secretas*, Norman MacKenzie, pp. 137-138. Luis de Caralt, 1971.

del fundador. En *Confessio*, se explica con todo lujo de detalles —y sin un atisbo de modestia— la importancia del legado de Rosacruz:

> Consideramos que las meditaciones, conocimientos e invenciones de nuestro amoroso Padre Cristiano son tan excelentes, valiosas y grandes, que si todos los libros desaparecieran y si, por decisión de Dios Todopoderoso, se perdieran todos los escritos y todo el saber humano, solo por medio de ellos [los escritos de Christian Rosacruz] podría la posteridad poner de nuevo las bases para sacar otra vez a la luz la verdad.

Pero algo fallaba. El problema no es que la Fraternidad de la Rosa Cruz nunca hubiera existido o que su presunta filosofía no fuera más que una suma de retales de la Cábala (o esoterismo judío) y el Hermetismo, la corriente filosófica creada por el sabio Hermes Trismegistus. Este no era más que un personaje mítico y los libros que se le atribuyen se escribieron siglos después de su supuesta muerte.[117] Tampoco era lo más grave que parte de los textos —sobre todo, *Confessio*— estén más influidos de lo razonable por el *Monas hieroglyphica* de John Dee[118] (el mago de cabecera de la reina Isabel I). No, el problema es que la orden era una invención de un grupo de pastores protestantes capitaneados por Juan Valentín Andreas, como él mismo reconocería en sus memorias.[119]

Es imposible saber quién escribió qué parte de los tres tratados fundacionales del movimiento Rosacruz, pero *Las bodas químicas*) sí está redactado íntegramente (o casi) por Andreas. Es precisamente este último el que permite entender el porqué de los rosacruces. El enlace que inspira el texto —oculto tras varias capas de metáforas— es el que habían contraído en 1613 Isabel (hija del rey Jacobo I de Inglaterra y IV de Escocia) y Federico V, príncipe del Palatinado. Con este

---

117 *Historia de la filosofía oculta*, Alexandrian, p. 75. Valdemar, 2014.
118 Francés A. Yates, p. 37
119 MacKenzie, p. 139.

matrimonio, esta región del Sacro Imperio Germano vinculada a Renania se garantizaba el apoyo de los protestantes y anglicanos frente al acoso de las fuerzas católicas (la batalla por la región fue una de las claves de la Guerra de los Treinta Años). Este es el telón de fondo en el que Andreas inventa la Fraternidad, prometiendo una nueva forma de entender la religión y arremetiendo contra el Papa y los Jesuitas. Sus ideas se difundirán por Europa como la pólvora. Pero, llegado el momento, los católicos austriacos entraron en la zona sin obstáculos: el rey de Baviera huyó y nadie acudió en defensa de los protestantes alemanes.[120] Ante el fracaso, no extraña pues que, en sus memorias, Andreas asegurase que todo fue un «*ludibrium*», que suele traducirse por «broma».

Las palabras del sacerdote reconociendo el engaño no tuvieron el menor efecto: la gente quería creer en los rosacruces y prefería la leyenda. Tampoco les afectó mucho que poco después de la confesión de Andrea, en 1623, un escritor anónimo publicase en París el panfleto *Horribles pactos hechos por el diablo con los invisibles*,[121] el primer texto en el que se les vinculaba con el satanismo:[122]

> Habían celebrado en Lyon una asamblea el 23 de junio anterior, y en ella decidieron enviar a seis representantes a la capital. Esa reunión se celebró dos horas antes del Gran Sabbath, en el que apareció uno de los príncipes de las milicias infernales, luminoso y espléndido, ante el cual se postraron los adeptos y prometieron que abjurarían del cristianismo y de todos los ritos y sacramentos de la Iglesia.

Satanista o no (más bien lo segundo), de lo que no hay duda es de que en la Europa de principios del XVII se tomó en serio en la existencia de los rosacruces, costumbre que no se ha perdido, pues florecieron (y siguen activas) innom-

---

120 Yates, p. 85.
121 fr.wikisource.org/wiki/Effroyables_pactions_faites_entre_le_diable_et_les_pr%C3%A9tendus_invisibles
122 *Yates*, p. 87.

brables órdenes que dicen ser la original, como la Antigua Mística Orden Rosa Cruz (AMORC),[123] que presume de un delirante abolengo que se remonta al Egipto del año 1.500 a.C. y que, a lo largo de su historia, ha contado entre sus miembros, a Leonardo da Vinci, Teresa de Ávila, René Descartes, Isaac Newton, Thomas Jefferson o Edith Piaf, entre otros. La orden fue una ficción que, sin embargo, marcó el camino por el que transitarían posteriormente todas las sociedades secretas o iniciáticas.

Uno de los retratos que se conservan de Juan Valentín
Andreas, el padre del mito de los Rosacruces.

---

123 rosicrucian.org

LA MASONERÍA

A veces secreta, a veces discreta, la masonería es sin duda la organización iniciática más longeva e importante de la historia y, de lejos, la que más elogios y leyendas negras arrastra. La historia más o menos oficial es que la masonería especulativa —la actual— es la heredera de los obreros que construían los castillos y las catedrales en la Europa medieval.[124] Por la naturaleza de su tarea, estos trabajadores se veían obligados a desplazarse en busca de faena, lo que dio lugar a las primeras asociaciones profesionales que les permitía encontrar un punto de apoyo allí donde fueran. Las reuniones tenían lugar en una especie de tiendas de campaña al lado de las obras en marcha, las logias. Estos encuentros fueron variando: de realizarse en el lugar de trabajo, al pub, y de admitir únicamente a miembros de la profesión, a abrir sus puertas a otros colectivos. Así, lentamente, las logias se fueron transformando en una especie de clubes en los que la simbología era muy importante (cada miembro es una piedra que hay que tallar), tanto como el respeto a unas normas de convivencia. En 1717, cuatro logias británicas se unieron para formar la primera Gran Logia del mundo, con Anthony Sayer como primer gran maestro. La masonería operativa (el oficio de tallar piedras) se había convertido en especulativa (sociedad iniciática).

Este relato mítico no puede ocultar que ni siquiera está claro que la institución naciera en el siglo XVIII (la primera referencia escrita es de 1646). Es más probable que el origen de la Orden fuera el esfuerzo de William Schaw, arquitecto del rey de Escocia Jacobo I, de ganarse el favor de los constructores de catedrales y castillos creando una especie de gremio vinculado directamente a la corona a finales del siglo XVI,[125] lo que dio lugar a una sociedad secreta llamada la

---

124 ugle.org.uk/discover-freemasonry/history-freemasonry

125 *La orden. Una historia global del poder de los masones*, John Dicke, pp. 44-46. Debate, 2022.

Aceptación. Esta se expandió luego por Inglaterra, donde perdió conciencia de sus orígenes y se reinventó como lo que hoy se conoce como la masonería.

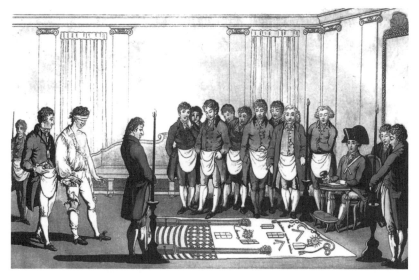

Ilustración de 1745 que representa una iniciación masónica, por Léonard Gabanon.

Más allá de su verdadero origen, es interesante ver cómo la masonería escribió su propia historia, un relato basado en hechos reales maridados con altas dosis de fantasía. Su supuesto texto fundacional data de 1723 (aunque fue actualizado en 1738 y 1813), y se conoce como las *Constituciones de Anderson*, redactadas por el sacerdote presbiteriano James Anderson y el filósofo Jean Theophile Desaguliers. En él se refiere el origen oficial de la institución.

Según Anderson y Desaguliers, el primer masón fue Adán, a quien Dios le había instruido en las llamadas ciencias liberales (sobre todo la geometría), y él se encargó de transmitirlas a sus hijos, y estos a los suyos… pasando por Noé hasta llegar al rey de Inglaterra. A lo largo de los tiempos, los hermanos fueron los encargados de construir las siete maravillas de la antigüedad (el Templo de Salomón, las pirámides de Egipto, los Jardines Colgantes de Babilonia…) y no hay acontecimiento relacionado con la historia de Inglaterra en la que la Orden no tuviera un papel fundamental. De hecho, aún hoy, algunas logias utilizan calendarios que comienzan hasta 4.000 años antes de Cristo, la fecha que según ellos marca el nacimiento de la institución.

Inicialmente, la Orden consideraba únicamente tres grados: aprendiz, compañero y maestro, similares a los de los gremios de los constructores de las catedrales. Pero el proceso inflacionario en ritos y cargos no tardó en despegar. Pronto se unió un cuarto, el de Maestro Secreto, título que recaía en los que habían sido elegidos democráticamente para dirigir una logia. Cada paso dado en la orden implicaba un nuevo rito, y cada vez que la institución miraba hacia su pasado (más imaginario que real), aumentaba el simbolismo de sus puestas en escena.

La dinámica alcanzó tintes humorísticos con la entrada en escena del barón Andrew Michael Ramsay, divulgador de la masonería en Francia. Cuando la institución estaba aún en pañales en el país —la primera logia se fundó en 1725—, pronunció un famoso discurso en París, en 1737, con la sana intención de tranquilizar a los que pensaban que era una organización anticristiana. En su intervención, conocida *Oration*,[126] vinculó de manera simbólica la masonería con los cruzados, aunque el público creyó que se refería a los Templarios. Nacía así el mito de que eran los herederos del Temple y que sus secretos habían sobrevivido gracias a que un caballero los llevó a Escocia en 1286.[127]

Su discurso cambió para siempre la historia de la masonería, que vio nacer así en Francia el llamado Rito Escocés Antiguo, que ni era escocés ni antiguo, pero que entusiasmó a los miembros ante la posibilidad de alcanzar grados como el de Príncipe de Jerusalén, Soberano Príncipe Rosacruz, Caballero Prusiano, Caballero Kadosh o Sublime Príncipe del Real Secreto. La consecuencia fue una hiperinflación

---

126 scottishrite.org/blog/about/media-publications/journal/article/freemasonry-qa-what-was-ramsays-oration/

127 *Ibid*, p. 94.

en nuevos grados en cada uno de los distintos ritos. El récord mundial, aún no superado, lo consiguió en 1881 el Rito Antiguo y Primitivo de Menfis-Mizraïm —creado por Giuseppe Garibaldi—, que tenía de antiguo lo mismo que de primitivo: nada. En su menú con 99 escalones incluía la posibilidad de ascender a Caballero de Escandinavia, Sublime Sabio de las Pirámides, Sublime Filósofo Desconocido, Intérprete de Jeroglíficos o Sublime Sabio.

De la masonería se puede decir que ha sido una de las instituciones iniciáticas que más ha devuelto a la sociedad sin pedir nada a cambio. Su historia es la de un compromiso con la ciencia, la cultura, el progreso o los derechos humanos y, por supuesto, con sus sombras. Tendrá que pasar más de un siglo desde su aparición hasta que su camino se cruce con el del satanismo, pero su sola existencia influyó en el imaginario colectivo a la hora de crear el mito de las sociedades secretas que controlan el mundo.

A LA SALUD DE SATÁN

Al tiempo que se expandía la masonería aparecieron otras instituciones que abonarían del mito de los poderes en la sombra. Su relación con la Orden era estrecha, ya que se nutrían del mismo perfil de público (adinerados con tiempo e interés por la cultura). El papel que en la Francia prerrevolucionaria cumplieron los salones, en el mundo anglosajón le correspondió a los Clubes de Caballeros —por cierto, abiertos también a mujeres—, el primero de los cuales (White's) nació en 1693 y aún existe. Eran la consecuencia directa de unas sociedades que avanzaban hacia la democracia y necesitaban órganos nuevos para canalizar el debate político.

Pero frente a la seriedad de los Clubes de Caballeros aparecieron otros en los que el debate político era lo de menos y, lo de más, beber y divertirse como si lo fueran a prohibir: eran los conocidos como Hell-fire Clubs. El primero de todos, el único que realmente llevó tal nombre, abrió sus puertas en 1719 de la mano del duque Phillip Wharton.[128] Poco se sabe de aquel grupo formado por cuarenta personas de alta alcurnia y de ambos sexos (conocidos como la Sociedad de Blasfemos), que se vestían de personajes bíblicos en sus reuniones y brindaban con ponche Hellfire a la salud del diablo, mientras degustaban platos como Lomo del diablo o Pastel del Espíritu Santo, antes de celebrar alguna orgía. Verdad o no (imposible saber qué parte fue exageración de la prensa), se disolvió a los dos años tras la aprobación de la Ley para la Prevención de la Blasfemia y la Profanación,[129] ya que se había extendido el rumor de que sus miembros rendían culto a Satanás.

Curiosamente, Wharton, que ha pasado a la historia por «libertino, borracho, oportunista político, blasfemo, derrochador y traidor»,[130] se convertiría en 1719 en el segundo Gran Maestre de la recién nacida Gran Logia de Inglaterra. Probablemente pensando en él, Anderson y Desaguliers incluyeron en las *Constituciones* que un masón «no será jamás un ateo estúpido ni un libertino irreligioso». Posteriormente, como buen chaquetero, Wharton renunció a su pasado cuando fue elegido para el parlamento británico y se defendió de las acusaciones Biblia en mano, probablemente la misma que tantas veces había despreciado. El Hellfire de Wharton fue el que dio nombre a este tipo de clubes que fueron floreciendo por toda Gran Bretaña con distintos nombres.

El más famoso e influyente de todos los Hell-fires fue el fundado en 1746 por el político británico y barón Francis Dashwood, y cuyo nombre real fue La Hermandad de San Francisco de Wycombe (o la Orden de los Caballeros de West Wycombe). La importancia de esta asociación radicaba en lo

---

128 *The life and writings of Philip, Duke of Wharton*, Lewis Melville, p. 87-88. John Lane Company, 1913.

129 *The Hell-Fire Clubs. A history of anti-morality*, Geoffrey Ashe, p. 47. Sutton Publishing, 2000.

130 Dickie, p. 71.

ilustre de sus miembros (Dashwood era tesorero real), entre los que se contaba el político y filósofo Benjamín Franklin. A día de hoy, las acusaciones de que era un culto satánico han sido absolutamente descartadas, aunque es cierto que, como un elemento más de su imaginería, se utilizó al maligno.[131] Lo más significativo de los Caballeros de West Wycombe era lo en serio que se tomaban la provocación, hasta el punto de que pasaron de reunirse en los reservados de una taberna (George & Vulture) a alquilar la vieja abadía de Medmenham y reconvertirla en templo pagano.

A Rake's Progress-Tavern Scene, de William Hogarth (c. 1730), inspirada en un Hellfire.

La nueva sede, no por casualidad, se inauguró el 30 de abril de 1754, la noche de Walpurgis. En la puerta, una frase tomada del *Gargantúa* (1532) del escritor francés François Rabelais, recibía a los visitantes: *Fais ce que tu voudras* («haz lo que quieras»), cuya traducción al inglés (*Do what thou wilt*)

---

131 *Anything. The lives & times of the Hell-Fire Club,* Jerry Clover. *Beyond the Magazine.* Enero 2008.

será asumida un siglo más tarde como lema por Aleister Crowley. Al llegar a Medmenham, los visitantes eran recibidos en un jardín con forma de mujer decorado con estatuas dedicadas a distintos dioses paganos como Venus, Dioniso y un Príapo con un miembro enhiesto de considerables dimensiones. Por supuesto —y aunque lo verdaderamente importante era beber, comer y realizar orgías— todo estaba acompañado de rituales inspirados en la masonería a los que los asistentes acudían disfrazados. Las mujeres, por ejemplo, solían presentarse ataviadas de monja y cubiertas con un antifaz para inspeccionar al resto de invitados que solo se quitaban tras comprobar que entre los presentes no había ningún conocido.

El club estuvo activo hasta 1774 y la causa de su desaparición fue común a la de otras sociedades secretas: las rivalidades políticas entre los miembros, el aburrimiento, o que algunos de sus componentes vieron que su ascenso social se podía ver perjudicado por pertenecer a un club así, en un momento en el que la prensa ya tenía suficiente fuerza y libertad como para arruinar la carrera de un político.[132]

LA CONSPIRACIÓN

Como siempre, qué parte era leyenda y qué parte era verdad no tenía mucha importancia, lo relevante es que la idea de la existencia de sociedades secretas no solo era cierta, sino que había calado en la sociedad. Además, dado que sus miembros eran políticos, empresarios, periodistas, escritores... era imposible negar que tenían poder político, económico y social, aunque solo fuera porque eran lugares de socialización de las clases más influyentes. A esto hay que añadir que la democracia británica nació siendo conspiranoica, y que creer que una mano negra movía lo hilos

---

132 *The Hell-Fire Clubs. Sex, satanism and secret societies*, Evelyn Lord, p. 146. Yale University Press, 2010.

de la política era un punto de vista totalmente aceptado. De hecho, la Revolución Gloriosa (o la Revolución Incruenta) que dio lugar al *Bill of Rights* (Declaración de Derechos) de 1689 se basó en un hecho absolutamente demencial. Jacobo II (católico) no conseguía alumbrar un descendiente varón, así que el siguiente en la línea sucesoria era su sobrino Guillermo de Orange (protestante). Cuando por fin la reina María Beatrice d'Este consiguió dar a luz a un niño (con lo que aseguraba un sucesor católico), nació lo que ha pasado a la historia como el escándalo de la «cacerola caliente». Hoy suena a broma, pero la historia de la democracia en Occidente es la que es porque muchos ingleses creyeron que la criatura nació muerta y que una asistenta coló a otro en el paritorio escondido en una olla para asegurar que la corona seguiría en manos (o cabeza) de un católico. La consecuencia fue que el Estuardo católico Jacobo II tuvo que exiliarse y le sucedió en el cargo Guillermo III, protestante y miembro de la dinastía de los Orange.[133]

A partir de entonces no hubo suceso en la vida política inglesa que no fuera acompañado de una o varias conspiraciones, en las que *tories* y *whigs* se acusaran mutuamente de intentar lograr sus objetivos al margen del parlamento. Una de las consecuencias más conocidas de esta paranoia es la creación de los Estados Unidos, cuya declaración de independencia se sigue citando como un ejemplo de pensamiento conspiranoico aplicado a la política. Que los colonos pensaran que la metrópoli quería acabar con sus libertades tenía sentido (aunque discutible base real), pero lo que se suele ignorar es que el relato no nació en ultramar, sino en el Palacio de Westminster,[134] cuando se extendió la idea de que la Corona quería privar a las colonias de sus derechos, paso previo a aplicar tal medida en la metrópoli. A los

---

133 *Royal History Mystery: The Warming Pan Scandal,* Jessica Storoschuk. *Royal Central.* 29/IV/2020. royalcentral.co.uk/features/history-blogs/royal-history-mystery-the-warming-pan-scandal-140948/

134 *The ideological origins of the american revolution,* Bernard Bailyn, pp. 93-94. Harvard University Press, 2007.

que no les gustaba esta teoría tenían otra: en los gobiernos de las colonias había quien, desde la trastienda, inventaba agravios para que la gente se pusiera en contra del rey Jorge III y forzar la independencia.[135] Así, por un lado, existía el convencimiento de que parte de la política se decidía fuera del debate público; por el otro, surgían grupos de notables que se reunían en secreto para realizar todo tipo de ritos y a saber qué más. De telón de fondo, la sospecha de que detrás de todo estaba Satán.

La consolidación de este nuevo paradigma vive un nuevo episodio en Francia, el país que había dado lugar a la Ilustración y cuyas ideas habían influido en la independencia de EEUU mientras, políticamente, seguía siendo una monarquía de origen divino. A finales del siglo XVIII, propiciado por una crisis económica y política como no se había visto en siglos, conocerá una revolución que cambiará la historia. Una de las primeras víctimas de este choque fue la Iglesia: el 11 de agosto de 1789, cuando aún no había pasado ni un mes de la Toma de la Bastilla, se suprime el diezmo y en noviembre de ese mismo año se nacionalizan sus bienes. Muchos religiosos deciden abandonar el país y las cosas no mejoran durante la época conocida como El Terror (1793-1794). Si hasta entonces el destino del mundo estaba en manos de Dios, ¿quién podía estar ahora al mando? Según Joseph de Maistre había «una cualidad satánica en la Revolución Francesa que la distingue de todo lo que hemos visto o de cualquier cosa que probablemente veamos en el futuro».[136] El filósofo hablaba metafóricamente, pero algunos acabaron por tomárselo al pie de la letra.

---

135 *The American Revolution as a conspiracy: The british view*, Ira D. Gruber. *The William and Mary Quarterly*. Vol. 26 N° 4. Julio, 1969.

136 *Considerations on France*. Joseph de Maistre, p. 45. Cambridge University Press, 2012.

EL ORIGEN DE LOS AMOS DEL MUNDO

La Asociación de los Perfectibilistas (ese fue su primer nombre) nació la noche Walpurtgis (30 de abril) de 1776, de la mano de Adam Weishaupt, profesor de Derecho de la Universidad de Ingolstadt (Baviera). Influido por las ideas más radicales de la Ilustración, el profesor decidió formar una organización secreta inspirada a partes iguales en la masonería y los jesuitas, y comprometida con las libertades y las posturas más radicales de la época (rechazo de la religión, republicanismo, igualdad de derechos...). En realidad, no hizo más que llevar a Baviera los temas que se abordaban en los salones en París habitualmente.

Weishaupt era un joven de buena familia que consiguió entrar de profesor en la universidad en la que trabaja su padre. Educado en los Jesuitas, la idea de crear los Illuminati tuvo mucho de venganza personal contra estos, que dominaban el mundo académico y se habían convertido en un obstáculo para su carrera. Por eso, y confiando en su innegable don de gentes, decidió fundar una organización que le ayudara a conseguir sus objetivos personales y de la que sería el líder indiscutible. Aunque sus apologistas siempre le han descrito como una especie de revolucionario idealista, para otros «siempre ha sido difícil —y sigue siéndolo— distinguir en él al sincero, aunque exaltado y testarudo, apóstol de una nueva revelación del cínico carterista y mentiroso sin escrúpulos».[137]

La estructura inicial de la entidad era bastante simple: los aspirantes ingresaban como Novicios, luego ascendían a Minervales y, finalmente, a Minervales Iluminados. Como en la masonería, los miembros se sometían a un proceso de purificación personal y espiritual que les permitía progresar. Dado que apenas aportaba nada nuevo a la larga lista de logias ya consolidadas, en sus inicios Weishaupt apenas logró sumar algunas docenas de estudiantes. El gran salto de los Illuminati llegó con la entrada en escena de Adolph

---

137 J. M. Roberts, p. 134.

von Knigge, noble alemán venido a menos, masón, y que ha pasado a la historia tanto por sus ideas progresistas y su defensa de los derechos humanos, como por ser un «famoso intrigante, con un largo historial de practicar sus imposturas en las logias de los francmasones».[138] Suya fue la idea de infiltrarse en las logias masónicas, lo que le permitió ganar en poco tiempo cientos de nuevos miembros entre la nobleza, la burguesía, la aristocracia e incluso la Iglesia. Knigge propuso además la instauración de nuevos grados (que probablemente vendía), de forma que los recién llegados acabaron copando los puestos más importantes del Aeropago (el órgano de gobierno). Así, los miembros fundacionales empezaron a sentirse desplazados por recién llegados.

Retrato de Adam Weishaupt, fundador de los Illuminati.

---

138 *On the influence attributed to philosophers, free-masons and the Illuminati on the revolution of France,* Jean Jospeh Mounier, p. 175. W. and C. Spilabury, 1801.

A estos, Knigge sumó una estructura más descentralizada, con sedes locales, que favoreció la expansión de los Illuminati por toda Alemania. Al final, las diferencias entre Knigge y Weishaupt sobre la organización crecieron hasta que el barón decidió irse en 1784, poco antes de su disolución definitiva. Al conocerse públicamente las actividades de los Illuminati, el elector de Bavaria, Karl Theodor, suspendió las actividades de todas las sociedades secretas. Fue el primero de varios edictos que culminaron, en 1787, con una nueva ley que contemplaba incluso la pena de muerte para sus miembros.

Los Illuminati consiguieron atraer a algunas de las personalidades más importantes de su época (aunque es difícil confirmar si los nombres que se suelen citar son ciertos). Estaban, por ejemplo, el escritor Johann Wolfgang von Goethe —como nombre más conocido, aunque ingresó en la organización para investigarla[139]—, pero lo importante es que sumó a un buen número de funcionarios públicos, de clérigos y de miembros de la alta burguesía. En cuanto a su número, la cifra más alta que se ha dado ronda los 2.500, aunque otras fuentes la rebajan a 650.

Pese a todo, mucho título, mucho *nom de guerre* rimbombante (Weishaupt se hacía llamar Espartaco) y mucha reunión para mejorar como seres humanos, pero tenían más de conspiradores de salón que de partidarios de la acción directa que, por cierto, rechazaban. Si fueron perseguidos a partir de 1785 fue más que por su carácter secreto, que dio lugar a todo tipo de especulaciones (la mayor parte de acusaciones venían de exmiembros), que por delitos concretos. De su capacidad para cambiar el mundo habla por sí solo el hecho de que las tensiones internas fueron las que dieron lugar a las primeras deserciones (y a la publicación de documentos internos). La incapacidad de solucionar el duelo de egos entre Wheishaupt y Knigge fue lo que acabó por sentenciar a los Illuminati.

---

139 *Eso no estaba en mi libro de historia de los Illuminati*, Eduardo Juárez, p. 194. Almuzara, 2020.

Cuando sus documentos secretos salieron a la luz y comenzó la persecución, Weishaupt llegó a pedir que se presentaran públicamente cargos concretos contra él,[140] cosa que nunca ocurrió. Tan peligroso fue el fundador de los Illuminati que, tras la disolución de la organización, se refugió en Sajonia-Altenburgo, donde gracias al apoyo del duque Ernesto II, llevó una existencia de lo más plácida, sin problemas económicos, dedicado a difundir las ideas de los Illuminati y a limpiar su buen nombre sin que ello le ocasionara la mejor molestia.

Pese a los ríos de tinta que han hecho correr los Illuminati, no fue para nada una organización peligrosa. Sus ideales no eran tan diferentes de los de cualquier logia masona, y aunque mantenía la fe en una sociedad en la que no fueran necesarios el gobierno ni la ley, lo veían como un objetivo muy lejano que solo se conseguiría mediante la formación de los seres humanos. Su concepto de toma del poder no tenía nada de violento, sino que debería ser el resultado de la educación de las masas. Por supuesto, entre sus miembros hubo de todo —borrachos, sinvergüenzas... incluso violadores, como reconoció Weishaupt en sus cartas—, pero las manzanas prohibidas eran una minoría. Junto a las ideas de la Ilustración había otras más disparatas, como crear dos asociaciones de mujeres, unas decentes y otras un poco menos, para beneficiarse de ellas.[141] Una propuesta que el propio fundador rechazó.

El eco de los sucesos de Baviera llegó a Francia en 1789 de la mano del marqués Jean-Pierre-Louis de Luchet, cuando publicó su libro *Essai sur la secte des Illuminés,* en el que defendía que los de Weishaupt controlaban la masonería francesa europea. La obra, llena de exageraciones, se inspiraba en hechos reales, pero luego hacía responsables a los Illuminati de estar detrás de la Ilustración y de todas las ideas filosóficas del siglo de las luces. Las teorías de Luchet fueron

---

140 *Ibid,* p. 191.

141 J. J. Mounier, p. 200

adoptadas años más tarde por el jesuita francés refugiado en Inglaterra, Augustin Barruel en su libro *Memoria para servir a la historia del Jacobinismo*, y por el filósofo conservador escocés John Robison, autor de *Pruebas de una conspiración*, ambos publicados en 1797. Estos y algunos autores más sentaron la base del mito que aún persiste de los Illuminati como los amos del mundo. Los intentos de refutar estas teorías, como el del francés Jean-Joseph Mounie (en *De l'influence attribuee aux philosophes, aux francs-masons et aux illumines sur la revolution de la France*, 1801) no sirvieron de nada.

SATÁN EL CONSPIRADOR

Muchos intelectuales conservadores coincidían con De Maistre en atribuir metafóricamente la Revolución Francesa a Satán. Otros en cambio, no tenían la menor duda. Pionero en estas lides fue el sacerdote Jean-Baptiste Fiard (1736-1818), cuya obra más famosa fue *Francia engañada por los magos y los demonólatras del siglo XVIII* (1783). El 14 de julio de 1798, el jesuita vio confirmadas sus sospechas de que los adoradores de Satán (entre los que incluía a espiritistas, hipnotizadores y ventrílocuos) controlaban todos los resortes del poder en su país. Las primeras líneas de *Le secret de l'Etat* (1796) hablan por sí solas:[142]

> Existen en Francia, existieron en la corte, hechiceros, hombres y mujeres demonios, hombres y mujeres que realmente se comunican con el demonio, que mediante maldiciones y hechizos han hechizado las cabezas, seducido horriblemente a los líderes de la nación y causado todos los males que la abruman.

Con afirmaciones como esta no sorprende que el catedrático de literatura Max Milner asegurase que si «notamos algunos rasgos de paranoia en el sistema del Abbé Barruel,

---

142 *Le Secret de l'État, ou le dernier cri du vrai patriote.* Jean-Baptiste Fiard, 1796.

estamos, con el Abbé Fiard, en presencia de un delirio bien constituido».[143] Pese al innegable éxito popular que tuvo Fiard, sus escritos no fueron tomados excesivamente en serio por sus coetáneos, pero su legado se recopiló parcialmente durante la restauración borbónica y tuvo continuación en personajes como el sacerdote alemán afincando en Francia Jean Wendel Wurtz (1766?-1826) o, sobre todo, el escritor Alexis-Vincent-Charles Berbiguier (1765-1851). Este último creía en la existencia de los Farfadets, hombres —pero sobre todo mujeres jóvenes, seducidas por los anteriores— que constituían «la élite del servicio secreto de Belzebú»,[144] según explicó en *Les farfadets ou tous les démons ne sont pas de l'autre monde* (1820-1822). Berbiguer, hay que reconocerlo, fue su crítico más severo: tras una prolongada estancia en un psiquiátrico recobró cierta cordura e intentó quemar todos los ejemplares de su obra.

La ejecución de María Antonieta vista por un pintor desconocido.

---

143 *Le thème de la révolution satanique dans la pensée réactionnaire française.* Max Milner. XII Congreso de la Sociedad Universitaria para el Estudio de la Lengua y Literatura Francesa. Gênes, 1988.

144 Introvige, pp. 74-76.

Pasaría mucho tiempo antes de que el camino de los Illuminati y los satanistas se fusionara en uno solo, pero las delirantes teorías de Barruel y Robison (que se difundieron por toda Europa) y su forma de explicar la Revolución Francesa como resultado de una voluntad oculta (olvidando los cientos de factores que influyeron en su origen y desarrollo), introdujeron lo que el filósofo austríaco Manès Sperber calificó como «la visión policiaca de la historia», y que León Poliakov rebautizó como «la causalidad diabólica»: la creencia de que nada es lo que parece, de que siempre hay una voluntad por encima de las demás que explica los hechos. Se consolidó así un mito fundamental para comprender el concepto actual de conspiración y el más claro antecedente de la moderna Sinagoga de Satán.

La leyenda negra:
mentiras y true crime

> Satanás en persona bendijo la sesión.
> Le ofrecimos un feto, extrajo el corazón.
> Se pimpló todo el plasma sanguíneo, lo escupió,
> nos lo dio y lo bebimos en cuencos.
>
> *La misa negra*, ENGENDRO

A principios del XIX ya estaban todos los elementos para que surgiera el mito de los cultos satánicos. El proceso había sido largo: la primera alusión a unos adoradores de Satán aparece en *Panarion*, un texto del obispo y escritor bizantino Epifanio de Salamina (c. 310-403) que refiere la existencia de unos *satanianos*,[145] a los que considera absolutamente irrelevantes. Hay que viajar a la Suecia de 1637 para encontrar el siguiente ejemplo, cuando el obispo Laurentius Paulinus Gothus —en *Ethica Christiana*— califique de satanistas a nigromantes, adivinos y demás personajes de dudosa ralea que, según cree, rinden culto al maligno.[146] De esas fechas hay incluso varias actas de juicios contra bandidos

---

145 *The Panarion of Epiphanius of Salamis*. Libros II y III. *De Fide*, pp. 646-647. Traducción de Frank Williams. Brill, 2013.

146 *Satanism: A Social History*, Massimo Introvigne, p. 44, 2016.

que afirmaban ser adoradores del diablo. A las brujas se les acusaba de rendir culto al diablo, pero no se les calificaba de satanistas, aunque en los *sabbaths* aparecen ya los elementos que anticipan el mito de las misas negras. Así, a base de reciclar viejas creencias, se fue cimentando la ficción sobre el culto a Satán. En eso el *true crime* jugó un papel tan importante como la literatura. Una relación que, por cierto, se mantiene hasta nuestros días: sin la prensa amarilla y las revistas de temática paranormal, el satanismo no sería ni una sombra de sí mismo.

El caso que más antiguo sobre el que se asienta la leyenda negra del satanismo fue el de Gilles de Rais (c. 1405-1440), cuya historia tiene todos los elementos de la caza de brujas, aunque ocurrió décadas antes. Gilles de Montmorency-Laval, barón de Rais fue, entre otras cosas, compañero de armas y heredero de la fortuna de Juana de Arco, pero ha pasado a la historia como uno de los mayores asesinos en serie y pederastas de los que se tiene noticia. Se le atribuye un mínimo de 140 asesinatos de niños (y niñas, pero en menor medida) tras haberlos sometido a todo tipo de torturas y violaciones.[147]

En su época, fue uno de los hombres más ricos de Francia, donde gozaba de gran prestigio por sus obras de caridad, su fe y su gusto por la cultura. Además, sus dominios cubrían una gran parte de Bretaña, que por entonces disfrutaba de independencia jurídica —su influencia se la disputaban ingleses y franceses— lo que le confería un poder geoestratégico muy importante. Cuando empezó a vender sus propiedades para mantener su elevado nivel de vida empezaron sus problemas.

Mariscal de Francia y héroe de la Guerra de los Cien Años, su caída en desgracia vino precisamente por la venta de unos castillos a Jean Le Ferron, testaferro del duque de Bretaña Jean V. Cuando Gilles descubrió quién había comprado realmente sus propiedades, fue a buscarle apoyado por su ejército de caballeros, lo arrastró hasta el castillo, le obligó a abrirlo y lo encadenó en una mazmorra. En otras circunstancias no

---

147 *La estirpe de Fausto*, Manuel Jesús Palma Roldán, p. 133. Almuzara, 2017.

habría pasado nada, pero Le Ferron era sacerdote y había sido secuestrado dentro de una iglesia. Por eso, Jean de Malestroit, obispo de Nantes y Canciller de Bretaña, decidió tomar cartas en el asunto. De Malestroit era un fiel aliado de Jean V — ambos eran partidarios de Inglaterra—, mientras que De Rais respaldaba al rey francés Carlos VII.[148] Este fue el telón de fondo del triple juicio al que se le someterá por los delitos de sodomía, herejía y asesinato. Hay que destacar que la acusación de herejía permitía que se le incautasen todas sus propiedades, uno de los objetivos del proceso.

Giles de Rais, con la cabeza de una de sus víctimas, y Satán, en una ilustración del francés Émile Bayard.

---

148 gillesderaiswasinnocent.co.uk/p/gilles-de-rais-case-for-defence-parts-1. html

Por lo que respecta a su presunto satanismo, era la típica acusación de corta y pega de la época: se decía que había invocado demonios —como Barron, Oriens, Beelzebub o Belial— para ayudarle a superar su crisis económica. Por lo que respecta a los asesinatos, la investigación tenía claro su objetivo: descubrir cuántos niños había asesinado «para conseguir su sangre, corazón, hígado u otras partes similares, y hacer con ellos un sacrificio al diablo u otras hechicerías».[149] El 26 de octubre de 1440, De Rais y sus dos colaboradores fueron declarados culpables de todos los cargos y condenados a morir en la hoguera. Con él se tuvo el detalle de ahorcarlo primero para que no sufriera. Hasta principios de los años noventa, esta era prácticamente la única versión que existía sobre su biografía.

El relato sobre el caso comenzó a cambiar cuando el escritor francés Gilbert Prouteau publicó *Gilles de Rais ou la gueule du loup* (1992), la primera obra en hacer llegar al gran público una idea que, desde hacía décadas, se discutía en los círculos académicos: De Rais era inocente. Aunque la leyenda negra se resiste a morir, las dudas actuales sobre que cometiera uno solo de los crímenes que se le atribuyen son muy grandes. No se puede negar que el militar confesó —antes incluso de ser sometido a tortura— todos los crímenes que se le imputaban, e incluso algunos nuevos[150] —llegó a admitir que Satán se le había presentado en persona durante un rito[151]—, pero no es menos cierto que, cinco siglos más tarde, sigue sin aparecer un solo hueso de sus presuntas víctimas. De hecho, gran parte de lo que se ha escrito a lo largo de la historia sobre el caso parte de la tesis doctoral del sacerdote Eugène Bossard —a partir de la obra de Paul Lacroix, *Curiosités de l'histoire de France* (1852)—, basada en unas actas del proceso que él mismo falsificó.

---

149 *The trial of Gilles de Rais* George Bataille, p. 253. Amok Books, 2010.

150 *Piety, perversion, and serial killing: The strange Case of Gilles de Rais*. Thomas A. Fudgé, pp. 51-87. En *Medieval Religion and its Anxieties. The New Middle Ages*. Palgrave Macmillan, 2016.

151 *Gilles de Rais, ou la gueule du loup*, Gilbert Prouteau, p. 112. Editions du Rocher, 1992.

En el juicio, por ejemplo, solo se citan por su nombre a diez de los ciento cuarenta menores presuntamente asesinados (la cifra fue creciendo de autor en autor hasta llegar a los 800), y apenas hay referencias indirectas a otros treinta. Además, ni uno solo de los testigos afirmó haber presenciado los hechos; todos relataron lo que habían escuchado a terceros. ¿Cometió alguno de los crímenes que se le imputan? Nadie puede responder con certeza a esta pregunta, pero las pruebas son muy endebles. Con los años, la hipótesis de un intento de las autoridades de Bretaña de deshacerse de un aliado del rey del Francia ha ido cobrando fuerza. La historia de De Rais ha sido tan exagerada que ni siquiera es verdad que el escritor francés Charles Perrault se inspirara en su caso para escribir su famoso cuento *Barba Azul* (1695).

Desde el punto de vista del mito construido por el satanismo cristiano, es difícil no ver en el caso de De Rais algunos paralelismos con el llamado «libelo de sangre» que persiguió a los judíos durante siglos. Se trata de una calumnia que nació en 1144 en Norwich (Inglaterra), cuando el sacerdote Thomas de Monmouth acusó a un grupo de seguidores de la Torá de asesinar a un joven de doce años durante un ritual de magia negra en el que se parodiaba la crucifixión de Cristo.[152] La diferencia con De Rais es que los asesinatos no se atribuyeron a un judío, sino a un seguidor de Satán, en un intento de personalizar en él el caso de todos los que, según los rumores, se postraban ante el maligno.

EL CRIMEN DE LOS VENENOS

En cierto modo, De Rais es un caso temprano de culto al diablo que nace del subgénero de pactos con el maligno. En él hay elementos que luego se atribuirán a las sectas satánicas (sobre todo, los crímenes rituales de niños y el sexo patológico), pero el militar francés actuaba solo y no formaba parte

---

152 Perry y Schweitzer, p. 48.

de un grupo mayor. Faltaba un elemento para poder considerar el satanismo como un culto organizado. Esa visión cambió con un nuevo suceso que recorrió Europa.

Entre 1677 y 1682 Francia se vio sacudida por un crimen que implicó, por primera vez, la existencia de un grupo de personas involucradas en misas negras y —muy importante para el mito que se iba construyendo—, eran miembros de las clases más altas de la sociedad. En el siglo XVII, en Europa, la instrucción pública había mejorado y empezaban a aparecer los primeros periódicos y las llamadas «páginas volantes», dirigidas a las clases más populares en un lenguaje (y a un precio) más asequible y difíciles de controlar por la censura. Tratándose de un negocio más, no es de extrañar la importancia que le daban a los sucesos más truculentos. Uno de esos casos que llegó hasta el último rincón del viejo continente fue el llamado «Caso de los venenos»,[153] con el que nació la idea de las misas negras y el moderno culto a Satán.

El detonante fue el caso de Marie-Madeleine Anne Dreux d'Aubray, marquesa de Brinvilliers, decapitada en 1676 por envenenar a su marido y a sus hermanos para heredar su fortuna y disfrutarla con su amante. A partir de entonces, cualquier muerte entre la aristocracia se convirtió en sospechosa, pues la marquesa aseguró que había comprado sus pócimas en un mercado negro que se extendía por todo París. Las autoridades decidieron investigar. La trama explotó en 1677, tras la detención de Magdelaine de La Grange, una vidente incapaz de adivinar la que le venía encima, que, con la ayuda de un sacerdote, se había hecho pasar por la esposa de un rico abogado, Jean Faurye, y había falsificado un testamento en el que este le declaraba heredera universal. Inmediatamente, la familia del letrado acudió a las autoridades, ya que sospechaba que el verdadero Faurye había sido envenenado.

---

153 *L'affaire des poisons: Psychose à la cour de Louis XIV,* Jean-Christian Petitfils. *Histoire & Civilizations.* N° 63. *Le Monde / National Geographic.* París. 24/11/2020.

Ya en comisaría, La Grange pidió la intervención del secretario de estado François Michel Le Tellier para repetir ante él el bulo de que en París operaba una red de envenenadores al más alto nivel. El jefe de la policía, Gabriel Nicholas de la Reynie, ya tenía lo que estaba buscando. Pronto fueron desfilando ante él todos los adivinadores, nigromantes, hechiceros, astrólogos y alquimistas de París. Para salvarse había que dar nombres y, como siempre, el que podía dar nombres automáticamente se convertía en sospechoso. La bola de nieve empezaba a rodar.

Entre las acusadas estaba Catherine Deshayes Monvoisin, más conocida como La Voisin —abortista, bruja, astróloga, estafadora...— quien, con excelentes relaciones con la aristocracia parisina, era la vidente más famosa de la Ciudad de la Luz. En su declaración, no solo confirmó la existencia de la trama de envenenadores, sino que añadió que muchos de los implicados llevaban a cabo misas negras en las que se utilizan fetos humanos. Entre los nombres que citó figuraban los del mariscal François-Henri de Montmorency (duque de Luxemburgo), la condesa de Soisson, la princesa de Tingry, las duquesas de Angoulême, de Bouillon, de Vitry, de Vivonne, la condesa de Roure, la vizcondea de Polignac... pero, por encima de todos estaba el de la marquesa de Montespan Françoise-Athénaïs de Rochechouart, amante del rey Luis XIV.

La Voisin acaba quemada (del juicio y en la hoguera), pero tomaron su testigo otros sospechosos: su hija María Margueritte, una adivina llamada Filastre, y el sacerdote y ocultista Etienne Guibourg (junto a su ayudante Giles Davot). Según confesaron, habían participado en esos rituales nigrománticos en los que se usaba a mujeres desnudas como altar, se rendía culto a Satanás y, además de copular como posesos, se extraían fetos o se asesinaban niños recién nacidos para arrancarles sus vísceras. Por supuesto, había desecraciones de la hostia —es decir, de la sagrada forma— tales como mezclarla con semen y sangre de regla antes de administrarla.

Grabado de 1895 que representa a Catherine Monvoisin
y al sacerdote Étienne Guibourg sacrificando a un niño
durante una misa negra en la que también participa
Madame de Montespan, amante de Luis XIV.

Pero lo más importante —y eso se convertirá en un clásico del mito del satanismo—: los participantes eran principalmente de clase alta. Estos exigían la presencia de un sacerdote corrupto, ya que se suponía que solo alguien ordenado podía convertir una simple oblea de pan ácimo en el cuerpo de Cristo mediante la transustanciación, que luego se utilizaba en el rito. Para investigar el caso, el rey Luis XIV puso en marcha un tribunal especial, bautizado popularmente como Cámara Ardiente, institución nacida para luchar contra la herejía en la que hasta los nobles tenía que declarar. Por ahí fueron desfilando cientos de presuntos culpables, pero como tras cada interrogatorio aparecían más y más nombres —muchos de ellos allegados del monarca—, su majestad acabó por dar carpetazo al asunto y mandar a los sospechosos que aún no había sido condenados a distintas cárceles del país.

En total, hubo casi cuatrocientos interrogados, de los que treinta y seis acabaron en la hoguera. Una cifra nada desdeñable, sobre todo porque hasta el encargado de investigar el caso, De la Reynie, reconoció que la mayoría de los testimonios no eran creíbles «ni en su conjunto ni en parte», y que era imposible saber «qué era verdad y qué era mentira».[154] «Algunos de los acusados durante el caso podrían haber hecho algunas cosas de las que fueron acusados», fue lo más que llegó a admitir.[155] No se puede descartar que alguna de las famosas misas negras sí se celebrara. Como hoy, el negocio de los adivinos de la época era sacar a sus clientes todo el dinero posible, y no es descabellado que ofrecieran esos espectáculos a cambio de facilitar a algún ingenuo la posibilidad de recuperar a un ser amado o atraer éxito a sus negocios... y, de paso, aprovechar para tener algo de sexo. En cambio, las denuncias de sacrificios humanos resultan increíbles.

SATÁN ACECHA

La idea de que había adoradores de Satán emboscados en las clases más altas de la sociedad y de la Iglesia estaba ya asumida, así que el siguiente paso —los satanistas querían dominar el mundo— no podía hacerse esperar. El Papa León XIII ya había advertido en la encíclica *Humanus Genus,* del 20 de abril de 1884, que el mundo libraba una guerra soterrada entre el reino de Dios y el de Satanás.[156] Y de entre todos los servidores del maligno, los más activos eran los masones, presentes en toda Europa y el nuevo continente.

El enfrentamiento entre el Vaticano y la Orden había comenzado en 1738, con la bula *In eminenti apostolatus speculade,* de Clemente XII que, por primera vez, prohíbe a los católicos ingresar en una logia so pena de excomunión. Poco después, en 1751, Benedicto XIV publicó la Constitución Apostólica *Providas,* que alega el secretismo de la masonería para apuntar que podrían estar cometiendo una herejía.

---

154 Van Luijk, p. 50.

155 *Ibid,* p. 74.

156 es.catholic.net/op/articulos/2509/humanum-genus.html#modal

La tensión fue en aumento entre ambas instituciones, sobre todo cuando, en 1877, el Gran Oriente de Francia eliminó los requisitos de ser creyente, y jurar sobre la Biblia. La medida fue el resultado de una deriva cada vez más republicana de una institución favorable a la separación de la Iglesia y el Estado o del divorcio. El 20 de abril de 1884, León XIII contraatacó y pretendió zanjar la batalla con la encíclica *Humanus Genus,* la más dura hasta la fecha. La ofensiva se completó con la aparición de varios libros contra la institución, siendo el más famoso *Los Francmasones: lo que son lo que hacen, lo que quieren* (1867), de monseñor Louis Gaston de Ségur, probablemente el primero en acusar a la masonería de estar sometida al maligno.[157]

El problema para la Iglesia es que, desde la Ilustración, su popularidad cotizaba a la baja, así que sus invectivas ya solo asustaban a los convencidos. Por eso fue tan celebrada la entrada en escena del francés Léo Taxil (pseudónimo de Gabriel Jogand-Pagès), escritor muy conocido de los ambientes anticlericales de París por la publicación de opúsculos como *Las sotanas grotescas* (1879), *Las tonterías sagradas* (1880), *Los pornógrafos sagrados* (1882) o *La Biblia divertida* (1882). En 1886 sufrió su particular caída del caballo (coincidiendo con una baja en las ventas de sus libros) y volvió a abrazar el cristianismo, religión a la que había renunciado con apenas catorce años. A partir de entonces su objetivo ya no sería la Iglesia Católica sino la masonería, de la que había sido expulsado.

Así, empieza a escribir libros como *Los misterios de la franc-masonería al descubierto, Los hermanos tres puntos* o *Las hermanas masonas* (todos en 1886), que son recibidos con gran éxito por la prensa conservadora de toda Europa. En ellos denuncia que la Orden oculta a sus miembros que, revestida de sociedad filantrópica que busca la mejora personal de sus miembros, no es sino un culto a mayor gloria de Lucifer, y

---

157 *Los Francmasones: lo que son lo que hacen, lo que quieren,* Louis Gaston de Ségur, p. 9. Librería Católica, 1878.

del que los iniciados solo toman conciencia cuando alcanzan el grado 33 de la organización (el más alto). Además, oculta al público que sí se admiten mujeres, pero su papel es el del *amusement mystérieux*, es decir prostitutas al servicio de los demás miembros. «La masonería y la prostitución trabajan así en compañía, como dos convictos atados a la misma cadena», aseguraba.[158]

Leo Taxil, el hombre que vinculó para siempre
la masonería y el santanismo.

---

158 *Les soeurs maçonnes*, Léo Taxil, p. 5. Letouzey et Ané, Editeurs, 1886.

Anuncio de *Los misterios de la Franc-masonería*, de Leo Taxil.

Estas adeptas recibían grados tales como Aprendiz, Acompañante, Amante, Amante Perfecta o La Escocesa Sublime (el más alto), y se daban a conocer entre los hermanos participando en pequeñas obras de teatro con títulos tan sugerentes como *La recepción de Venus* o *La recepción de las gracias*. Leyendo lo que Taxil cuenta en *Las hermanas masonas* no está claro si lo que pretendía era hundir a la masonería o provocar adhesiones en masa. En todo caso, tal fue su fama que fue recibido en persona por León XIII para celebrar su éxito editorial y confirmarle la veracidad de sus acusaciones.

CRUZANDO EL UMBRAL DE LA LEYENDA

El clima de opinión creado por Taxil sirvió de inspiración a Joris Karl Huysmans, autor de cierto éxito, para escribir *Allá Lejos* (1891). Publicada justo antes de reconciliarse con el catolicismo, en ella el autor francés crea a su *alter ego*, Durtal (escritor como él), que trabaja en una biografía de Gilles de Rais, lo que le lleva a entrar en contacto con el Dr. Johannes, sacerdote experto en ocultismo, y con Madame Chantelouve. De su mano, investiga la posible existencia de cultos satánicos en París hasta que, finalmente, logra infiltrarse en una misa negra. La obra se publicó por entregas en el diario conservador *L'Écho de Paris*, para escándalo de sus lectores y, aunque en ningún momento ocultó que se trataba de un relato ficticio, Huysmans lo presentó como una novelización de hechos reales. Sin negar el mérito literario de esta obra maestra del Decadentismo, no hay que olvidar que en sus páginas no hay nada de verdad. Eso sí, encierra una historia que es apasionante: Huysmans —que conoció un París lleno de ocultistas, cabalistas, cristianos esotéricos, neognósticos, rosacruces, espiritistas...— se rodeó de una serie de personajes que merecen ser recordados.

El primero y más destacado de sus colaboradores—que en la novela es el personaje del Dr. Johannes— fue el sacerdote Joseph-Antoine Boullan, a quien el escritor recurrió para que le abriera las puertas del mundo del satanismo. El cura, como no había puertas que abrir, no dudó en inventárselas. Cuando entraron en contacto, el cura ya podía presumir de una biografía por la que Aleister Crowley hubiera dado una mano. Suspendido dos veces como sacerdote y finalmente excomulgado, había colaborado en dos organizaciones ultra-católicas en las que consiguió acostarse con la mayoría de miembros (de ambos sexos) convenciéndoles de que era una forma de reparar sus pecados y los de otros feligreses. Por el camino, había pasado tres años en la cárcel por atentar contra las buenas costumbres y haber matado al hijo que tuvo con la monja Adéle Chevalier.[159] Su gran aportación a la teología fue anunciar la llegada de la Era del Palatino, que se caracterizaría por que el Santo Espíritu purificaría los órganos sexuales humanos, así que mantener relaciones sexuales al margen del matrimonio ayudaba a evolucionar.[160] Cuando murió en 1893, se escribieron epitafios glosando su memoria, y varios diarios publicaron que había sido asesinado por los Rosacruces usando magia negra.

Otro de los personajes en los que se inspiró Huysmans fue el sacerdote belga Lodewijk Van Haecke —en la novela, Canon Docre—, a quien conoció mientras buscaba un cura pervertido que oficiara misas negras. Según le contó su amiga Berthe de Courrière (una habitual de los manicomios de París), el sacerdote hipnotizaba a sus feligresas para llevárselas a la cama. En la novela, el religioso lleva tatuada una cruz cristiana en la planta del pie para pisarla a cada paso que daba. El detalle lo tomó prestado de *Rapports merveilleux de Mme Catiannille B... avec le monde surnaturel* (1866), del padre Charles Thorey, una delirante biografía sobre una inexistente poseída que el religioso había hecho pasar por cierta. En realidad Van Haecke jamás tuvo relación con el satanismo, ni constan pruebas de que llevara un vida sexual escandalosa.

159 Van Luijk, pp. 179-180.

160 *Saint or Satanist? Joseph-Antoine Boullan and satanism in nineteenth-century France.* Christian Giudice. *Abraxas International Journal of Esoteric Studies.* n° 6 Fulgur. Sommerset, 2011.

Desarrollo de cubierta de una edición de 1961
de *Allá lejos*, de J.K. Huysmans.

EL REGRESO DE TAXIL

Allá Lejos fue un éxito de ventas que moldeó las creencias
en el satanismo de miles de lectores. El efecto se multiplicó cuando Jules Bois —amigo de Huysmans y pionero
del *misteriodismo*—, utilizó la información del novelista
para su ensayo *Le satanisme et la magie* (1895). Según aseguraba, el culto al maligno vivía un momento de gloria en la
capital del Sena, y había dos corrientes que luchaban por
imponerse: los Satanistas y los Luciferinos. Los primeros no
habían renunciado a sus raíces cristianas, solían actuar solos
o en grupos muy pequeños, y rendían culto al señor oscuro
para lograr algún tipo de beneficio concreto. En definitiva,
simples aficionados a la magia negra. Por otro lado, están
los Luciferinos (o Paladistas), que constituían una especie
de Iglesia paralela y cuyo objetivo declarado es acabar con el
cristianismo.

En el libro de Bois había muy poco de original. De hecho, su teoría de los Luciferinos o Paladistas lo tomó directamente de los trabajos de Taxil, que desde que decidió emprender su guerra particular contra la masonería no había dejado de publicar trabajos. El ritmo era tan alto que incluso tuvo que contratar a un ayudante, Charles Hacks, para publicar *El diablo en el siglo XIX*[161] (1892) con el pseudónimo de Dr. Bataille. En él, este personaje ficticio contaba en primera persona su experiencia alrededor del globo, como infiltrado en el mundo del ocultismo y la masonería, para desvelar su verdadero rostro: el satanismo. Editado como folletín, y con estructura de novela de Julio Verne, fue otro éxito.

Las afirmaciones de Taxil provocaban cierta incredulidad en amplios sectores de la opinión pública, pero no estaba solo. En 1895 salió de su retiro la americana Diana Vaughan, hija del ocultista Thomas Vaughan y la diosa cananea Astarté, y prometida del demonio Asmodeus. Enfrentada por el control de la secta paladinista con Sofía *Sapho* Walder —hija de un alto cargo mormón, esposa del demonio Bitru y abuela del futuro anticristo—, empezó a publicar en fascículos su increíble biografía. Su relato comenzaba una década antes, cuando fue consagrada a Satán en una secta americana hasta convertirse en la máxima autoridad del culto. Taxil se erigirá en el representante de la portadora del título de Gran Amante del Paladismo Independiente, que había decidido hablar tras convertirse al catolicismo.

Aunque las afirmaciones de Taxil y Diana Vaughan despertaron recelos entre algunos sectores católicos, el escritor estaba en contacto permanente con el Papa, del que recibió la invitación para acudiera acompañado por su protegida al Congreso Antimasónico de Trento en 1896. Al final, se presentó solo y, ante las muchas dudas que creaba la simple existencia de la americana —a la que nadie más que Taxil había visto—, se formó un comité (que no llegó a ninguna conclusión) para aclarar si realmente existía.

---

161 fr.wikisource.org/wiki/Le_diable_au_XIXe_si%C3%A8cle

Finalmente, acorralado por las acusaciones de fraude, Taxil convocó una conferencia el 19 de abril de 1897 en París para presentar en sociedad a la sacerdotisa satánica y hacer un anuncio. Llegado el día, y ante centenares de congregados (había periodistas de varios países), anunció que todo ha sido una «broma simpática» (*aimable plaisanterie*). «El Paladismo —afirmó con gran pompa— ahora, está muerto y bien muerto. Su padre lo acaba de asesinar».[162] Si no es por la intervención de la policía, que consiguió sacarlo del salón de actos de la Sociedad de Geografía, probablemente hubiera sido linchado.

Aunque quedó herido de muerte, el Paladismo no murió ahí. En parte, el llamado Fraude de Taxil logró su primer objetivo: dejar en ridículo a la Iglesia católica y presentarla como una institución capaz de tragarse tan vulgar bulo. Por otra parte, e independientemente de si el daño a la masonería fue colateral o buscado, las mentiras sobre la institución siguen vivas hoy. Por supuesto, hubo quien prefirió ignorar la realidad y defender que Taxil no mentía en lo fundamental (aunque hubiera algo de ficción), y que si se había retractado de sus palabras era porque se sentía en peligro. A esta última opción se sumó la parte más reaccionaria del catolicismo europeo. En España, el muy conservador diario *El siglo futuro*,[163] de orientación carlista, explicaba a sus lectores en su portada que:

> Otro tanto decimos del empeño que esos periódicos muestran en dar por falsas todas las revelaciones hechas por Leo Taxil contra la masonería durante el tiempo que ha durado la comedia de su conversión. Muchas de esas revelaciones, en lo que se refiere a accidentes y pormenores, son, efectivamente fantásticas, pero en lo que toca a su esencia, son de todo punto verdaderas [...].

---

162 *Célebre conferencia de Mr. León Taxil dada en el salón de la Sociedad Geográfica en París*. Leo Taxil, p. 33. Admon. Fuencarral, 1987.

163 *El 'caso' de Leo Taxil. El diario futuro*. 16/IV/1897. N° 6.661.

Al igual que ocurre con las conspiranoias modernas —y esta no deja de serlo pese al tiempo transcurrido—, es innegable que Taxil engañó a mucha gente que quizás ni sabía lo que era la masonería. Pero tampoco se puede olvidar que si su embuste pudo sobrevivir más de una década fue porque existía un caldo de cultivo que estaba esperando que alguien confirmara sus ideas preconcebidas. Como explicó el historiador norteamericano David Harvey, el éxito se debió a que «sus inventos encajaban perfectamente con los prejuicios, miedos y modos de pensamiento de sus lectores».[164]

Como siempre, la conspiración florece en su hábitat natural —en este caso, el sector más reaccionario del catolicismo— y desde ahí, como la mala hierba, se expande. Además, aunque se recuerda a Taxil por el daño que hizo a la masonería al usarla como ariete contra el Vaticano, se suele pasar por alto el antisemitismo —no por disimulado, menos pestilente— que rezuma *El diablo en el siglo XIX*, el libro de Taxil que llegó a un público más amplio y sumó más ventas. No solo convirtió a Adriano Lemmi —judío, banquero y Gran maestro del Gran Oriente de Italia— en uno de los principales blancos del libro, sino que el Dr. Bataille (*alter ego* del escritor francés) se permitió dedicar un capítulo entero a rebatir las tesis de Taxil (es decir, a él mismo)[165] sobre esta cuestión:

> Pero, repito, los rabinos no tienen necesidad de ser iniciados en los talleres de obediencia de un Gran Oriente o de un Consejo Supremo conocido, ya que encuentran la parte esencial de la iniciación en las logias secretas israelitas; esto permite a los judíos ocultar su juego a la gran mayoría de los hermanos; por tanto, no despierta desconfianza y se beneficia de todas las ventajas de la secta. Los rabinos saben todo lo que se trama en las logias ordinarias contra la religión cristiana; incluso indirectamente,

---

164 *Lucifer in the city of light: The palladium hoax and 'Diabolical Causality' in fin de siècle France*, David Allen Harvey. *Magic, Ritual, and Witchcraft*, Vol. 1, n° 2. Invierno 2006.

165 *Le diable au XIX Siecle*. Dr. Bataille, p. 527. Delhomme et Briguet, 1894.

pueden cooperar en estos complots, a través de aquellos de sus coafiliados que tienen un pie en cada una de las dos masonerías: por otra parte, los masones no judíos, con la única excepción de los líderes paladistas, no lo saben en absoluto de la obra o, mejor dicho, de las maniobras de las logias israelitas.

El empeño de Taxil de incluir a los judíos en la conspiración mundial no era casual, sino un intento premeditado de utilizar en su favor el clima creciente de antisemitismo (es la época del *Affaire* Dreyfus) provocado, entre otros, por periodistas como Edouard Drumont, fundador de la Liga Nacional Antisemita de Francia y autor de ensayos como *La Francia judía* (1886). Tampoco fue casual que al calor del montaje del francés se publicaran libros como *La masonería, la sinagoga de Satán* (1893), del arzobispo alemán León Meurín, que aún hoy se cita y recomienda en círculos ultramontanos.[166]

Cuando el siglo XIX llegó a su fin, ya estaban sobre la mesa todos los elementos esenciales de la leyenda negra del satanismo: crímenes tan horribles como improbables, el papel de la prensa amarilla, la maquinaria conspiranoica y el antisemitismo, unas veces como telón de fondo y otras como sustituto.

---

166 adelantelafe.com/la-masoneria-sinagoga-de-satanas-mons-leon-meurin/

Del conocimiento oculto al saber inventado

El Siglo de la Luces fue la gran época dorada de la razón y el conocimiento desde la desaparición del mundo clásico. Pero mientras la ciencia daba sus primeros pasos y se aprobaba la Declaración de Derechos del Hombre y del Ciudadano, se abría la puerta a algunas de las ideas más disparatadas de la historia. Aunque a veces se olvide, no todo fue ilustración. La búsqueda de nuevas respuestas también llevó al médico Franz Antón Mesmer a alumbrar en 1779 la teoría del magnetismo alemán, la primera pseudociencia digna de tal nombre de la historia.[167] La nueva forma de pensar se materializará en el ocultismo, una especie de vía intermedia entre el racionalismo y los viejos dogmas religiosos. Aunque su origen se remonta al Renacimiento, empezó a difundirse a un público más amplio, con revistas como *Le*

---

167 *The skeptics dictionary*. Robert Todd Caroll, pp. 220-221. John Wiley & Sons. Neww Jersey, 2003.

monde primitif (entre 1772 y 1782),[168] del eminente sacerdote, filósofo ilustrado y masón Antoine Court de Gébelin. El ocultismo, como el Romanticismo (entre los que existen algunos paralelismos), tendrá mucho de movimiento contracultural. Ambos servirán para definir el momento como lo harán *El manifiesto comunista* de Marx (1848) o *El origen de las especies* (1859) de Charles Darwin. Eran tiempos de hacerse preguntas y buscar respuestas, lo que no quiere decir que todas fueran acertadas.

Fue la época de la revitalización del espiritismo «científico» gracias al francés Allan Kardec (1804-1869) y *El Libro de los Espíritus* (1857), con el que dio lugar a la religión espírita al modernizar las enseñanzas del teólogo sueco Emanuel Swedenborg. Su expansión fue deudora del espiritismo de mesa camilla y golpes en la madera que nació en 1848 con las hermanas Fox en Estados Unidos. Pese a su mala fama, Kardec ofreció una visión más humana del cristianismo y, durante mucho, tiempo fue compañero de fatigas de las ideas sociales más progresistas.

El concepto de *ocultismo* se popularizó desde París con Alphonse Louis Constant (1810-1875). Sacerdote, masón, rosacruz, escritor, revolucionario izquierdista, feminista (hasta que su mujer lo abandonó por otro) y defensor de las libertades políticas, se le puede considerar el primer divulgador en utilizar ese término, «el responsable de convertir, casi en solitario, las tradiciones secretas en una mezcla romántica adecuada para el consumo popular».[169] Constant se rebautizó como Eliphas Zahed Levi para reivindicar su renacimiento intelectual al dejar atrás sus actividades de agitador político.

De su labor divulgativa destaca sobre todo *Dogma y ritual de la Alta Magia*, publicada en dos volúmenes entre 1854 y 1856, en el que aparece por primera una de las representaciones

---

168 *A wicked pack of cards. The origins of occult tarot.* Ronald Decker, Therry Depaulis y Michael Dummett, pp. 53-55. St Martin Press. New York, 1996.

169 *The occult underground.* James Webb, p. 257. Open Court, 1990

más icónicas y reconocibles de Satán, una revisión del Arcano Mayor de El Diablo del Tarot de Marsella.

Para Levi, su ilustración no remitía al maligno sino al macho cabrío de Mendés (en alusión al dios cordero de la mitología egipcia), «figura panteísta y mágica del absoluto» en la que «la antorcha colocada entre los dos cuernos representa la inteligencia»,[170] con ecos del «Baphomet de los Templarios, el macho cabrío del *sabbath* y el verbo creado de los gnósticos».[171] Aunque es complicado dar una respuesta exacta de a qué se refería, hay un poco de dios Pan, del *Ein Sof* de la Cábala (el símbolo mayor, que corona el árbol de la vida) y de una supuesta fuerza cósmica que relaciona con el Absoluto, un concepto un escalón por debajo de Dios.[172]

Alphonse Louis Constant (Eliphas Levi), el fundador del ocultismo moderno, vestido de masón.

---

170 *Dogma y ritual de la alta magia.* Eliphas Levi, p. 154. Kier, 2007.

171 *Ibid,* 140.

172 Van Luijk, p. 137.

Arcano Mayor de El Diablo en el célebre Tarot marsellés.

El Baphomet de Eliphas Levi, tal y como apareció por
primera vez en *Dogma y Ritual de Alta Magia* (1854).

Esa fuerza no remitía a un dios del mal sino a un Lucifer,
entendido como una Luz Astral que incluye «luz y oscuridad,
libertad y autoridad, espíritu y materia, destrucción y creación», que se necesitan y equilibran entre sí.[173] A Levi también
hay que atribuirle el honor de recuperar el Pentagrama como
símbolo mágico, que él utilizaba a modo de representación
del microcosmos (y en oposición al infinito). Rodeado de un
círculo y convertido así en Pentáculo, se convertirá con el
paso del tiempo en el símbolo del satanismo, aunque el ocultismo poco tenía que ver con este.

173 *Ibid,* p. 145.

¿ENTORNO CÚLTICO O BANDA DE FRIKIS?

Más allá de sus farragosos contenidos, lo importante de estos movimientos conocidos como Altas Ciencias, es que consolidaron un marco para el estudio de lo que hasta entonces se consideraban saberes prohibidos, marginados o marginales, por oponerse a las doctrinas de la Iglesia. Nació así lo que el profesor de Sociología Colin Campbell definió como el *cultic milieu* (o «entorno cúltico»), el ambiente propicio para crear un punto de encuentro entre todos los interesados en los saberes heterodoxos.[174]

Hasta entonces, este tipo de conocimiento había dado nombres tan reconocidos como los de Ramon Llull (c. 1232-1315), Cornelius Agripa (1486-1535), Paracelso (1593-1541), John Dee (1527- c. 1608), Emanuel Swedenborg (1688-1772), Cagliostro (1743-1795)... pero el siglo XVIII populariza y acerca esas ideas a un público más amplio y abre la puerta a que otros estamentos sociales tomen parte en la construcción del saber. El concepto de *cultic milieu* no es necesariamente peyorativo (podría aplicarse a los fanáticos del cómic, del fútbol o de la divulgación científica), pero por lo que respecta al ocultismo no cabe olvidar que, en 200 años, su aportación al avance del saber ha sido próximo a cero, básicamente porque se basa en lo que Ronald H. Fritze bautizó como «conocimiento inventado».[175]

Hubo, a lo largo de la historia, por supuesto, estafadores como Cagliostro o el conde de Saint-Germain, pero también otros cuya honestidad no se cuestiona, por mucho que cueste hoy tomárselos en serio. Un caso fue el del español Gerard Encausse «Papus», ocultista en serie y el único que rivalizó con Eliphas Levi en popularidad. Autor de obras de referencia como *Traite méthodique de la Magie Pratique* (1898) o *El espiritualismo y el ocultismo* (1891), cofundó la Orden Cabalística de

---

174 *The cult, the cultic milieu and secularization.* Colin Campbell, pp. 119-35. *A Sociological Yearbook of Religion in Britain* 5, 1972.

175 *Conocimiento inventado. Falacias históricas, ciencia amañada y pseudo-religiones.* Ronald H. Fritze, p. 18. Turner, 2010.

la Rosacruz, y —a lo largo de su vida— fue miembro de La Fraternidad Hermética de la Luz, la Orden Hermética del Alba Dorada, la logia Memphis-Misraím y el Ordo Templi Orientis. Autor de veinte libros, aún le sobró tiempo para estudiar la Cábala, el Tarot, el espiritismo y asesorar al Zar Nicolás.[176] Pese a su currículo, su aportación a la mejora del conocimiento de la época —si lo hubo— apenas alcanzó, y siendo generosos, la categoría de anecdótica.

Pero que los planteamientos del ocultismo sean cuestionables no les resta un ápice de interés. Cualquiera de las críticas que se le puedan hacer (dogmático, farragoso, metodológicamente viciado...) podría aplicarse sin problema a las grandes obras del pensamiento religioso de cualquier credo. Errados o no, estos planteamientos influyeron en la historia de las ideas de la humanidad. La importancia del pensamiento heterodoxo, como explicó el especialista Wouter J. Hanegraaff,[177] reside en otro lugar, el de la lucha por el relato:

> Lo que realmente está en juego en este tipo de retórica es el poder, es decir, la capacidad de dominar un discurso existente hasta el punto de poder decidir lo que se aceptará o no como válido o verdadero. [...] Cualquier grupo dominante puede usar el arma retórica de la 'otredad' para derrotar a sus oponentes como herejes despreciables, subversivos peligrosos o tontos ridículos (confirmando así, implícitamente, su propia identidad como ortodoxa, fiable o razonable).

LA GRAN GURÚ

El ocultismo encontró su nicho en el vacío que había dejado el materialismo de la Ilustración, entre los que vivieron sus errores y/o los que habían quedado huérfanos de un sentimiento de trascendencia al dar la espalda a la Iglesia. A este

---

176 *Magos. Los videntes que moldearon la historia.* Javier Ramos, pp. 96-98. Almuzara, 2023

177 *Esoterismo occidental.* Wouter J. Hanegraaff, p. 64. San Soleil Ediciones, 2021.

fenómeno cabe añadir otro: la pérdida de referentes de autoridad. Y, a caballo entre ambos, se sitúa la aparición de una nueva generación de pensadores, cuya semilla eran el movimiento rosacruz y la masonería. Aunque el ocultismo francés no dio lugar a ningún culto —Eliphas Levi fue un divulgador que jamás pensó en crear nada parecido a un movimiento[178]—, era cuestión de tiempo que surgieran líderes asociados a las nuevas formas de pensar, algo habitual en los países anglosajones, donde el rechazo a la autoridad del Papa se traducía en una proliferación de escisiones dentro del protestantismo. Es la época en la que en Estados Unidos nacen los mormones (1830), la Ciencia Cristiana (1878) o los Testigos de Jehová (1881).

Si alguien merece el título de inaugurar este fenómeno fue la rusa de origen aristocrático Helena Petrovna Blavatskaya (1831-1891), a la que la historia recordará como Madame Blavatsky. Su biografía es tan sorprendente como falsa (solía cambiar lugares y fechas a su antojo),[179] pero sus pintorescas ideas siguen contando hoy con seguidores por todo el mundo. En su honor hay que recordar que nadie más ha conseguido que la Society for Psychical Research (SPR) la reconociera como una de las «grandes impostoras de la historia» y luego le retirara el título.[180]

La vida se HPB, como la conocían sus íntimos, se divide en tres partes. La primera, que se cierra en 1844, la pasó con su familia y está más o menos acreditada, pero no reviste excesivo interés. Hasta 1869 es la época de los grandes viajes de los que, en general, apenas hay más pruebas que su palabra. Según su propio relato, lo mismo pasaba una temporada con una tribu perdida en el lejano oeste americano que recorría el Tíbet de la mano de unos sabios maestros, aprendía

---

178 R. Decker, T. Depaulis y M. Dummett, pp. 169.

179 *El mandril de la Blavatsky. Historia de la Teosofía y del gurú occidental.* Peter Washington, p. 44. Ediciones Destino, 1995

180 *Madame Blavatsky, co-founder of the Theosophical Society, was unjustly condemned, new study concludes.* Society for Psychical Research. 8/V/1986. blavatsky.net/index.php/9-theosophy/history/382-spr-press-release

a tocar el piano en Londres con el virtuoso Isaac Ignaz Moscheles, evitaba el asesinato de un cantante de ópera en Constantinopla, o luchaba codo con codo con Garibaldi en la batalla de Mentana. La tercera parte de su biografía comienza en 1874, cuando consigue llegar a Nueva York a la edad de 42 años, con lo justo para no morirse de hambre antes de encontrar un trabajo de costurera (y de heredar, poco después, una pequeña fortuna).

Su interés por el espiritismo la lleva a conocer al que fuera su compañero y mejor amigo hasta su muerte, el periodista Henry Steel Olcott, al que consigue convencer de que tiene verdaderos poderes paranormales. Tras intentar ganarse la vida contactando con el Más Allá, el 17 de noviembre de 1875, HPB y sus seguidores crean la Sociedad Teosófica para estudiar el conocimiento originario, aquel del que creía que derivaban todos los demás saberes y las «leyes inexplicables de la naturaleza». Dos años más tarde publica *Isis sin velo* (1877), una de sus obras más destacadas.

Pese a que las críticas de *Isis sin velo* fueron lacerantes, cosechó un gran éxito de público, ya que, por primera vez, puso en contacto a la sociedad occidental con los misterios de la India, Egipto o el Tíbet. El punto de partida de su libro —nada original, por otra parte— es que todo el conocimiento nace de unas ideas cuyo origen se pierde en el tiempo. Pero con el paso de los siglos, este saber ha sido proscrito o relegado al olvido. La rusa no renunciaba a los avances científicos del siglo XIX, pero reivindicaba otros saberes que los complementaban y permitían una visión más perfecta del todo universal. Por ejemplo, es conocida su oposición a la teoría de la Evolución de Darwin, pero no la negaba. Simplemente la veía limitada y parcial, ya que solo explicaba lo que ocurre entre el mono y el hombre, pero es incapaz de responder a la pregunta de qué hay más allá, desde los átomos a los ángeles,[181] lo que ella denominó la «evolución inteligente de toda la existencia».

---

181 Peter Washington, p. 63.

La fundadora de la Teosofía, Helena Blavatsky.

¿Y de dónde saca la ocultista rusa sus teorías, amén de la manga? La génesis de *Isis sin velo* nace muy oportunamente de un encuentro en Londres, en 1851, con el (inexistente) Maestro Morya, quien le aconsejó viajar al Tíbet a estudiar y allí se trasladó a vivir durante dos años para investigar los orígenes del budismo y el hinduismo. No solo aprendió senzar —idioma que solo existía en su imaginación—, sino que desarrolló poderes de clarividencia, proyecciones astrales y telepatía gracias a la ayuda de Morya y al maestro Koot Hoomi.

La cosmología de HPB parte de la existencia de la Gran Hermandad Blanca de Maestros (o Mahatmas), formada por unos seres extraordinarios que han superado todas las fases del aprendizaje esotérico, lo que los hace depositarios del verdadero conocimiento universal, además de características como la inmortalidad o la ausencia de un cuerpo físico, que les permite habitar otros cuerpos materiales. El Señor del Mundo, el más alto en la jerarquía, es un ser llegado de Venus que vive en la mítica ciudad de Shamballa, en el desierto de Gobi. Por debajo del él hay cuatro ayudantes (Buda, Maitreya, Manú y Machachohan), y en el escalón inferior los maestros entre los que, además de Morya y Hoomi, están Jesús, el conde de Saint-Germain, Roger Bacon, Confucio, Lao Tse, Salomón, Moisés, Platón… y todo aquel que haya aportado algo importante a la historia de las ideas. Su actividad es secreta: contactan con gente como Blavastky para que sirvan de transmisores de su conocimiento y evitan de este modo ser víctimas de sus enemigos, Los Señores de la Faz Oscura, magos de origen atalante, a los que no les tiembla el pulso a la hora de lograr sus siniestros objetivos (están detrás, por ejemplo, de la crucifixión de Cristo).

Los Hermanos son los responsables de que HPB, su discípula o *chela*, escribiera sus libros y hacer llegar al mundo ese conocimiento que había permanecido oculto. Esta mistificación, un *aggiornamento* del mito rosacruz aderezado con budismo y algo de mesianismo (el objetivo final es preparar a la Humanidad para la llegada del Gran Maestro), fue un éxito rotundo. El crecimiento de la Sociedad Teosófica llevó a sus fundadores a trasladar su sede a la India, donde fueron muy bien recibidos por los hindúes —con cuyas aspiraciones políticas simpatizaban— pero no tan bien por la administración británica. Desde ahí, la sociedad logró sumar más de 120 logias a nivel internacional, la mayoría en la India, pero con presencia en las principales capitales occidentales.

Por lo que respecta a Satán, Blavatsky se limitó a seguir de cerca los caminos ya transitados por Eliphas Levi o Allan Kardec. Representante del mundo de la materia, el maligno y sus huestes no son más que «entidades de materia etérea, irresponsables y ni buenas ni malas a no ser que reciban la influencia de otra entidad», simples «espíritus de la naturaleza».[182] Este fue el razonamiento que le hizo llamar a su revista *Lucifer* (en el sentido de «portador de la luz»). Con el tiempo su visión se fue haciendo más anticristiana, hasta preguntarse en *La doctrina secreta* quién era el verdadero mentiroso, si Dios o su criatura.[183]

A HPB hay que reconocerle el mérito de haber llevado el «conocimiento inventado» a niveles nunca vistos. Una de las fuentes de *La doctrina secreta* fue el *Libro de Dzyan*, quizás la obra más antigua de la Historia, que habla de una humanidad anterior a la que hoy conocemos. En realidad, de haber existido, el original hubiera estado escrito en senzar y dictado telepáticamente por el maestro Djwal Kulpero. Pero resultó ser un plagio del *Rig-veda*, uno de los textos más antiguos de la traición védica. La idea de los maestros[184] la tomó prestada del novelista británico Bulwer Lytton —escéptico, pero gran conocedor de la historia del ocultismo— y sus novelas *Zanoni* (1842) y *Una extraña historia* (1862). Parece sólo una anécdota, pero la desfachatez de HPB no tenía límites. A propósito *de Isis sin velo,* el ocultista experto en religiones orientales William Emmette Coleman escribió:[185]

> En *Isis sin velo*, publicado en 1877, descubrí unos 2.000 pasajes copiados de otros libros sin el debido crédito. Mediante un análisis cuidadoso descubrí que para compilar *Isis* se utilizaron alrededor de 100 libros. En este trabajo se citan y se hace referencia a unos 1.400 libros; pero, de los 100 libros que poseía su autora, copió todo lo que en *Isis* tomó de los otros 1.300 y se relaciona con

---

182 *Isis sin velo*. Helena Petrovna Blavatskaya, p. 28. Tomo II. Teorema, 1987.

183 Van Luik, p. 155

184 *Madame Blavatsky. The woman behind the myth*. Marion Meade, p. 95. Open Road, 2014.

185 *A Modern Priestess of Isis*. Vsevolod Sergyeevich Solovyoff, pp. 353-366. Longmans, Green, and Co., 1895. blavatskyarchives.com/coleman-sources1895.htm

ellos. Hay en *Isis* alrededor de 2.100 citas y referencias a libros que fueron copiados, de segunda mano, de libros distintos de los originales; y de este número sólo unos 140 se atribuyen a los libros de los cuales Madame Blavatsky los copió de segunda mano. Los demás están citados de tal manera que inducen al lector a pensar que Madame Blavatsky había leído y utilizado las obras originales, y las había citado de primera mano, siendo la verdad que estos originales evidentemente nunca habían sido leídos por Madame Blavatsky. Por este medio, muchos lectores de *Isis* [...] han sido inducidos erróneamente a pensar que Madame Blavatsky era una lectora enorme, poseedora de una vasta erudición; aunque lo cierto es que sus lecturas eran muy limitadas y su ignorancia, profunda en todas las ramas del conocimiento.

A las críticas de Coleman, Henry Steel Olcott respondió que eso no era sino la prueba de lo que la propia HPB había asegurado: que ella no había escrito sus libros, sino que habían sido canalizados por los Maestros,[186] los verdaderos portadores de esa sabiduría.

Fallecida en 1891, se puede decir sin lugar a dudas que, pese a que ha sido parcial e injustamente olvidada, HPB fue una de las pensadoras más importantes de finales del siglo XIX y que su herencia sigue viva. Y no solo porque la Sociedad Teosófica siga existiendo (tiene su sede en Nueva York), sino por la importancia que tuvo en el desarrollo de la *ocultura* —término creado por el periodista inglés Simon Dwyer— y que ha dado nombres como Rudolph Steiner, George Gurdjieff, Ouspensky, Jiddu Krishnamurti, Dione Fortune, Marilyn Ferguson... Sin ella, el contactismo ufológico, la Nueva Era o el fenómeno QAnon (por citar solo tres ejemplos) no se entienden en toda su dimensión.

Desde un punto de vista doctrinal, hay que reconocerle el mérito de haber introducido en occidente el concepto de Sendero de la Mano Izquierda o *vamachara* (en sánscrito), importado del hinduismo. A diferencia del *dakshinachara* (Sendero de la Mano Derecha), que defiende una práctica

---

186 Marion Meade, p. 95.

ortodoxa de la religión para llegar a la iluminación, el de la Mano Izquierda invita a sus seguidores a vivir los placeres que ofrece la vida, ya que lo bueno o lo sagrado no es suficiente para adquirir un conocimiento completo: saltarse las normas, para aprender a respetarlas, es otra vía de mejorar. La elección del término —teniendo en cuenta que la mano derecha se usa para comer y la otra se reserva para otros menesteres en una sociedad que no conocía el papel higiénico— no es casual.

LAS SOCIEDADES INICIÁTICAS

Otra de las características del siglo XIX fue la aparición de una nueva generación de sociedades iniciáticas que, aunque tenían un ojo puesto en la masonería, se vieron muy influidas por el misticismo propio del movimiento rosacruz, las leyendas templarias y un batiburrillo de ideas ocultistas compradas al peso. Algunas tuvieron una vida efímera, otras siguen en activo (generalmente, tras varios renacimientos y/o escisiones en las que todas las ramas reclaman ser la verdadera heredera). Sus miembros solían saltar de una a otra en función de la dirección del viento, y se caracterizaban por reclamar la culminación de una tradición que existía únicamente en su imaginación.[187] Así nacieron S.R.I.A (la Sociedad Rosacruz de Inglaterra), Los Hermanos de la Luz, la Sociedad de los Ocho, la Hermandad Hermética de Luxor, Stella Matutina...

La más famosa fue la Aurora Dorada (Golden Dawn), fundada en 1888 por William Wynn Westcott, Samuel MacGregor Mathers y William Robert Woodman. Su origen se remonta a cuando Wynn Westcott —médico, masón, teósofo, rosacruz...— adquirió en 1886 un extraño documento en clave (conocido como *Los manuscritos cifrados*)

---

187 *A history of the occult tarot. 1870-1970.* Ronald Decker y Michael Dummett, p. 87. Gertarld Duckworth & Co., 2002.

que, una vez descifrados, resultaron ser el acta fundacional de una logia alemana (Lodge of the Rising Dawn).
Al frente de ella estaba Anna Sprengel, con la que empezó
a cartearse hasta lograr la autorización para fundar una
delegación en Londres.[188] Que el documento era falso a
día de hoy ni se discute, y que Wynn Westcott fue el autor
del fraude, menos aún.[189] De hecho, la tal Sprengel ni
siquiera existió.

La orden contó entre sus filas con personalidades como
el futuro premio Nobel de literatura William Butler Yeats,
Arthur Conan Doyle o Bram Stoker, aunque el número de
miembros apenas superó nunca el centenar. A diferencia de
la S.R.I.A, de la que era heredera (los tres fundadores se conocieron en esa logia), Aurora Dorada estaba más interesada
en lo que llamaba la Magia Divina, disciplina que no era más
que el batiburrillo paranormal de siempre (alquimia, cábala,
astrología, videncia, viajes astrales...). Administrativamente,
se dividía en tres ramas. La más importante era Primera
Orden (u Orden Exterior), cuyo funcionamiento era el
de cualquier logia masónica. De ahí, los iniciados podían
pasar al Segundo Tempo, centrado en las artes mágicas
(definidas como «la capacidad y el arte de crear cambios
en las conciencias»).[190] Había un Tercer Templo, cuya existencia solo se conocía al completar el nivel anterior, en el
que unos Jefes Secretos de naturaleza casi divina se encar-
gaban de administrar el conocimiento de todos los tiempos
y hacerlo llegar a sus seguidores (la influencia de la teosofía
era evidente).

Pese a la fama que ha adquirido con el tiempo la Aurora
Dorada, acabó como el rosario del ídem y tuvo que disol-
verse en 1903 tras caer en la total irrelevancia. En 1896,
Westcoot se vio obligado a dimitir al salir a la luz pública
su membresía —fue un escándalo periodístico— y fue susti-

---

188 Juan Ignacio Cuesta, p. 209-210.
189 Ronald Decker y Michael Dummett, p. 77.
190 *Modern ritual magic. The rise of western occultism.* Francis King, p. 54. Prims
Press, 1989.

tuido por Samuel MacGregor Mathers, «un lunático y un truhan a partes iguales»,[191] que carecía del carisma del anterior y cuyo manejo de las cuentas de la sociedad dejó algunas sombras.

Samuel MacGregor Mathers, vestido para
un ritual de la Aurora Dorada.

---

191 *Su satánica majestad Aleister Crowley*. Martin Booth, p. 122. Melusina, 2008.

El cambio de liderazgo provocó un enfrentamiento entre las tres logias de las que se componía, que dejaron muy tocada la autoridad de Mathers. Este, además, se enfrentó a una rebelión interna de miembros descontentos que reclamaban una relación más directa con el Tercer Templo. A todo eso se sumó la estrecha relación de Mather con un tal Aleister Crowley, joven de vida disoluta interesado en el ocultismo que empezaba a hacerse famoso pero que no gustaba a los iniciados preocupados por el buen nombre de la sociedad. En 1903, tras apenas quince años de existencia, Aurora Dorada cerró sus puertas y sus miembros crearon otras organizaciones similares, aunque mucho menos influyentes.

EL SATANISMO COMO DOCTRINA

Pero mientras el ocultismo, el espiritismo, las sociedades secretas... van creando el campo de cultivo para la aparición del satanismo, un filósofo alemán al borde de la locura pondrá, sin saberlo ni proponérselo, la piedra de toque de esa nueva religión. Con *Así habló Zaratrusta* (1883-1885) y *El Anticristo* (1885), el filósofo alemán Friedrich Nietzsche firmó dos de los libros que más influyeron en el futuro corpus satanista —sobre todo el segundo— por su demoledora crítica a las religiones (particularmente el cristianismo) que impedían la emancipación del hombre, y por su defensa acérrima de la voluntad individual. En el primero, con su nihilismo y en forma de relato, decretó la muerte de Dios, propuso una nueva visión del ser humano (el *Übermensch*, «superhombre» o «superior al hombre»), desacomplejado y dueño de su propio destino.[192]

Nietzsche rechazó la compasión como valor positivo, ya que «conserva lo que está pronto a perecer; combate a favor de los desheredados y de los condenados de la vida,

---

192 *El Anticristo*. Friedrich Nietzsche. § 5. elaleph.com. Argentina, 1999. biblioteca.org.ar/libros/3015.pdf

y manteniendo en vida una cantidad de fracasados de todo linaje», y «dificulta aquellos instintos que tienden a la conservación y al aumento de valor de la vida». Según el alemán «la misma vida es instinto de crecimiento, de duración, de acumulación de fuerzas, de poder: donde falta la voluntad de poderío, hay decadencia». Esta compasión es, además, el mecanismo que utiliza el cristianismo (el Anticristo del título) para mantener sometidos a sus seguidores. Y no es la única coincidencia:

> El pecado, repitámoslo, esa forma por excelencia de descaro por parte de la humanidad, fue inventado para hacer imposible la ciencia, la civilización y el ennoblecimiento del hombre; el sacerdote domina gracias a la invención del pecado.

El autor alemán nunca citó al maligno, pero dejó para la posteridad algunas de las ideas que servirían de base al satanismo de los años sesenta, algunas directamente y otras de forma más tamizada. Aunque no fue la única influencia, sí resultó fundamental a la hora de deificar a cada individuo y convertirlo en dueño único de su destino. Curiosamente, no se puede decir que Nietzsche tuviera una imagen negativa de Jesús, más bien al contrario. No le niega su carácter revolucionario (su rebelión fue «un no dicho a todo lo que era sacerdote y teólogo»),[193] pero la llama de la rebeldía se apagó con su muerte y su mensaje fue cooptado por aquellos a los que se enfrentó. En cierto modo, su lucha es también la de la rebelión del Príncipe de la Oscuridad contra Dios. Así, el personaje simbólico que adoptó Anton LaVey para proponer un nuevo tipo de moralidad es, en parte, el Jesús del filósofo alemán.

---

193 *Ibid*, p. 32.

EL SATÁN QUE VENCIÓ A MILTON

Pese a que *El paraíso perdido* de Milton y *El Anticristo* de Nietzsche son las referencias dominantes al hablar de la creación del Satán moderno, hay otra obra que, en los últimos años, se ha sumado a la lista: *La rebelión de los ángeles* (1914) de Anatole France (1844-1924).[194] A diferencia del inglés, miembro de una adinerada familia de la alta burguesía británica, France fue hijo de un modesto zapatero que aprendió a leer a los veinte años, pero que llegó a poseer una considerable biblioteca en la que su hijo pasó horas y horas durante su infancia. A lo largo de su vida, nunca olvidó sus orígenes y siempre mostró un inquebrantable compromiso con los más débiles y una gran capacidad para criticar el poder.

Como escritor, el éxito le acompañó casi desde sus primeros libros, actividad que compaginaba con la de periodista. Socialista convencido, profundamente anticlerical, fue uno de los primeros en apoyar a Zola por defender a Alfred Dreyfus. En plena Primera Guerra Mundial, escribió un artículo titulado «La gente cree morir por su patria, pero está muriendo por los industriales»,[195] lo que le granjeó todo tipo de críticas y hasta amenazas de muerte. También se opuso al tratado de Versalles por imponer condiciones demasiado gravosas a Alemania y fue un firme defensor de los procesos de descolonización. En 1921 recibió el premio Nobel y, un año más tarde, obtuvo el mayor de los reconocimientos a los que puede aspirar un ser humano: el Santo Oficio incluyó toda su obra en el índice de libros prohibidos.

La rebelión de los ángeles se publicó dos años después de la que está considerada su obra maestra: *Los dioses tienen sed*. En esta, France contaba la historia de Évariste Gamelin, un joven pintor al que la vida le lleva a convertirse en jurado de un tribunal durante los años del Terror de la Revolución

---

194 fr.wikipedia.org/wiki/Anatole_France

195 «On croit morir pour la patrie, on meurt pour des industriels». Anatole France. *L'Humanité*. 18/VII/1922. gallica.bnf.fr/ark:/12148/bpt6k4004637/f1.item.texteImage.

Francesa, y pasa de ser un pobre idealista a un verdugo bien remunerado. La obra levantó ampollas en los círculos izquierdistas de la época, ya que se interpretó como una crítica del levantamiento popular contra la tiranía de Luis XVI pero, en realidad, sus dardos iban dirigidos a cómo el sueño de un mundo mejor habían acabado en pesadilla.

La rebelión de los ángeles es muy distinta, pero el tema de fondo es similar: la lucha contra el poder, y el peligro de conquistarlo. La novela transcurre durante la Tercera República, cuando un grupo de ángeles caídos se reúne en París para tramar un nuevo intento de desbancar a Dios y poner en su trono a Satán, símbolo del saber y la libertad de pensamiento. La noche antes del combate final, el maligno sueña que ha derrotado a las tropas del arcángel San Gabriel y es coronado Dios. Cuando se despierta, entre sudores fríos, el maligno se dirige a sus lugartenientes:[196]

> —Camaradas —dijo el gran Arcángel— no, no conquistaremos el cielo. Basta de poder. La guerra engendra la guerra y la victoria el desastre.
>
> El Dios vencido llegará a ser Satán: Satán vencedor se proclamará Dios. ¡Que los hados no me reserven este espantoso destino! Amo el infierno que ha fraguado mi genio, amo la tierra a la que he hecho algún bien, si es posible hacerlo en ese mundo terrible en el que la existencia de los seres sólo queda garantizada mediante el asesinato. Ahora, gracias a nosotros, el viejo Dios ha sido desposeído de su imperio terrestre y todo aquel que reflexiona en este mundo le desprecia o le ignora. Pero ¿qué importa que los hombres ya no sean sumisos a Ialdabaoth [Dios], si el espíritu de Ialdabaoth permanece todavía en ellos, si están hechos a su semejanza y son envidiosos, violentos, belicosos, codiciosos, enemigos de las artes y la belleza? ¿Qué importa que hayan rechazado al feroz Demiurgo, si se empeñan en menospreciar a los demonios amigos que les muestran toda la verdad: Dioniso, Apolo y las Musas? En cuanto a nosotros, espíritus celestes, hemos destruido a Ialdabaoth, nuestro tirano, al destruir en nosotros el temor y la ignorancia.

---

196 *La rebelión de los ángeles*. Antole France, p. 347. Valdemar, 2007.

Pese a que fue uno de los autores más importantes de su época —se le reconoce el mérito de haber sido el escritor más insultado de Francia—, su obra cayó pronto en el olvido, de ahí que apenas influyó en el mundo del satanismo. Su reivindicación no llegó hasta la creación del Templo Satánico que considera que *La rebelión de los ángeles* resumen mejor su filosofía que *El paraíso perdido* de Milton.

De Crowley a LaVey

El diablo volvió a verme hoy y esta vez parecía un poco diferente.
Tenía una bolsita con los mismos viejos trucos
y me contó el mismo rollo de siempre.
Así que me metí en su bolsa de pecado y me lo pasé genial.

Little Devil, JESSE DANIELS

Desde principios del siglo XX, el maligno, que se negaba a quedar reducido a la categoría de anécdota, llamaba a la puerta. Pero su consagración no llegaría hasta los años sesenta con la aparición de la Iglesia de Satán. Los encargados de abrirle las puertas fueron Aleister Crowley y Anton LaVey. Al primero hay que reconocerle el mérito de cambiar para siempre el Sendero de la Mano Izquierda; al segundo, el de crear la primera Iglesia satánica de la historia.

La revolución llegó con Edward Alexander Crowley (1875-1947), la «Bestia», como le apodó su propia madre tras descubrirle haciendo el amor con una criada. Nació en el seno de una familia tan adinerada como radical en sus posturas religiosas: formaban parte de una secta evangélica conocida como Hermanos de Plymouth, que consideraban cualquier iglesia menos la suya simples «sinagogas de

Satán»[197] y estaban convencidos de la inminente la llegada del fin de los tiempos y el Anticristo. Aunque la relación con su padre fue siempre buena (no así con su madre),[198] vivió su muerte, con solo trece años, como una liberación: primero, para dar rienda suelta a su anticristianismo visceral y a su hedonismo.

Alumno de Trinity College (dependiente de la Universidad de Cambridge), en 1898 cobró la herencia paterna, y dejó la carrera para dedicarse a sus grandes aficiones: el montañismo, las religiones orientales y el ocultismo. Ese mismo año ingresó en Aurora Dorada con el nombre de Frater Perdurabo y poco después compró Bolesine House, su mítica morada al borde del Lago Ness. En los años siguientes visitó Rusia, Suiza, Alemania, Francia, México, India, Estados Unidos, Argelia, Egipto, Japón, España (que le produjo una excelente impresión)...[199] mientras empezó a desarrollar su propio tipo de magia (que bautizará como *magick* o *makgia*), con un alto componente sexual, basada en las enseñanzas del liberto americano Paschal Bervely Randolph (1825-1875).

El periodo más importante de la vida de Crowley comienza en 1904 en el Cairo, donde llega de viaje de novios con su primera mujer, Rose Edith Kelly. El 8 de marzo ocurrió un hecho que cambió para siempre la historia del esoterismo: se le manifestó su ángel de la guardia Aiwass (también conocido como Hoor-Paar-Krat), enviado por Horus para dictarle *El Libro de la Ley*. En él se anunciaba la llegada de una nueva era, El Eón de Horus, y ungía a Crowley como su profeta. Ni que decir tiene que para la época ya había comenzado a tomar drogas de manera regular. La obra será la base de Thelema («voluntad», en griego), la religión que debería presidir esa nueva época y que se resumen en dos frases: «Haz lo que quieras, será lo único de la ley»[200] (que tomó

---

197 Martin Booth, p. 25

198 *Ibid*, p. 39

199 *La Gran Bestia en España*. Doctor Peligro. *Agente Provocador*. 19/IV/2016
agenteprovocador.es/publicaciones/la-gran-bestia-en-espaa

200 Según la traducción de Javier Calvo.

prestada del escritor francés Rabelais) y «Amor es la ley, el amor bajo la voluntad». Otra de las revelaciones hablaba de la Mujer Escarlata o Babalón (que también identifica con la bíblica prostituta de Babilonia), una especie de diosa que sirve de enlace entre el mago y las entidades superiores. A lo largo de su vida, hasta ocho mujeres recibieron ese título y a todas las utilizó para sus desvaríos sexuales, sacarles el dinero (si lo tenían) y desentenderse de ellas cuando dejaban de interesarle.

Aleister Crowley, cuando se hacía llamar Frater Perdurabo,
en un ritual de la Aurora Dorada.

Una de las imágenes más icónicas de Aleister Crowley.

Años más tarde, ya en Londres (tras viajar por Nepal y China), aprovechó la ayuda del químico George Cecil Jones para crear una nueva orden dedicada únicamente a divulgar Thelema: A∴A∴ (Argenteum Astrum), que abrió sus puertas en 1907. Los rituales los tomó prestados de la Aurora Dorada —en plena crisis existencial— y, para certificar la defunción de esta, publicó en su revista *The Equinox* todos sus ritos secretos. Mathers le denunció y el consiguiente juicio hizo las delicias de la prensa… y del propio Crowley, que empezó a ganar notoriedad pública. La imagen que los medios daban de él le permitió labrarse una fama que, con el tiempo, le llevó a ser bautizado como «El hombre más pervertido del mundo». Una etiqueta que, sin duda, llevó con gusto y que no perdía la ocasión de demostrar cuán merecedor era de ella. En *Magia(k) en teoría y práctica* (1929) defendía los sacrificios humanos y de animales, en especial «niños varones de perfecta inocencia y alta inteligencia», y presumía de haber realizado este ritual miles de veces.[201] Aunque se refería a su afición a masturbarse,

201 «Aleister Crowley and The Black Magic Story». Timothy Jones. *The Palgrave Handbook of Contemporary Gothic*. Palgrave Macmillan, 2020.

no todo el público pilló el guiño. En 1912, se integró en la sociedad alemana Ordo Templis Orientis (O.T.O.), de inspiración rosacruz (que pretendía ser heredera de los Illuminati), creada por Karl Kellner y Theodor Reuss, y que apenas contaba con seguidores,[202] pero fue su plataforma para darse a conocer como el gran mago negro.

Posteriormente, en un episodio que resume los peligros de los delirios narcisistas, se trasladó a la isla italiana de Cefalú (Sicilia). Allí se plantó en 1920 con la intención de crear la Abadía, una comuna basada en Thelema siguiendo las enseñanzas transmitidas por Aiwass. Llegó acompañado de Leah Hirsig, una maestra de escuela a la que había conocido durante su estancia en Estados Unidos, y que se había convertido en su nueva Mujer Escarlata bajo el nombre de Soror Alostrael. Más tarde se unirán la viuda francesa Ninette Shumway (y su hijo Howard), esta en calidad de niñera de Hansi (el hijo de Leah), lo que provocó una guerra de celos entre las dos. La Celda de la Puta,[203] como se conocía la casa, estaba en el límite de lo que se podría considerar habitable, pero suficiente para que Crowley tuviera un lugar donde pintar y profundizar en la práctica de la makgia sexual y experimentar con todo tipo de sustancias. Pero la tragedia era inevitable: Leah dio a luz a su hija Anna, «la muñeca», que murió al poco tiempo de nacer, Ninette sufrió un aborto espontáneo en su octavo mes de embarazo (algo que tampoco pareció molestar en exceso a Crowley, padre de la criatura), Hans —el hijo de Ninette— fumaba como un carretero a sus cinco años,[204] Leah contrajo disentería, Raoul Loveday (uno de los visitantes) murió por beber agua contaminada (aunque su mujer decía que le habían hecho beber sangre de un gato previamente sacrificado),[205] la escritora Mary Francis Butts

202 Introvigne, p. 240.

203 *Perdurabo. La vida mágica de Aleister Crowley.* Richard Kaczynski, p. 515. Aurora Dorada, 2021.

204 Martin Both, p. 476.

205 J. Symonds, p. 341

acabó enganchada a las drogas… Con este panorama, no es de extrañar que el gobierno de Mussolini invitara al mago a abandonar Italia.

Leah Hirsig, la más famosa de las Mujeres Escarlata de Crowley.

Una anécdota refleja a la perfección la verdadera esencia de La Celda de la Puta, la relación de Crowley relación con las mujeres, y el sinsentido de Thelema. Leah Hirsig, en su condición de intermediaria entre Crowley y los seres a los que pretendía conjurar, debía hacer todo lo que el maestro le pidiera. En cierta ocasión, él le ordenó que se dejara penetrar por un macho cabrío, algo a lo que no tuvo más remedio que acceder (según quien lo cuente, el animal consumó el acto o no mostró el menor interés). Pero, en su condición de Mujer Escarlata, ella también podía tener la iniciativa al canalizar a los seres superiores, así que le comunicó a Crowley que estos esperaban que se comiera una mierda —y no lo decía en sentido metafórico— argumentando que era «el Cuerpo de Dios». La venganza de Leah no surtió efecto. Crowley no sólo aceptó los designios de sus amigos imaginarios, sino que la experiencia místico-gastronómica le dejó tan buen sabor de boca que la inmortalizo en su poema «Leah sublime».[206]

206 *La mujer escarlata y la Bestia. Los diarios mágicos de Leah Hirsig.* Leah Hirsig, p. 39-39. La Felguera, 2018.

La Abadía de Thelema fue un desastre sin paliativos, una auténtica metáfora de lo que había detrás del pensamiento de Crowley. Tras pasar la Primera Guerra Mundial en Nueva York intentando sin éxito hacerse un nombre como ocultista, colaboró con varios medios favorables a Alemania y contra Inglaterra, así que cuando regresó a Londres, la prensa le estaba esperando con el cuchillo entre los dientes por traidor. Su decisión de viajar a Italia fue una cuestión espiritual, pero sobre todo una huida. Además, sus finanzas ya no eran lo que habían sido: había dilapidado la herencia paterna y sus libros apenas se vendían.[207] En 1914 ya había conseguido que la sección británica de la O.T.O. se hiciera cargo del mantenimiento de Bolesine House, ya que él era incapaz de hacer frente a los gastos. Sin un duro, Corfú es un destino más asequible, sobre todo porque las facturas correrían a cargo de los visitantes. Los tres años de la Abadía tuvieron tanto de experimento esotérico como de «hacerse un *simpa*».

Hasta su muerte en 1947 —totalmente arruinado y casi olvidado—, Crowley siguió viajando por todo el mundo, publicando libros, conociendo a gente interesante (como Fernando Pessoa o Aldous Huxley, a quien influyó en su visión de los estados alterados de conciencia), y sufriendo los ataques de la prensa. De todos los méritos que atesoró en vida (alpinista, escritor, gorrón, drogadicto, maltratador, genio, vampiro emocional, pintor, violador, periodista, profeta, mal padre...), hay uno por encima de todos: conseguir que muchos autores le consideren incluso hoy el primer satanista, pese a que jamás sintió interés por el maligno. De hecho, no parece casualidad que llamara Satán a uno de sus perros[208] para dejar claro que estaba por encima de él. Aunque compuso poemas como «Himno a Lucifer»[209] e «Himno a Satán», o en su lucha contra Mathers por el control

---

207 Martin Booth, p. 416

208 *The great beast. The life and magick of Aleister Crowley.* John Symonds, p. 274. MayflowerBooks, 1973.

209 trianarts.com/aleister-crowley-himno-a-lucifer/#sthash.jDLefFpO.dpbs

de la Aurora Dorada llegó a invocar a Belcebú, no creía en el diablo en el sentido católico, no le rindió culto ni pidió a nadie que lo hiciera. Su presunto satanismo fue un mito creado por la prensa.

Uno de los rumores que rodean a Crowley es su relación con Ron L. Hubbard, el fundador de la Cienciología, y si pudo influirle a la hora de crear uno de los cultos más polémicos del siglo XX. La vinculación entre ambos fue indirecta —nunca se conocieron— pero existió, y tuvo como nexo de unión la figura de John «Jack» Parsons, uno de los mayores expertos en propulsión de cohetes de Estados Unidos y padre de la carrera espacial. El científico era presidente de la principal logia Agape, la sede de la O.T.O. en EEUU, y un gran admirador de la obra de Crowley, con quien mantuvo una correspondencia constante durante años. Parsons y otros miembros de la Orden vivían en una casa en el 1003 de Orange Grove de Pasadena (California), una especie de comuna para libertarios, libertinos, científicos, escritores de ciencia ficción y amantes del esoterismo.

Hubbard, entonces un prometedor escritor de ciencia ficción, y Parsons se conocieron en 1945 y, entre otras cosas, ambos compartían su devoción por los escritos de Crowley, un personaje apenas conocido en Estados Unidos y que estaba ya en una época de franca decadencia (ya estaba arruinado, sin amigos y con una salud cada vez más precaria). Durante los algo más de dos años que duró su relación, ambos participaron conjuntamente en un intento de crear una «niña magicka (o *moonchild*) de inmaculada concepción en el plano astral según de los principios de Thelema».[210] La idea de crear la Mujer Escarlata era tan descabellada que hasta sorprendió al hombre más perverso del mundo. «Me pongo bastante frenético cuando contemplo la idiotez de estas cabras»,[211] escribió.

---

210 *The odd beginning of Ron Hubbard's career.* Alexander Mitchell. *The Sunday Times.* 5/X/1969.

211 *Do What Thou Wilt: A life of Aleister Crowley.* Lawrence Sutin, pp. 414. St. Martin's Press, 2000.

Poco después Hubbard se fugó con la entonces novia de Parsons, Sara Northrup, y le estafó casi todos sus ahorros a través de un oscuro negocio de compra-venta de yates. Fue el fin de su relación y afectó tanto al científico que se sintió decepcionado por Crowley —que no le apoyó— que rompió relaciones. En 1959 Hubbard fundó Dianética (precursora de la Cienciología). ¿Hasta qué punto Crowley influyó en las de Hubbard? Poco: fue una de tantas fuentes de las que bebió, pero ni siquiera la más importante.[212] Hay algo de Crowley en la idea del *tethan* de la Cienciología, una especie de espíritu extraterrestre que habita en el ser humano, pero poco más. El interés de Hubbard por la magia negra fue muy escaso y se limitó a un breve periodo de tiempo.

EL CROWLEY QUE NUNCA EXISTIÓ

En 2002 la BBC puso en marcha un programa para elegir a los diez británicos más importantes de la historia, partiendo de un listado de cien nombres que se elaboró tras encuestar a 30.000 personas.[213] Aleister Crowley apareció en el puesto número 73, por delante de Ricardo III, el soldado desconocido, Edward Jenner (inventor de la vacuna), J.R.R. Tolkien, Richard Branson (fundador de Virgin) o el General Montgomery. Pero el Crowley que apareció en la lista nunca existió, no era el fundador de Thelema, sino un personaje basado en él, nacido de la contracultura, y cuya importancia superaba con creces la del real. Ambos convivieron durante años, pero uno murió olvidado y enganchado a las drogas en una casa de huéspedes de Hastings, mientras que el segundo siguió su camino.

---

212 *The Occult Roots of Scientology? L. Ron Hubbard, Aleister Crowley, and the origins of a controversial new religion.* Hugh B. Urban, en *Aleister Crowley and western esotericism.* Oxford University Press, 2012.

213 *BBC TWO reveals the ten greatest Britons of all time.* 10/10/2002 BBC bbc.co.uk/pressoffice/pressreleases/stories/2002/10_october/19/great_britons.shtml

El nuevo Crowley, el que aspiró a ser uno de los británicos más ilustres de todos los tiempos, no era el coprófago, el yonqui, el maltratador o el iluminado, sino su versión de la cultura popular.[214] El Crowley *pop* nació en 1908, cuando el escritor W. Somerset Maugham, uno de los más leídos de su época, publicó *El Mago* (1908), cuyo protagonista, el taumaturgo negro Oliver Haddo, estaba inspirado en Frater Perdurabo (a quien había conocido brevemente en París a través del escultor Auguste Rodin). Crowley se sintió bastante ofendido por el relato, pero le sirvió para darse a conocer y le inspiró una de sus novelas más famosas, *Moonchild* (escrita en 1917 pero publicada en 1929), sobre una guerra entre magos en las que el autor se reservó el papel de protagonista.[215] En 1926, Rex Ingram llevó *El Mago* a la gran pantalla y eligió a Paul Wegener, leyenda del impresionismo alemán, para interpretar el papel del ocultista.

Pero, sin duda, el Crowley de ficción tiene su mayor deuda con el escritor Dennis Wheatley, que en su época sólo era superado en ventas por Agatha Christie y Conan Doyle. A diferencia de Somerset, Wheatley presumía de aderezar sus novelas con hechos reales. Aunque esto último merecería muchos matices, sus libros inspirados en el mundo del satanismo (con obras maestras como *Fuerzas oscuras* o *The haunting of Toby Jugg*) han fijado en el imaginario colectivo la visión de este tipo de cultos (con permiso de Huysmans). En 1934 publicó *El Talisman de Set* (*The devil rides out*), cuyo protagonista, el mago Mocata, estaba inspirado en Crowley (a quien entrevistó para la novela). El éxito editorial sirvió para reverdecer la leyenda de la Bestia, cuyas andanzas y provocaciones cada vez interesaban menos al público. Años más tarde, llegarían otras como *To the devil... a daughter* (1953) o *The satanist* (1960), cuyo malvado protagonista remitía también al autor de *El libro de Toth*. Las adaptaciones

---

214 *The Palgrave handbook of contemporany gothic*. Ed. C. Bloom. Capítulo *Aleister Crowley and the black magic story*. Timothy Jones, p. 18. Palgrave Macmillam, 2020.

215 *Ibid*, p. 18.

por la productora Hammer — *La novia del diablo* (1968) y la fallida *La monja poseída* (1976— dieron a conocer a la Bestia a una generación que no había nacido cuando él murió. No es ninguna exageración decir que Ian Fleming se inspiró en Crowley para el personaje de Le Chiffre, el villano de *Casino Royale* (1953), la primera novela de James Bond.[216]

Charles Gray interpreta a Mocata, un sacerdote satánico inspirado en Crowley, en la adaptación de *The devil's ride out* (Terence Fisher, 1968).

La literatura creó el icono *pop*, la música lo consolidó. Parte de la culpa la tuvo la mítica portada del *Sgt. Pepper's Lonely Hearts Club Band* (1967), el octavo disco de The Beatles, en la que los «*Fab Four*» aparecen rodeados de artistas de todas las épocas. La idea de la portada fue de Paul McCartney, aunque la llevaron a cabo los artistas Peter Blaker y Jann Haworth. El hombre más perverso del mundo aparece y algunos creen que es incluso el militar al que alude el título.[217] Tampoco es

216 *La Bestia en la pantalla*. Jesús Palacios, p. 206. Semana del cine de fantástico y de terror de San Sebastián, 2010.
217 «*Was The Beatles' real-life Sgt. Pepper actually "the wickedest man in the world"?*» Joe Taysom. *Far Out*. 31/X/2020. faroutmagazine.co.uk/the-beatles-sgt-pepper-true-identity-aleister-crowley/

ningún secreto la devoción que sentía por él Jimmy Page (el célebre guitarrista de Led Zeppelin), que llegó a comprar su casa a orillas de Lago Ness. En *Led Zeppelin III* (1970) incluyeron el lema «Haz lo que quieras...» en la portada del disco. David Bowie, en una etapa en la que le faltaba nariz para tanta coca, también le rindió homenaje con *Quicksand* (1971) y, ya recuperado, en *Let's dance* (1983) citó parte de su poema «Lyric of love to Leah». Ozzy Osbourne incluyó *Mr. Crowley* en *Blizzard of Ozz* (1980) su disco debut en solitario... la lista es prácticamente interminable y cada cierto tiempo suma nuevos títulos.

EL PAPA NEGRO

Crowley fijó en la mente colectiva la imagen del mago negro y su influencia en la «ocultura» es innegable, Pero el mérito de haber conseguido crear la primera religión de éxito consagrada al maligno fue el norteamericano Anton Szandor LaVey (1930-1997) quien, la noche de Walpurgis (30 de abril) de 1966 fundó la Iglesia de Satán. Siguiendo la tradición no escrita del mundo del ocultismo, la historia del Papa Negro se construyó sobre mentiras, aunque en su caso quizás se pueda disculpar: LaVey fue, en cierto modo, un personaje creado por su *alter ego*, Howard Stanton Levey. Hijo de un sacerdote protestante, no parece que el peso de la religión fuera particularmente opresivo durante su infancia ni que influyera en su anticristianismo. Si su vida tiene tanto de autoficción es, sobre todo, porque su biografía canónica —*The Secret Life of a Satanist*, escrita por Blanche Barton, su segunda esposa— sigue incluyendo en su última edición (2014) las mismas exageraciones y false-dades que cuando vio la luz en 1990, pese a que muchos de sus datos han sido refutados por distintas fuentes.[218]

---

218 *Anton LaVey: Leyenda y realidad.* Zeena y Nicholas Scherck. 2/II/1998. igle-siadesatan.com/anton-lavey-leyenda-realidad/

Algunas de estas invenciones ni siquiera coinciden tampoco con las que escribió su primer biógrafo, Burton Wolfe (*The devil's avenger*, 1969).

La infancia y vida familiar de LaVey fueron bastante normales. Su temprana afición a la música y sus inquietudes intelectuales lo convertirían en un joven que iba por libre, aunque sin problemas para relacionarse con otros chicos de su edad. De las lecturas de esa época nace su admiración por tres personajes que influirán en el que él mismo se convirtió: Rasputín (por su condición de mago negro y por su poder), Cagliostro (en cuyas habilidades decía creer, aunque también le debió atraer su condición de caradura) y Basil Zaharoff, el mayor traficante de armas de la historia, que nació pobre pero murió multimillonario y con distinciones como la de Caballero de la Gran Cruz de la Orden del Imperio Británico. LaVey creía en la leyenda de que era un secreto adorador del diablo, pero sobre todo admiraba unas cualidades que formarían parte de su manera de entender el satanismo: un hombre hecho a sí mismo y representaba como nadie el darwinismo social (no tenía problemas en vender armas a dos bandos e incluso impulsar guerras).[219]

A los diecisiete años decidió que lo suyo no era estudiar y comenzó a trabajar en un circo —primero de chico para todo, luego de músico y domador—, donde el contacto con el público y con sus compañeros le dará un conocimiento del funcionamiento real del mundo del espectáculo y de la psicología del público. Ahí fue donde aprendió que «si la gente quiere el infierno, yo les daré el infierno».[220] Además de sus labores circenses, aprovechó para ganarse un sobresueldo tocando en carpas de curas evangelistas itinerantes, que fue donde nació su rechazo visceral al cristianismo y la hipocresía que representa, ya que se encontró con que los mismos que el sábado por la noche acudían a los espectáculos subidos

---

219 *The secret life of a satanist. The authorized biography of Anton Szandor LaVey.* Blanche Barton, pp. 26-27. Feral House, 2014.

220 *Ibid*, p. 59.

de tono del circo —para ver mujeres desnudas y beber hasta no poder más—, el domingo por la mañana ocupaban los primeros bancos de la iglesia con sus familias.

Aunque no se puede descartar que LaVey trabajara puntualmente en un circo o un *carnivale* (feria de monstruos), quizás lo más cerca del mundo del circo fue cuando fue a ver *El callejón de las almas perdidas* (Edmund Goulding, 1947), la historia de Stanton Carlisle (Tyron Power), mentalista y embaucador que se movía con soltura en ese mundo. No solo era su película favorita, sino que incluyó el nombre del autor de la novela, William Lindsay Gresham, en la dedicatoria de *La Biblia Satánica*, y llamó a una de sus hijas Zeena en honor a la protagonista femenina.

El joven Anton LaVey, poco antes de fundar
la Iglesia de Satán.

En 1948, se instaló temporalmente en Los Ángeles como músico en bares de dudosa reputación y, trabajando en el Mayan Theatre, mantuvo un breve romance con Marilyn Monroe que solo existió en su imaginación, y llegó a tocar para los veteranos de la Brigada Lincoln que habían luchado en la Guerra Civil española mientras era espiado por el FBI (no hay un solo papel que lo corrobore). Para evitar ser enviado a Corea, se matriculó en criminología, lo que le abrió las puertas para trabajar como fotógrafo de la policía de San Francisco, lo que acentuó su misantropía al ver de lo que era capaz el ser humano. Finalmente, fue destinado a una sección en la que tuvo que investigar fenómenos paranormales (en los que no creía), lo que le llevó a declararse el primer «cazafantasmas» de EEUU. Todos estos datos fueron desmentidos en su día,[221] pero siguió manteniéndolos hasta su muerte.

Anton LaVey, rodeado de mujeres desnudas, en la Casa Negra

221 *Symphony for the Devil*. Lawrence Wright. *Rolling Stone*. 5/IX/1991
maryellenmark.com/bibliography/magazines/article/rolling-stone/
symphony-for-the-devil-637526317790416749/R

La parte más creíble de su biografía comienza cuando se instala en San Francisco, y logra hacerse un nombre en el *mileu* con sus charlas sobre temas paranormales y sus excentricidades (conducir un coche funerario o pasearse por las calles con su leopardo Zoltan). En esa época empieza a crear su propio personaje apareciendo vestido de diablo y rodeado de voluptuosas mujeres desnudas en revistas de *soft porn*. También es cuando comienza a relacionarse con figuras como el mítico Forest J. Ackerman (fundador de la revista *Famous Monsters*), Kenneth Anger (un thelemita referencia del cine *underground* y autor del libro *Hollywood Babilonia*), Clark Ashton Smith (uno de los autores más famosos de la revista *Weird Tales*), Fritz Leiber (padre de las novelas de Espada y Brujería)... aunque a sus encuentros también acudían policías, abogados o médicos. Este grupo, nacido en 1957 y autobautizado como la Orden del Trapecio, fue el núcleo de la Iglesia de Satán.

LA BIBLIA SATÁNICA

LaVey se trasladó al 6114 de California Street, sede de la famosa Casa Negra, que convirtió en su teatro de operaciones. Aunque siempre mantuvo haber adquirido la casa cuando descubrió que había sido un burdel y luego un bar ilegal durante la Ley Seca, lo cierto es que la heredó de sus padres. Allí organizaba reuniones los viernes por la noche y en cierta ocasión, tras una charla sobre canibalismo, ofreció como refrigerio a sus comensales unos pasteles hechos con carne humana (la pierna de una rubia) que, por lo visto, gustó mucho, aunque algunos se dejaron los gusanos.[222] Por supuesto, otra anécdota que exige un verdadero ejercicio de fe para creérsela.

Pero el gran momento llegó el 30 de abril de 1966 cuando celebró su primera misa negra y decretó el *I Anno Satanas*, el nacimiento de una nueva era satánica. La fecha, la noche

---

222 Barton, p. 72.

de Walpurgis, no fue casual, pero hay muchas dudas de que fuera cierta. Es probable se tratara de uno de tantos añadidos a su leyenda y que esa ceremonia iniciática jamás tuviera lugar. De hecho, la idea de crear un culto ni siquiera fue suya, sino del publicista Edward Webber y el policía Jack Webb, dos amigos suyos, tras comprobar el creciente interés del público por sus actividades. Los periodistas se encargaron de hacerse eco de todos y cada uno de estos hechos sin cuestionar nunca a LaVey: la primera religión satanista de la historia había nacido. Luego llegarían la primera boda, el primer bautizo (el de su hija Zeena), y el primer entierro. El homenajeado en este último caso fue el militar Edward Olsen, lo que abrió las puertas a que las fuerzas armadas reconocieron oficialmente el satanismo como religión.

Anton LaVey y su mujer Diane Hegarty, durante
el bautizo de su hija Zeena (1967).

Pero el gran acontecimiento fue, sin duda, la publicación de *La Biblia Satánica* en 1970. Pese a la innegable influencia de una obra que aún hoy se publica, y que es una de las principales puertas de entrada al satanismo, su génesis fue una propuesta del responsable de Avon Books, Peter Meyers (el mismo que publicó *Los Versos Satánicos* de Salman Rushdie), que quería capitalizar el interés por el satanismo que había generado dos años antes *La semilla del diablo*, de Roman Polanski. LaVey no debió tomarse muy en serio el encargo, así que el plazo de entrega se le echó encima. ¿La solución? Tomar algunos de los textos que ya había escrito en el *newsletter* de la Iglesia de Satán y el resto lo plagió, como denunció en 1980 su antigua mano derecha y fundador del Templo de Set, Michael Aquino.[223]

La Biblia Satánica está compuesta por cuatro libros, el más conocido (y citado) es el primero: *Libro de Satán* (*Diatriba infernal*). El origen del texto es una obra conocida como *Might is right* (*El poder es la razón o la supervivencia del más apto*), publicado por primera vez en 1886 por Ragnar Readbeard. Se trata de un canto al darwinismo social que deja a *El Anticristo* de Nietzsche a la altura de un cuento infantil. Redbeard era el pseudónimo del poeta y escritor neozelandés afincado en EEUU Arthur Desmond (1859-1929). Tras darse a conocer en círculos de extrema izquierda de su país, pasó media vida huyendo de las autoridades hasta recalar en Chicago, donde publicó su libro. El contenido de *Might is right* era tan extremo que hay autores que dudan de si, en realidad, no era una parodia de los excesos del capitalismo. Debates aparte, lo cierto es que la mejor reseña la firmó el periodista Joel MacManus: «Se lee como si estuviera dictada a toda velocidad desde el fondo de una botella de whisky».[224]

---

223 *The church of Satan*. Michael Aquino, p. 52. Autopublicado. San Francisco, 2022

224 *White supremacists, satanists, and terrorists: The true story of NZ's «hideous virus» of a book.* Joel MacManus. 11/I/2020.
stuff.co.nz/national/118279410/white-supremacists-satanists-and-terrorists-the-true-story-of-nzs-hideous-virus-of-a-book

¿Plagió realmente LaVey a Readbeard? El profesor de Historia de las Religiones Eugene V. Gallager defiende que no, que el conocido como «Doktor» no hizo nada que no hicieran Mateo o Lucas al reescribir el Evangelio según Marcos:[225]

> LaVey editó el material que le sirvió de fuente con cuidado, para que encajara sin problemas en su propio mensaje. No dudó en omitir largas secciones o comentarios de su fuente con los que no estaba de acuerdo; tampoco lo hizo a la hora de cambiar palabras importantes o trozos para alinear el mensaje de Redbeard con el suyo propio. Además, LaVey se sintió libre para cambiar el orden de su material de base para maximizar el efecto que quería conseguir e insertar material que era totalmente suyo en el desarrollo de su fuente. El resultado es más complejo que simple plagio.

Es verdad que el Papa Negro eliminó casi todo el racismo, el antisemitismo y la misoginia del original para crear un texto nuevo, pero no es menos cierto que nunca fue claro sobre su deuda con Redbeard. Otras acusaciones de plagio, en cambio, no se sostienen. LaVey afirmó en cierta ocasión que le daba al público «simplemente la filosofía de Ayn Rand con ceremonias y rituales»,[226] pero que se inspirara en ella para las famosas *Nueve declaraciones satánicas* —un resumen de los principios del satanismo Laveyano— carece de base. Solo hay que comparar su contenido con su presunta fuente, las declaraciones de John Galt[227] —el protagonista de *La rebelión de Atlas* (1957)—, para ver que apenas guardan similitudes. En este punto, Aquino, el autor de la denuncia, se dejaría llevar por su animadversión hacia el Papa Negro para hacer una crítica con escaso

225 *Source, sects and scripture. The book of Satan in the Satanic Bible.* Eugene V. Gallagher, p. 120 (en *The Devil's Party*). Oxford University Press, 2013.

226 *Who serves Satan? A demographic and ideological profile.* James R. Lewis, p. 18. *Marburg Journal of Religion.* Vol. 6, No. 2. Junio 2001.

227 *La rebelión de Atlas.* Ayn Rand, pp, 1118-1132. Fundación Carlos Slim. México, 2002.

fundamento.[228] La relación entre las ideas de la sociópata rusa madre del Objetivismo[229] (una doctrina filosófica que se resume en que ella siempre tenía razón) con las de LaVey existen, pero más como influencia que como apropiación o plagio.[230] El Papa Negro también evidenció en estas *Nueve declaraciones* la influencia de Nietzsche,[231] pero sería injusto acusarle de robarle al alemán sus ideas. Lo mismo podría decirse del ascendente tuvieron en él Jack London, Mark Twain, Baudelaire, o el periodista H. L. Mencken.

EL LEGADO DEL DOKTOR

Más allá del debate de sus influencias, su biografía oficial o de si fue el primer satanista digno de tal nombre, lo que no se puede discutir es la influencia del Doktor en el Sendero de la Mano Izquierda. Pese a que su figura no haya recibido ni de lejos la misma atención que la de Crowley (a quien ridiculizaba en público por celos, pero respetaba en privado),[232] la suya resulta mucho más interesante y su legado ha sido mucho más productivo. La clave está en que LaVey fue un *poseur*, el maestro de ceremonias de uno de esos circos itinerantes en los que, seguramente, nunca trabajó: el error es tomárselo demasiado en serio. Sus contradicciones no le restan mérito, sino que le añaden complejidad, algo que no acaban de entender muchos de sus seguidores, que continúan mirando hacia otro lado a la hora de hablar de las lagunas en la biografía de un tipo que coqueteó con el

---

228 Aquino, p. 54. y Apéndice XI.

229 «Ayn Rand, la bruja piruja de la filosofía». Javier Cavanilles. *Valencia Plaza.* 11/IX/2015.

230 *Satanism and objetivism.* Namo. *The black flame.* Vol. 6, nº 1 y 2, 1997.

231 *Friedrich Nietzsche, Ayn Rand, and Anton Szandor LaVey.* A Satanist Reads The Bible. 16/VII/2021.
asatanistreadsthebible.com/friedrich-nietzsche-ayn-rand-and-anton-szandor-lavey/

232 *Anton LaVey and the Church of Satan.* Carlo Abrahamsson, p. 86 Inner Traditions, 2022.

supremacismo ario[233] o maltrataba a su segunda mujer y, al menos, a dos de sus hijos.[234]

En un momento en el que California era la cuna del movimiento *hippie* colectivista, aficionado a las drogas y que rompía con el pasado, LaVey lideró una corriente contracultural a favor de la indulgencia y contra los excesos. Abominaba del consumo de estupefacientes, se identificaba con la ley y el orden, y reivindicaba la cultura popular de la primera mitad del siglo (de los *pulps* al cine, pasando por los cómics). Fundó una autorreligión atea en la que cada creyente debía tener la última palabra y en la que debía ser su propio Dios (ideas que tomó de Crowley) y actuar en consecuencia. Propuso celebrar la diferencia, lo extraño que hay en cada uno. En una sociedad que premiaba la uniformidad, sus palabras conectaron con mucha gente. Y LaVey convirtió a Satán en un símbolo al que agarrarse. Además, defendió el valor de la ciencia frente a la superchería de la naciente Nueva Era (aunque no siempre de manera coherente).

Parte de su éxito fueron las relaciones públicas (atrajo a su Iglesia a actores como Jane Mansfield o Sammy Davis Junior) y la necesidad del público de creer en cualquier cosa, lo que le llevó a convertir un encargo editorial en la piedra de toque del satanismo moderno, y a convertirse en Sumo Sacerdote de una religión que inicialmente solo existía en la imaginación de la prensa y que ni en su mejor momento llegó a sumar más de cinco mil seguidores. Y cuando el fracaso era ya imposible de negar (pérdida de interés del público y problemas entre los fundadores) decidió retirarse, eliminó los *grottos* (las sedes que deberían servir para difundir su mensaje por todo Estados Unidos) y se dedicó a vivir de los *royalties*. Quizás una metáfora sobre lo que hizo es que aunque se presentaba como asesor de *La semilla del diablo*, lo cierto es que los únicos títulos en los que participó fueron *Lucifer's women* (Paul Aratow, 1974) y *La lluvia*

233 *Black Sun. Aryan cults, esoteric nazism and the politics of identity*. Nicholas Goodrick-Clarke, p. 83. New York University Press, 2002.

234 Zeena y Nicholas Scherck.

del diablo (Robert Fuest, 1975), dos ensaladas de esos tópicos satanistas que tanto criticó y que compiten entre ellas por el título de cuál es peor. Tampoco hay que olvidar que se despidió de este mundo por la puerta grande: murió en un hospital cristiano (el St. Mary's Medical Centre) un 29 de octubre de 1997, pero la fecha del acta de defunción fue manipulada a mano para retrasarla hasta el 31 y hacerla coincidir con Halloween.

La gran aportación de LaVey, sin duda, fue crear una anti-rreligión en todos los sentidos: no sólo rechazaba las existentes (sobre todo las de «Libro») sino que sacó a Dios de la ecuación. Si el hombre había originado al demiurgo, ¿por qué no prescindir de esa proyección y rendir culto directamente a su creador, el hombre? Pero, sobre todo, fue un producto de su tiempo. En 1966 la revista *Time* había dejado constancia del cambio de paradigma con su mítica portada «¿Ha muerto Dios?». Por lo que respecta a la revolución sexual, su mentalidad abierta sobre la materia (el único límite que ponía era el consentimiento) fue el reflejo de una sociedad cambiante marcada por la reivindicación del amor libre de los *hippies*. Sus ideas sobre la homosexualidad recogían la labor de la Mattachine Socitey, la primera asociación para defender los derechos de los gays fundada en 1951 en la vecina Los Ángeles. La Daugthers of Bilitis (lesbianas), The Imperial Council (LGTBI) y la National Transsexual Counseling Unit, nacieron en San Francisco esa misma década. También es la época de los primeros clubes de intercambio y en la que la periodista Helen Marie Gurley, futura redactora jefe de *Cosmopolitan*, publicó *Sex and the single girl* (1962). Él no inventó la libertad sexual, pero la convirtió en religión.

En esa misma California en la que vivió proliferaban los jóvenes en busca de verdades, estaba muy extendido el movimiento I AM (fundado por el teósofo Guy Ballard, que se presentaba como pupilo del Conde de San Germain), que empezaba a rivalizar la Cienciología de Ron L. Hubbard. Es también el momento de Ken Kesey (el autor de *Alguien voló sobre el nido del cuco*, 1962) y sus famosas fiestas con LSD para ampliar conciencias, de los crímenes de Charles Manson y su familia.

En definitiva, LaVey y su Iglesia fueron hijos de su tiempo. Una época y un lugar que, parafraseando a Luis Buñuel, el periodista Julia Tovar recuerda que tenía «una capacidad insólita de creer en pillos que en una plaza de Talavera de la Reina habrían durado un minuto antes de recibir una pedrada».[235]

---

235 *Los Ángeles de Charles Manson*. Julio Tovar, p. 21. Akal, 2023.

Satán made in USA

Allá arriba dicen que soy un demonio y soy malo.
Los reyes de ahí arriba son mucho peores que tu padre.
Están rompiendo los corazones de las madres,
convirtiendo a sus hermanos en carniceros.
Encontrarás más calor allí arriba que aquí abajo.

Stay Dow here Where You Belong. IRVING BERLIN

Satanás desembarcó en Estados Unidos el 21 de noviembre de 1620 con los peregrinos del Mayflower. Como los españoles antes, los recién llegados pensaban que los indios eran criaturas del diablo, y que el maligno se había retirado al Nuevo Continente huyendo del cristianismo para erigir su nuevo reino. Para los puritanos, el paralelismo entre su misión y la de Abraham, cuando Dios le pide que deje Caldera y conduzca a su pueblo a Israel, era más que una metáfora. Los primeros grandes conflictos armados contra los indios, la guerra Pequot (1637) o la de rey Felipe (también conocida como anglo-wampanoag, entre 1675 y 1678), se interpretaron como una lucha contra el maligno.[236] La obsesión

---

236 *Satanizing the American Indian.* David S. Lovejoy, pp. 603-621. *New England Quartely* 67, n° 4. Diciembre 1994

llegó a tal punto que durante los juicios de Salem algunos de los testigos aseguraron se les había manifestado el demonio en forma de nativo[237] (de hecho, el primer acusado fue un indio).

Tituba, la bruja indígena que practica la magia satánica, ante las niñas de que protagonizaron el caso de las Brujas de Salem (c. 1880).

Así, el demonio se instaló definitivamente en el ADN de la cultura americana y cualquier acontecimiento importante (la colonización, la guerra de Secesión, la esclavitud, la Ley Seca, la crisis del 29...) era una muestra del triunfo de Dios o del diablo, según en qué bando militaba el predicador de turno. Pero, como en el Viejo Continente, con el paso del tiempo el diablo acabó convertido es una simple metáfora. El mejor ejemplo de este Satán desacralizado y reconvertido en símbolo cultural, a la manera de los románticos británicos, la firmó el escritor Stephen Vicent Benet en su relato corto publicado *El diablo y Daniel Webster* (1936).

El cuento tiene un gran contenido simbólico: el granjero Jabez Stone (que personifica a los Estados Unidos)

237 *Satan in America. The devil we now.* W. Scott Poole, p. 51. Rowman & Littlefield Publishers, 2010.

vende su alma al diablo —un tipo elegante y refinado— a cambio de éxito, pero cuando le toca entregar su alma, se niega. Entonces, contrata al abogado Daniel Webster, que consigue sentar a su defendido en el estrado, en el infierno, ante un jurado de prohombres que fueron importantes en la historia del país. Al final, aun reconociendo los errores del acusado, el tribunal falla a su favor. La conclusión es que el diablo está ahí y hay que andarse con ojo, pero ha sido derrotado no por la religión sino por la sociedad civil. El libro reflejaba la evolución de un país que, sin dejar de ser básicamente protestante (y dividido en cientos de nomenclaturas) había hecho las paces con la Ilustración, abrazaba la ciencia y miraba con cierto recelo a las minorías religiosas más radicales. Un tránsito que se reflejaba en los trabajos del teólogo educado en Yale, Reinhold Niebuhr, respetado tanto por conservadores como liberales, o el teólogo y filósofo alemán Paul Tillich, que llegó a Estados Unidos huyendo del nazismo, cuyos discursos calaron entre las clases medias. Ambos defendían la primacía de la sociedad, en un país que no debía renunciar a sus raíces religiosas. Con el literalismo bíblico en crisis y las iglesias carismáticas aún en pañales, Satán dejó de preocupar.

EL DIABLO ACECHA

A falta de un objetivo mejor, los guardianes de la moral de principios del siglo XX se fijaron en la cultura de masas y su capacidad para exponer a los espectadores a todo tipo de mensajes licenciosos. La literatura les preocupaba, también el teatro, pero el cine era considerado casi una escuela de perversión para los casi 40 millones de americanos que, en los años veinte, acudían al menos una vez a ver una película. Casualmente, las primeras representaciones del maligno —*The devil*, de Thomas Ince (1915) y *Devil's bondswoman* (Lloyd B. Carleton, 1916)— acababan con moralina, con sus promiscuos protagonistas condenados al infierno.

El problema era que, a las fuerzas vivas, del cine les molestaba todo. El séptimo arte aún estaba en pañales cuando Chicago aprobó en 1907 una ordenanza que permitía a la Policía prohibir una película y que un año más tarde se cobró la primera pieza: *Macbeth* (James Stuart Blackton, 1908). En 1909 la ciudad impidió estrenar los westerns *The James Boys in Missouri* (Gilbert M. *Broncho Billy* Anderson) y *Night Riders* (del que no se conoce el nombre del director). El caso llegó al Tribunal Supremo del Estado, que falló contra la productora, ya que consideró acertada la medida por «la diabólica influencia de sus representaciones obscenas e inmorales». Fue un triunfo para los impulsores del pánico moral contra el cine. En 1915, en un caso similar, el Tribunal Supremo de Estados Unidos se abonó a este punto de vista. A partir de entonces y hasta mediados de siglo, todas las sentencias fueron en ese sentido. Como dijo el poeta Rupert Brooke: «Los censores nos quieren hacer creer que no fue Satán sino Thomas Alva Edison quien inventó la caída del Hombre».[238]

Fotograma de *Satán se divierte* (1907), del español Segundo de Chomón, la primera aparición del maligno en la gran pantalla.

---

238 *Sin and censorship: The catholic church and the Motion Picture Industry.* Frank Walsh, p. 24. Yale University Press, 1996

En realidad, el maligno de la gran pantalla era inofensivo. En *Seven Footprints to Satan* (Benjamin Christensen, 1929), el diablo era, en realidad, un criminal que se hace pasar por él. Por otra parte, no parece casualidad que el nombre del maligno se asociara frecuentemente con una *femme fatale* que originaba el conflicto. El paralelismo se apreciaba claramente en el vodevil *Madame Satán* (1930), de Cecil B. De Mille —que de satánica solo tenía el título—, en el que una esposa tiene que convertirse en seductora para recuperar a su marido de las garras de una lagarta.

El cine negro, las comedias románticas, las adaptaciones de clásicos como *Anna Karenina*, las películas demasiado escoradas a la izquierda, los documentales... para todo había un *pero* en forma de tijera. El miedo a la influencia del cine llegó a tal extremo que hasta películas de inspiración bíblica como *Rey de reyes* (1927) o *El signo de la cruz* (1932), del ultra-conservador DeMille, llegaron mutiladas a las salas. El tira y afloja entre censores e industria se prolongó durante décadas en las que ambas partes intentaron varias formas de regular lo que llegaba a las salas. Finalmente, en 1934 comenzó a ser efectivo el sistema de censura previa conocido como Motion Picture Production Code, apodado «Código Hays» en honor a William H. Hays, presidente de la Asociación de Productores y Distribuidores de Cine de los Estados Unidos. La industria se plegó a las exigencias de la muy católica Liga Nacional por la Decencia. A la organización le bastaba calificar un título con una *C* de «Condenada» —ofensa a la decencia y la moral cristiana— para hundirlo en taquilla. Así evitaban que el espectador acabara en las calderas de Pepe Botero, pues «una admisión a la película equivocada es una admisión al infierno»,[239] según uno de los mantras de la organización. Las películas eran una «escuela de vicio» y, como escribió el reverendo Wilburg F. Crafts, «ofrecían un viaje al infierno por una moneda de cinco centavos».[240]

---

239 *Ibid*, p. 24

240 *Hollywood censurado.* Gregory D. Black. pp. 19-21. Cambridge University Press, 1998.

La Liga de la Decencia contaba entre sus defensores con el mismísimo Papa Pio XI, quien en su encíclica de 1934, *Sobre las películas,* calificaba de «cruzada» su campaña contra el cine y advertía:[241]

> Todo el mundo sabe el daño que causan al alma las malas películas. Son ocasiones de pecado; seducen a los jóvenes por los caminos del mal glorificando las pasiones; muestran la vida bajo una luz falsa; nublan los ideales; destruyen el amor puro, el respeto al matrimonio, el cariño a la familia.

Pero la lucha por la moral no era solo una cuestión de extremismo religioso. La reformadora social Jane Addams, en 1909, lanzó la primera cruzada contra el cine con la excusa de proteger a los más pequeños. Addams fue la primera mujer estadounidense en ganar el premio Nobel de la Paz. Feminista y progresista, fue una de las fundadoras de la Unión Estadounidense por las Libertades Civiles (ACLU). Para ella el cine no era un entretenimiento más, sino que debía servir para mejorar la sociedad difundiendo ideas progresistas. Su postura fue muy bien acogida por la derecha más conservadora, que pensaba lo mismo, aunque difería del tipo de valores a transmitir.

Para los censores, la influencia del Señor de la Oscuridad no era solo metafórica. No había más que mirar los periódicos para encontrar ejemplos reales de su alargada sombra en Hollywood, como el de la malograda Peg Entwistle, que se convirtió en una especie de símbolo cuando se suicidó en 1929 lanzándose de la *H* del famoso cartel que presidía el valle al no cumplir sus sueños de ser actriz. Y a ese mundo que F. Scott Fitzgerald describió tan bien en *El gran Gastby,* no tardó en llegar la prensa sensacionalista para retratar la otra cara de lo que se apodó «*Tinseltown*» («la ciudad del falso brillo») o la moderna Babilonia.

---

241 *Vigilanti Cura.* Pío XI. 29/VI/1936. vatican.va/content/pius-xi/en/encyclicals/documents/hf_p-xi_enc_29061936_vigilanti-cura.html

En realidad, la cuestión de la censura tuvo menos que ver con salvar almas de la condenación eterna que con otras consideraciones. Para la Iglesia Católica americana fue una forma de reivindicarse como minoría en un país fundamentalmente protestante; para los sectores progresistas, una ocasión para sacar al censor que llevaban dentro. Pero para la industria fue casi una bendición. En primer lugar, un sistema de censura centralizado evitaba ir casi pueblo por pueblo enfrentándose a los guardianes de la moralidad locales. Además, dado que el Código Hays sólo implicaba a los grandes estudios, cerraba automáticamente las puertas de las salas de exhibición más importantes a las productoras independientes. También solucionaba un problema técnico, pero de gran calado económico. Los estudios vendían películas en bloque (es decir, si un cine quería proyectar una película estaba obligada a programar otras de la misma productora), y la respuesta de los pequeños exhibidores era que así no podían controlar la calidad moral de los títulos en cartel. El código garantizaba a los estudios poder seguir vendiendo lotes siempre y cuando todos los títulos hubieran sido revisados. Como siempre, en un pánico moral, lo de menos era el público, y lo de más, el negocio.

Aunque el Código Hays no incidía específicamente en el tema del cine de terror o mencionara a Satán, uno de sus principios generales era que «la ley, natural o humana, no será ridiculizada», así que tampoco dejaba mucho margen de maniobra a los directores para adentrarse en el tema de lo oculto. Sin embargo, la nueva regulación tuvo escasa influencia en el cine de terror, un género que prácticamente sólo cultivaba la Universal y se consideraba menor. Tras los éxitos de *El jorobado de París* (Wallace Worsley, 1923), *El fantasma de la ópera* (Rupert Julian, 1925), *Drácula* (Todd Browning, 1931) o *Frankenstein* (James Whale, 1931) el público le dio la espalda. Sólo *Satanás* (Edgar G. Ulmer, 1934), una historia sobre una secta satánica cuyo protagonista —el mago Hjalmar Poelzig, interpretado por Boris Karloff— se inspiraba en Crowley, tuvo verdaderos problemas. Pero los cortes los introdujo la productora *motu proprio* ante el temor a la reacción de una parte del público, dejándola en una trama muy confusa

En todo caso, el miedo al demonio carecía de base. La presencia de Satán era muy ocasional, casi siempre con motivos cómicos. Por ejemplo, en 1918 George Irving dirigió una comedia de propaganda titulada *To Hell with the Kaiser*, en la que Guillermo II hacía un pacto con el maligno para ganar la guerra, aunque el plan acaba mal: una joven consigue malograr los intentos de Alemania por ganar la guerra y el mandatario acaba purgando sus pecados en el infierno. A la lista se podría añadir el musical *The devil's cabaret* (Nick Grinde, 1930), en la que el maligno —director de Satan & Co., Inc— envía a la tierra a su mano derecha para abrir un cabaret y así pervertir a los humanos, ante la escasez de almas que le llegan al infierno. Un caso singular es la producción de Disney, *Fantasía* (James Algar, Samuel Armstorng y Ford Beebe Jr., 1940), en la que una de sus ocho piezas (*Una noche en Monte Pelado*, con música de Modest Músorgski) representa un aquelarre. Otro título curioso es *The Blood of Jesus* (Spencer Williams, 1941), una producción del llamado «Hollywood Negro» (las películas hechas por y para afroamericanos). En ella, una piadosa mujer muere por el disparo accidental de su novio, ateo para más señas, y se encuentra con un ángel y el demonio en un cruce de caminos: allí deberá elegir si toma el que lleva al infierno o a la redención. A la lista de rarezas cabe añadir *The soul of a monster* (Will Jason, 1944), en la que Satán es mujer.

El Príncipe de las Tinieblas tuvo poca representación hasta finales de los sesenta. Se manifestó en *La séptima víctima* (Mark Robson, 1943), en la que una mujer trata de sacar a su hermana de una secta satánica o *La noche del Demonio* (Jacques Tourneur, 1957). Algo posterior es *Devil's partner* (Charles R. Rondeau, 1962), otra producción de serie B, en la que un hombre hace un pacto satánico para conseguir el amor de la novia de un rival. Pero la hora del demonio no llegaría realmente hasta finales de los sesenta con el estreno de *La semilla del diablo* (1968), que prácticamente inauguró un subgénero.

El actor James B. Jones interpretando a Satán en *Blood of Jesus (The Glory Road)*, de Spencer Williams (1941).

VIÑETAS INFERNALES

En sus primeros años, los tebeos no fueron una fuente de preocupación. Eso explica que, en 1941, una editorial infantil pudiera publicar sin problema *Madam Satan*. La historia seguía las andanzas de Tyra, una voluptuosa joven que asesina a los padres de su novio por oponerse a su matrimonio, por lo que este decide pagarle con la misma moneda. Así, su alma acaba en el infierno, donde el maligno le permite volver a la Tierra convertida en Lola Satán para que le consiga más almas. El personaje tuvo una vida comercial bastante breve ante el escaso éxito de público, pero no sufrió ningún tipo de boicot.

Pero la preocupación de la Organización Nacional para la Literatura Dencente (NODL). Nacida en 1938, aumentó exponencialmente tras la Segunda Guerra Mundial, cuando se incorporó al mundo del cómic una generación de dibujantes que había sufrido los horrores del conflicto y que había encontrado en las viñetas un trabajo mientras surgía algo mejor. Los mejores de ellos recalaron en E.C. (Educational Comics), una pequeña editorial dirigida por William Gaines que, hasta la fecha, se había especializado en tebeos de corte bíblico. Gaines relanzó la empresa a partir de tres títulos dedicados al terror (*Tales from the Crypt, The Vault of Horror* y *The Haunt of Fear*) que se convirtieron en un éxito. Pronto, cientos de editoriales se sumaron al carro y el mercado se saturó de títulos similares —algunos de calidad infame— hasta llegarse a alcanzar en 1948 ventas de entre 80 y 100 millones de cómics al mes. De ellos, el 40% estaban centrados en el género de terror,[242] que encontró en el papel el espacio que había perdido en el cine. Estos, junto a los dedicados al crimen, eran los que más preocupaban a los censores, ya que un niño podía comprar sin problemas historias de mujeres voluptuosas de mal vivir, criminales, violencia y monstruos. En honor a la verdad, hay que decir que mucho de ese material no era para muy recomendable menores.

Las consecuencias de todo aquello fueron las esperables y, el mismo año de creación de E.C., la iglesia católica mandó su primer aviso en forma de cuadernillo, una guía de treinta y seis páginas advirtiendo sobre los problemas que acechaban a los menores en las viñetas de aquellos, aparentemente, inocentes tebeos. La portada de *El caso contra los cómics*, no dejaba lugar a equívocos: Satanás sonreía rodeado de niños enfrascados en su lectura. Poco después, en Nueva Jersey, un grupo de Boy Scouts organizó una quema de ejemplares, la primera de muchas que tuvieron lugar en el país. Más tarde, en 1948, el psiquiatra Fredric Wertham publicó en *Collier's Magazine* su primer artículo sobre el tema («Horror en la guardería»), con lo que, una vez más, censores y progresistas se unieron por una causa común: salvar el alma de los jóvenes que, con la sola lectura de un tebeo, podían acabar en la delincuencia.

---

242 *The Horror! The Horror! Comic books the government don't want you to read.* Jim Trombetta, p. 31. Abrams ComicArts, 2010.

Satán tienta a los niños con los tebeos en la portada de
El caso contra los cómics (1944) del padre Gabriel Lynn.

El tira y afloja entre guardianes de la decencia y editores llegó al Senado que, en 1954, organizó el Subcomité sobre Delincuencia Juvenil, en el que Republicanos y Demócratas se alternaron en la presidencia. Allí se produjo uno de los diálogos más conocidos de la historia del cómic, cuando el senador Este Kefauver, presidente de la sesión, interrogó a Gaines:[243]

> Kefauver: Este es su número de 22 de mayo. Aquí vemos lo que parece ser un hombre con un hacha ensangrentada sosteniendo la cabeza cercenada de una mujer. ¿Esto le parece a usted de buen gusto?
>
> Gaines: Sí, señor, sí me lo parece como portada de un cómic de terror.

Que la respuesta fuera ingeniosa no evitó que ese mismo año entrara en funcionamiento el Comics Code Authority, de obligado cumplimiento para toda la industria. El efecto fue inmediato y la mayoría de publicaciones dejó de existir. Se prohibieron las palabras «Horror» y «Terror» y la presencia de seres como vampiros, hombres lobo, seres macabros o zombis. La consecuencia más importante es que —tras lo ocurrido en el cine— se dejó sin referencias sobre el mundo de lo oculto a varias generaciones de jóvenes que, décadas después, abrazarían con entusiasmo el renacimiento del género y sentarían las bases del Pánico Satánico de los ochenta.

Y SE HIZO EL ROCK

El caso del rock n'roll fue ligeramente distinto, ya que llovía sobre mojado. Este sonido de raíces negras, y que había sido adoptado por la *white trash* (los pobres blancos de zonas rurales), arrastraba ya cierto estigma diabólico, aunque la

---

243 *La plaga de los comics. Cuando lo tebeos eran peligrosos.* David Hajdu, p. 303. Es Pop, 2008.

mayor parte de los pioneros había aprendido música en la iglesia. No en vano la fundadora del rock fue una monja, la hermana Rosetta Tharpe (1915-1973), de la que Chuck Berry tomó su famoso paso del pato.

Si Satán no inventó el rock al octavo día, como dicta la leyenda, muy lejos no debía de andar. De hecho, el rumor de que el maligno enseñó a tocar a varios músicos se pierde en la noche de los tiempos (su origen es Legba, una especie de dios de la música en la tradición vudú). La idea del pacto satánico para lograr el virtuosismo musical no era nueva, el sociólogo Harry Middleton Hyatt encontró, en los años treinta, más de setenta variantes de esta leyenda en el sur de EEUU.[244] El primer músico moderno al que se le atribuyó su arte al resultado de un pacto con el diablo en un cruce de caminos (lugar donde se enterraba a los suicidas). Fue al músico de Mississipi, Tommy Johnson (1886-1956), una de las primeras grandes figuras del blues. Lo mismo se decía de Peetie Wheatstraw, nombre artístico de William Bunch (1902-1941), que se dio a conocer con discos como *El yerno del diablo* o *El gran sheriff del infierno*.

Aunque sin duda a quien más se ha vinculado con este mito faustiano es a Robert Johnson (1911-1938), autor de la canción *Cross Road blues*, que tanto contribuyó a acrecentar una leyenda que nació tras su muerte y no empezó a extenderse hasta mediados de los años sesenta,[245] por motivos comerciales, cuando empezó a ser reivindicado como pionero del rock. El mito cuenta que Johnson era un músico mediocre que decidió desaparecer un día y regresó convertido en un virtuoso (a veces tocaba de espaldas al público para que no vieran cómo lo hacía y pudieran imitarle). En realidad, nunca recibió lecciones del maligno en la intersección de las carreteras US 61 y US 49 —de hecho, aún no existían—; más bien y durante su ausencia se curtió tocando en cientos de lugares, además de contar con maestros virtuosos

---

244 *A meeting with the devil at the crossroads: A contemporary legend?* Gail Devos. *Contemporary Legend* Serie 3, vol. 1. 2011.

245 *Ibid.*

como Iker Zimmerman, que depuró su técnica practicando por la noche en cementerios. Johnson murió a los 27 años (de sífilis o envenenado por un marido celoso, hay varias versiones), se dice que tras cumplir los ocho años de vida que el maligno le había concedido para triunfar.[246]

En sus albores, el rock n' roll —un término que popularizó el presentador Alan Freed a principios de los cincuenta— provocaba sobre todo problemas raciales: una música básicamente negra que gustaba a los blancos y que abría las puertas de la televisión y las radios a los jóvenes afroamericanos. Además, eso de que adolescentes de ambos sexos se contonearan juntos no gustaba a los sectores más conservadores. Pero la revolución musical pronto dejó de ser un problema: Elvis Presley volvió de Alemania domesticado, Jerry Lee Lewis firmó su sentencia de muerte al casarse con su prima menor de edad; Chuck Berry dio con sus huesos en la cárcel acusado de tráfico de menores, Little Richards cambió la guitarra por la Biblia... mientras el soso de Pat Bonne se convertía en uno de los cantantes más vendidos del momento. A finales de los cincuenta, el peligro de la música del diablo parecía conjurado.

La siguiente década fue bastante tranquila, hasta que John Lennon provocó un escándalo en 1966, en vísperas de su gira americana de The Beatles, al afirmar en el periódico británico *Evening Standard* que se habían vuelto más famoso que Jesucristo. La consecuencia fue que varios predicadores organizaron quemas de discos de los Beatles y se anunció un boicot. Así, el 11 de agosto, un día antes de su primer concierto, Lennon pidió perdón. Curiosamente, el comentario les pasó más factura que el hecho de que Charles Manson asegurase que los asesinatos de Sharon Tate (la esposa del director Roman Polanski) y otras cuatro personas habían sido inspiradas por el *White Album* y, sobre todo, la canción *Helter Skelter.* En cambio, que los Rolling Stones publicaran discos como *Their Satanic Majesties Request* (1967)

---

246 *El lado oscuro del rock.* José Luis Martín, pp. 33-34. Ma Non Troppo, 2020.

o *Goat Head Soup* (1973), con una portada de inspiración claramente ocultista, no causó el menor revuelo. El interés de la banda por el Sendero de la Mano Izquierda se debía más a la influencia de la cantante Marianne Fithfull y de la modelo Annita Pallenberg (ambas, muy versadas en temas ocultistas), que a los miembros de la banda y, una vez transitado este camino, los de Mike Jagger se dedicaron a otros menesteres.

Portada del álbum *Witchcraft Destroys Minds & Reaps Souls de* Coven, el primer grupo de la historia que merecer el calificativo de «satánico».

De entrada, tampoco molestó a los guardianes de la moral la aparición en 1969 de la banda Coven («Aquelarre»), con una estética y unas letras claramente satanistas. Su primer disco, *Witchcraft Destroys Minds & Reaps Souls* (1969), incluía como último tema una grabación de una misa negra oficiada por Anton LaVey, además de cortes como *Black sabbath* o *Pact with Lucifer*. Su puesta en escena incluía un escenario convertido en altar dedicado al demonio, gritaban «Hail Satan» en sus conciertos y fue el primer grupo en usar la mano cornuda como símbolo, algo que posteriormente Ronnie James Dio (de Black Sabbath) se apropió e hizo universalmente famoso.[247] El problema llegó de la manera más inesperada: en una foto en la cárcel, Charles Manson mostraba la carátula del disco y, ante la presión de las mentes biempensantes, la distribuidora lo retiró de la circulación. Pronto, el simbolismo satánico se convirtió en un importante elemento del rock y su vástago, el metal. Ahí estaban Black Sabbath, Alice Cooper, Venon, Mercyful Fate (liderada por el miembro de la Iglesia de Satán, King Diamond), Styx, Blue Öyster Cult, Black Widow, Ministry...

PUESTOS DEL REVÉS

El problema del rock y el satanismo fue otro de los mitos de la época. En 1959 llegó al mercado el single *Car Trouble*, un disco de los hoy olvidados The Eligibles, en el que se incluyeron dos mensajes que solo se podían escuchar si se hacía girar el vinilo en sentido contrario: «¡Y podrás devolverme a mi hija a las 10:30, vagabundo!» y «Ahora, miren, gatos, dejen de ejecutar estos registros al revés».[248] El dato no pasaría de anecdótico si no llega a ser porque otros grupos siguieron sus pasos, más como broma para sus fans a modo de *easter egg* que con alguna aviesa intención. En *Rain* (incluida en *Revolver*), The Beatles incluyeron la frase: «Sol... Lluvia... Cuando llega la lluvia, corren y esconden sus cabezas».

247 *La historia oficial y la blasfema: Black Sabbat y Coven*. Marcos de Caro. *Track to hell*. tracktohell.com/la-historia-oficial-y-la-blasfema-black-sabbath-y-coven/

248 *From the Beatles to Britney Spears, a History of Hidden Messages in Songs*. Redacción. 26/X/2023. *Messy Nessie*. messynessychic.com/2023/10/25/from-the-beatles-to-britney-spears-a-history-of-hidden-messages-in-songs/

Pero la polémica sobre los mensajes presuntamente satánicos saltó de la mano del absurdo. En septiembre de 1969, un diario universitario americano (el *Drake Times-Delphic*, de la Universidad de Drake) se hizo eco de un rumor que llevaba varios años circulando: Paul McCarney murió en un accidente de tráfico y había sido había sustituido por un *doppelganger*: el bajista canadiense William Campbell. Una de las pruebas estaba en la canción *Revolution 9* del *White Album*. Reproducida al revés, se podía escuchar —con mucha voluntad— la frase «excítame, hombre muerto». Un mes más tarde, desde la emisora de Nueva York WABC, el presentador Ruby Yonge repitió la historia. La banda, que ya había desmentido el rumor en Inglaterra, hizo lo propio en Estados Unidos: para unos fue una broma que había que continuar mientras otros se creyeron el bulo. Entre todos consiguieron que el *backmasking* se hiciera enormemente popular y proliferaron como setas los aficionados a buscar lo que no había en sus temas favoritos.

Pronto se descubrieron mensajes ocultos (generalmente inexistentes) en canciones como *Hotel California* (The Eagles), *Stairway to heaven* (Led Zepellin), *Another one Bites the Dust* (Queen), *Empty Spaces* (Pink Floyd) o en el *Highway to Hell* de AC/DC. A estos, se les atribuyó incluso la leyenda de que sus siglas respondía al acrónimo *Anti-Christ / Dead Christ* (Anticristo/Cristo muerto) —de la misma manera que otros interpretaban el nombre de KISS como *Knights on Satan Service* (Caballeros al servicio de Satán)—. Los australianos se habían visto envueltos en la polémica en 1989, después de que el asesino en serie Richard Ramírez, rebautizado como el Acosador Nocturno, fuera juzgado por el asesinato de catorce personas. Una de las firmas del asesino era dibujar símbolos satánicos en el lugar del crimen. Durante el juicio, aseguró que la canción *Highway to Hell* le inspiró para cometer sus crímenes, ya que incluía mensajes ocultos mediante *backmasking* que decían: «Mi nombre es Lucifer» o «Ella pertenece al infierno». En un alarde de sensatez, Angus Young (guitarra del combo australiano) aseguró que «no necesitas hacer sonar el disco al revés porque nunca escondemos mensajes. Hemos llamado al álbum *Highway to Hell*, el mensaje lo tenían delante de ellos».

Es difícil saber quién fue el primero en salir a la palestra para denunciar que Satán en persona estaba utilizando esta técnica para seducir a la juventud americana. El mérito se lo disputan el DJ cristiano Michael Mills (el primero en encontrar la firma del demonio en *Stairways to Heaven*) en 1981 y, un año más tarde, Paul Crouch, el periodista y fundador de la cadena ultracristiana Trinity Broadcasting Network (TBN). En realidad, el problema de los mensajes no era que no existieran sino que no tenía ningún efecto subliminal en el oyente. Venon recurrió a esta técnica en *In League with Satan* (1981) para incrustar la frase «Satanás, criado en el infierno, voy a quemar tu alma, aplastar tus huesos, te haré sangrar, sangrarás por mí», y no pasó nada.

La teoría se fue extendiendo y un grupo de treinta pastores de Carolina del Norte organizó la primera quema de discos alegando que sus autores estaban poseídos por el demonio. El bulo cobró carta de autoridad, como siempre, cuando entró la prensa. La paranoia llegó a tal punto que, en 1983, California fue pionera en proponer una ley contra el *backmasking* ya que la técnica «podía modificar nuestra conducta sin darnos cuenta y sin consentimiento y convertirnos en discípulos del Anticristo», según uno de los proponentes. En Arkansas se quedaron sin ley —pese a que había sido aprobada— cuando el gobernador Bill Clinton se negó a firmarla. La polémica tuvo como consecuencia la aparición, en 1985, del Parents Music Resource Center (PMRC), entre cuyas fundadoras figuraba Tipper Aitcheson, declarada feminista y esposa del futuro vicepresidente con Clinton, Al Gore. Uno de los mayores logros de la asociación, centrada en combatir lo que etiquetó como *porno rock*, fue la famosa etiqueta de «*Parental advisory. Explicit content*» («Aviso a los padres. Contenidos explícitos»). Además, estableció un sistema de clasificación que obligaba a el código *O* cuando hubiera canciones relacionados con el ocultismo. Violencia, alusiones a las drogas, sexo... había una letra distinta para identificar cada presunto peligro.

Pero el que mejor captó el *zeitgeist* del momento (y mejor lo supo rentabilizar) fue el evangelista Jacob Aranza con sus libros *Backward Masking Unmasked* (1983) y *More Rock, Country and Backward Masking Unmasked* (1985), obras de referencia de la cruzada contra el rock. Su principal prueba era que en *Magikc (Libro 4)*, Aleister Crowley alentaba a sus seguidores a pensar al revés e incluso escuchar así los discos. El sacerdote no se andaba con chiquitas:[249]

> Hay un renacimiento en el reino de Satanás y la música es su herramienta. ¡Joven, esa música rock es del diablo! ¡Esas guitarras ruidosas y ese ritmo selvático son del infierno! ¡Aléjate de esas cosas! El rock and roll puede ser la música de la rebelión, pero PRECAUCIÓN: el fin de la rebelión es siempre la muerte.

Aranza no estaba solo, simplemente pecaba de ingenuo: el problema era mucho mayor, como explicaba el fundamentalista Jeff Godwin en *The devil's disciples* (1986). Según le había contado una tal Elaine —que solo existía en su imaginación—, el rock n'roll era un plan cuidadosamente diseñado por Satán y consistía en infiltrarse en las grabaciones «con el propósito específico de colocar bendiciones satánicas sobre la música rock grabada».[250]

El primer intento de sentar el rock en el banquillo por sus mensajes (ocultos o no, al derecho o al revés) tuvo lugar en 1984, cuando los padres de John McCollum demandaron a Ozzy Osbourne por haber inducido a su hijo a quitarse la vida con la canción *Suicide Solution*, incluida en el álbum *Blizzard of Ozz*.[251] El tema, en realidad, alertaba de los peligros del alcohol y las drogas (que el difunto consumía en

---

249 *More Rock, country and backward masking unmasked.* Jacob Aranza, pp. 19-20. Huntington House, 1985.

250 *The devil's disciples.* Jeff Godwin, pp. 343-344. Chick Publications, 1985.

251 *Ozzy Osbourne exonerated in fan death lawsuit.* John Wederhorn. *Loudwire,* 7/VIII/2023. loudwire.com/ozzy-osbourne-exonerated-suicide-solution-fan-death-lawsuit-anniversary/

exceso), dato que el juez ni siquiera tuvo en cuenta, ya que rechazó el caso alegando que la Primera Enmienda protegía al músico a la hora de componer los temas que quisiera.

La cuestión no llegó a mayores, pero la resolución planeó en el caso de dos jóvenes, Raymond Belknap y James Vance, que, el 23 de diciembre de 1985, se pegaron un tiro tras una fiesta llena de excesos y en la que escucharon repetidamente el disco de Judas Priest *Stained Class*.[252] Parecía que el caso no llegaría a juicio, ya que ambos tenían antecedentes penales y de fracaso escolar, y uno de ellos (Belknap), intentos previos por acabar con su vida. Pero Vance sobrevivió hasta 1988, y antes de morir aseguró que «el alcohol y la música heavy metal, como Judas Priest, nos impulsó e hipnotizó a creer que la respuesta a la vida era la muerte». Cinco años más tarde, el líder de la banda británica, Rob Halford, se sentaba ante un tribunal para defenderse en un juicio en el que la familia del joven le exigía 6,5 millones de euros. Durante el proceso, el abogado Ken McKenna intentó demostrar que, al escucharlas al revés, en la canción *Better than you, better than me* se podía escuchar «hazlo» y «muramos», que en *White Head, Red Hot* habían incrustado el mensaje «Que se joda el señor, que os jodan a todos», y que en *Beyond the Realms of Death* sonaba «Intento de suicidio». Las vistas, que se prolongaron seis semanas, fueron un pequeño circo, con las partes argumentando sobre si la libertad de expresión (la Primera Enmienda) protegía los mensajes ocultos, si estos tenían capacidad de modificar la conducta, y con Halford cantando *Better than you...* a capella.[253] En su defensa, el cantante alegó que, de haber incluido algún mensaje, sería el de «compren más discos», ya que matar a sus fans no era una buena estrategia

---

252 *Judas Priest's Subliminal Message Trial: Rob Halford Looks Back*. Kory Grow. Rolling Stone. 24/VIII/2015. rollingstone.com/music/music-features/judas-priests-subliminal-message-trial-rob-halford-looks-back-57552/

253 *Scientific consensus and expert testimony: lessons from the Judas Priest trial*. Timothy E. Moore. Skeptical Inquirer. Vol 20. Nº6. Noviembre / diciembre, 1996. skepticalinquirer.org/1996/11/scientific-consensus-and-expert-testimony-lessons-from-the-judas-priest-trial/

comercial. La banda fue absuelta, pero el juez consideró que los mensajes sí existían, aunque exculpaba al grupo de haberlos puesto intencionadamente, y precisó que estos no estaban protegidos por la Constitución.

Rob Halford, cantante de Judas Priest, declarando en el juicio por la muerte de Raymond Belknap y James Vance.

El *backmasking* tuvo su momento, pero el argumento era tan ridículo que muchos artistas empezaron a tomarse el tema a coña. Gene Simmons (KISS) y Ozzy Osbourne aceptaron cameos en la comedia de terror *Muerte a 33 Revoluciones por Minuto* (Charles Martin Smith, 1986), sobre un joven que tras escuchar al revés el disco de su músico favorito, muerto en extrañas circunstancias, intenta vengarle. Algunas bandas escondieron mensajes humorísticos en sus canciones, como B-52's en *Detour thru your Mind* (1986), en el que insertaron la frase «he enterrado al periquito en el jardín trasero. Oh no, estás reproduciendo el disco al revés. Cuidado, te puedes cargar la aguja». Por su parte, Styx advertía en la contraportada de *Kilroy was here* que «por orden de la Mayoría por la Moralidad en la música, este álbum contiene mensajes secretos inversos». El tema elegido para propagarlo era *Heavy Metal Poisoning*, en el que un predicador alertaba a su grey sobre los peligros del rock. Pero el más curioso es el de Petra, pioneros del rock cristiano, que en *Judas Kiss* (1982) añadieron la frase: «¿Qué haces buscando al diablo cuando deberías estar buscando al Señor?». Deep Purple, Def Leppard, Dio, Electric Light Orchestra, Fran Zappa, Iron Maiden... muchos son los grupos que se sumaron a una broma que todavía hoy se practica.

Al final, la moda del satanismo y el rock, que no fue más el enésimo enfrentamiento intergeneracional, que como vino se fue. El sistema de clasificación del *Parent advisory*, que aún se usa y se ha reformado tres veces, fracasó: cada año se publican en EEUU más de un millón de canciones (lo que hace imposible revisarlas todas) y el hecho de que un solo tema condenara a todo el álbum tampoco acabó de gustar a la industria.[254] En las grandes cadenas (tipo Walmart) se negaron a vender discos con esta etiqueta; en las tiendas más pequeñas, solo a los menores de 18 años. Pero no solo no afectó a las ventas, sino que en otros casos sirvió para aumentarlas. En el caso del Hip Hop, un disco sin la etiqueta estaba condenado a desaparecer.[255] Con Spotify, la clasificación ha perdido todo su potencial.

Además, el rock cristiano, que empezó a despuntar en los sesenta, se convirtió en una poderosa industria siguiendo la máxima de Larry Norma, pionero del movimiento, y su canción *Why Should the Devil Have All the Good Music?* (1969). La puesta en marcha de los Dove Awards en 1968, la conversión de Bob Dylan al cristianismo a finales de los setenta, la creación de una categoría específico en los Grammy o el éxito de bandas como Stryper desde los ochenta, ha servido para consolidar una industria paralela (y millonaria) que ha

---

254 «Parental Advisory' Labels - The criteria and the history». Tom Cole. *The Record*. 29/XI/2010. npr.org/sections/therecord/2010/10/29/130905176/you-ask-we-answer-parental-advisory---why-when-how

255 *Lookingintomusic'sparentaladvisorywarning*.SadieOuzts.*Iconic*.4/IV/2023.blog. iconicmoments.co/posts/looking-into-musics-parental-advisory-warning

quitado algo de su estigma diabólico al rock o al menos, ha conseguido que los fundamentalistas hayan dejado al resto tranquilos.

Por supuesto, de vez en cuando la cuestión ha vuelto a salir a la palestra. Marilyn Manson, renovador del *Shock rock* y miembro de la Iglesia de Satán (es sacerdote honorífico y conoció a LaVey en persona), logró su primer gran éxito en 1996 con *Antichrist Superstar*, y los ataques de los fundamentalistas solo consiguieron hacerle más famoso. Las recientes acusaciones de violar a una decena de mujeres (entre ellas, una menor) le han obligado a retirarse del mundo de la música.

Twin Temple, el dúo formado por los satanistas
Alexandra y Zachary James, en uno de sus directos.

Aunque es imposible separa la imaginería diabólica del rock y el heavy metal, pocas novedades dignas de mención se han producido en los últimos años. La única excepción es Twin Temple, la banda formada en 2019 por el matrimonio Alexandra y Zachary James. El combo se enfrentó a una campaña de acoso cuando el periodista conspiranoico americano varias veces condenado, Alex Jones, los señaló como diabólicos (recibieron incluso amenazas de muerte) y pronto llegaron las acusaciones de que utilizaban sangre de bebés abortados en sus espectáculos. Twin Temple puede considerarse la banda sonora del nuevo satanismo. La calidad de su música inspirada en los cincuenta, el compromiso de sus letras y el sentido del humor son lo mejor que la ha pasado al maligno en décadas. Temas como *I am a Witch, Satan's Woman, Be a Slut* o *Burn your Bible* son auténticas declaraciones de principios de su satanismo ateo, progresista y social. El dúo ha confirmado que el diablo, como dicen los ingleses, siempre tiene las mejores melodías.

Bienvenidos a Satanlandia

Satanito de mi vida,
eres heavy como yo,
por esto te hago esta ofrenda
y te traigo un corazón.

Supersatán. GIGATRÓN

Los pánicos morales, concepto acuñado por el sociólogo Stanley Cohen,[256] son fenómenos que surgen cuando una comunidad teme que sus valores estén siendo puestos en peligro por un colectivo concreto (generalmente poco numeroso y desconocido), y se caracteriza por la exageración, falta de pruebas reales y su carácter efímero. Hasta los años ochenta, los guardianes de las esencias habían encadenado olas de miedo irracional contra el cine, los comunistas, los homosexuales, la música, los cómics o las sectas... y todas, como empezaron, pasaron. Con la llegada al poder de Ronald Reagan, la llamada «minoría silenciosa» que había apoyado a Nixon en la década anterior se convirtió en la Nueva Derecha Religiosa, con gran ascendencia política... y Satán aprovechó para reivindicarse.

---

256 *Folk devils and moral panics*. Stanley Cohen, pp. 16-17. Routledge Classics, 2002.

Desde finales de los sesenta el país sufría una transformación profunda (la liberación de la mujer, la normalización de la homosexualidad, el aumento del divorcio, las nuevas religiosidades, la lucha por los derechos civiles...) que amenazaban la idea de la familia basada en un padre trabajador, una madre abnegada y los domingos, iglesia. Pero como lo complejo era intentar explicar las causas profundas de esta transformación, reapareció el maligno en forma de chivo expiatorio. Así, de repente, el problema del país era que había más redes de satanistas que satanistas propiamente dichos. El llamado pánico satánico de los ochenta fue un invento de los sectores más conservadores del país, de los medios de comunicación, del auge de teorías psicológicas de dudosa base científica.

El caldo de cultivo del resurgimiento de Satán como enemigo público número uno venía fraguándose desde los años sesenta.[257] El Código Hays empezó a erosionarse, el cine de terror volvía a las salas en forma de serie B. Lo oculto, como producto de consumo, estaba al alcance de cualquiera. Los niños podían desayunar sus cereales Count Chocula viendo *La Familia Addams* (1964-1966), *La Familia Monster* (1964-1966) o *Scooby Doo* (1969-1971). De la mano de Disney, llegaban películas como *The strange monster of Strawberry Cove* (1971), *Mystery in Dracula's castle* (1973) o *Escape to witch mountain* (1975). Por lo que respecta a los cómics, las dos principales compañías (Marvel y DC) se sumaron a la moda con títulos como *The house of secrets* (1966-1978), *The tower of mystery* (1968-1971), *Chambers of darness* (1969-1974) o *The tomb of Dracula* (1972-1979), dirigidos a un público más joven del que leía *Creepy* (1964-1983), *Eerie* (1966–1983) o *Vampirella* (1969-1983), de Warren Publishing. En 1967, la Parker Bros. compró a Fuld Company los derechos de la Ouija y la convirtió en juguete y, cuatro años más tarde, USA Games publicó, por primera vez en EEUU, el mítico tarot

---

257 *How the occult haunted music, movies and pop culture, 1966-1980*. George Case, p. 155. Quiller Drive Books, 2016.

Raider Waite.[258] Fue también la época en que se empieza a reivindicar a H.P. Lovecraft como autor, lo que se tradujo en una generación de escritores prestos a seguir sus pasos, como Stephen King, que publicó su primer gran éxito, *Carrie*, en 1974. En el cine, el éxito de *La semilla del diablo* demostró que el terror también podía ser muy rentable en taquilla y gozar de buena crítica. Era la época de la Iglesia de Satán o la Wicca —creada en Inglaterra por Gerald Gardner en 1954—, que se extendían por el país. Y, por supuesto, con el rock y el heavy metal como banda sonora.

EL TRIUNFO DE LA LITERATURA FANTÁSTICA

La creencia de que Estados Unidos estaba llena de grupos satánicos fue, en parte, herencia del pánico antisectas de los setenta que, cuando empezó a disiparse, buscó un nuevo enemigo para mantener viva la amenaza. Pero el pánico satánico de los ochenta no hubiera existido si alguien no se hubiera encargado de abonar el terreno.

Pionero en estas lides fue el humorista y cristiano evangelista —es difícil saber dónde empezaba uno y acababa el otro— Mike Warnke, autor de *The Satan seller* (1972). Según su testimonio, la suya fue una adolescencia marcada por su afición al sexo y a las drogas (llegó a ser un importante traficante) hasta que un día entendió el sentido de todo aquello: era la trampa que le había puesto el maligno para que acabara ingresando en una secta satánica dirigida por los Illumnati. No era mal trabajo: tenía a su servicio dos apartamentos pagados, un Lincoln Continental negro con chófer, toda la ropa y joyas que pudiera ponerse, y gastos pagados para recorrer Estados Unidos difundiendo su fe. Otras ventajas del cargo eran las drogas gratis y una orgía de

---

258 *The deck of cards that made tarot a global phenomenon.* Laura June Topolsky. *Atlas Oscura.* 10/VII/2015. atlasobscura.com/articles/the-deck-of-cards-that-made-tarot-a-global-phenomenon

vez en cuando, en la que no faltaban violaciones de alguna ingenua a la que había conseguido captar. En menos de un mes fue elevado a Sumo Sacerdote y, en apenas un año y, entre bacanales y misas negras, ya había captado a 1.500 miembros antes de ser expulsado. Entretanto, le dio tiempo para conocer en persona a Charles Manson, a Anton LaVey, y asistir al concierto de los Rolling Stones en Altamont (donde un joven murió asesinado por un Ángel del Infierno que formaba parte del equipo de seguridad de la banda). Luego se alistó en el ejército y, tras servir en Vietnam, inició una nueva vida utilizando su ejemplo para alertar a la juventud del peligro al que se exponían.

El libro, que vendió varios millones de copias, no solo era todo mentira,[259] sino que nació como un producto comercial para aprovechar el *boom* de la literatura evangélica. El primer gran éxito había sido *The late great planet Earth* (1970), en el que Hal Lindsey anunciaba la inminente llegada del Anticristo. Tras la buena acogida comercial, el editor Dan Malachuk y su compañía Logos se apuntaron un segundo tanto con *Run baby run*, de Nick Cruz, que despachó cerca de ocho millones de copias con la biografía real de un joven puertorriqueño nacido en el seno de una familia de espiritistas, convertido en gángster y que logró redimirse cuando reconoció a Jesús como su salvador. Títulos como estos fueron los que convencieron al editor evangélico Morris Cerullo para encargar a Warnke (y a David Balsiger) *The Satan seller*. Cerullo no fue solo un visionario al ver el filón, sino una de las figuras más pintorescas del mundillo, un tipo que recorría Estados Unidos a bordo de su *witchmovil* («brujamovil») cargado con un pequeño museo de memorabilia relacionada con el satanismo.[260] El *revival* por lo oculto recorría toda la sociedad. Los libros sobre satanistas que volvían al redil de

---

259 *Selling Satan: The tragic history of Mike Warnke*. Tom Trott y Mike Hertenstein. *Cornerstone*. Julio /Agosto 1991. cornerstonemag.com/features/iss098/sellingsatan.htm

260 «A "Witchmobile" warns of the occult». Redacción. N*ew York Times*. 6/ VIII/1972 Pag. 22

la religión empezaron a proliferar como setas, con un éxito que iba más allá del habitual público evangélico. Así, Warnke se convirtió en un experto de referencia sobre el tema que lo mismo era entrevistado en el show de Johnny Carson que daba un curso para policías.

El humorista utracristiano Mike Warner, autor de
la falsa biografía *The Satan Seller* (1972).

Pero el libro que más éxito cosechó, y más contribuyó al pánico satánico, fue *Michelle Remembers* (1980), de Lawrence Pazder y Michelle Smith. La historia aportaba pocas novedades, otro testimonio de una víctima de una secta satánica: la Michelle del título había sido sometida a todo tipo de abusos antes de escapar. Tras una ceremonia que se prolongó días, el mismo Satán —que hablaba en verso— se manifestó. Pero la intervención de la Virgen María (hablando en francés), Jesús y el arcángel San Gabriel consiguieron salvar a Michelle. En el fondo, la obra era el resultado de una mujer enamorada de su psiquiatra, un manipulador ávido de fama, capaz de influir en su paciente para obtener de ella lo que quería escuchar. Pero en esta *folie a deux* ella también tuvo parte de culpa. Un dato que refleja su catadura moral es que culpó a su madre de entregarla a la secta, pese a que se encargó de ella y sus hermanas, mientras sufría constantes palizas de su marido, alcohólico y con problemas de juego.

Michelle Smith y Lawrence Pazder, autores de *Michelle Remembers*, en un programa de televisión.

Los hechos descritos en el libro (no) sucedieron entre 1954 y 1955 en Victoria (Canadá), cuando Michelle acudió a la consulta del psiquiatra Lawrence Pazder para superar la pérdida de un hijo que esperaba. Ambos católicos practicantes y devotos de la familia, no tardaron en convertirse en amantes. En el curso de la terapia el médico sometió a su paciente a cerca de seiscientas horas de hipnosis regresiva en las que fue reconstruyendo el verdadero mal que le afligía: a los cinco años, su madre la había entregado a una secta satánica liderada por un tal Malachi, que un día la violaba; otro, la sometía a un enema y el siguiente, le hacía presenciar una misa negra en la que se sacrificaba un gato negro o a un recién nacido usando su cuerpo como altar.

Que fuera la propia familia la primera en desmentir las afirmaciones de Michelle no tuvo el menor efecto: el libro alcanzó ventas millonarias y se tradujo a más de veinte idiomas, mientras ella se convertía en la *paciente cero* del pánico satánico (según la expresión de la investigadora Sarah Marshall).[261] Pazder, padre del concepto de Abuso Ritual Satánico, pasó a engrosar la lista de expertos en materia de satanismo para la prensa, las fuerzas de seguridad, trabajadores sociales o incluso la Asociación Americana de Psiquiatría. La importancia para lo que estaba por venir fue doble: dio una base pretendidamente científica a la caza de brujas que estaba a punto de comenzar[262] y puso a los niños en el centro de la historia, en la que memoria recobrada sería el comodín que permitía a cualquiera con ganas de casito convertirse en una posible víctima. El presunto abuso podía aflorar años después de haber sucedido (independientemente de si era real) y, dado que el cerebro se había encargado de enterrarlo, quien quisiera, en cualquier momento, podía reclamar el papel de afectado. Para los psiquiatras, terapeutas varios, trabajadores sociales y demás expertos del gremio, el concepto de *memoria recobrada*[263] fue como ganar la lotería sin haber jugado.

Lo que se desató durante la década de ochenta sólo puede calificarse de caza de brujas en la que, a diferencia de lo ocurrido siglos atrás, hubo tantas mujeres entre las culpables como entre las víctimas (entre el 40% y el 50% del total). Un error común es atribuirle toda la culpa a la derecha más conservadora, cuando no faltaron voces a la izquierda y, sobre todo, dentro del movimiento feminista que abrazó la causa como un *spin off* de su lucha contra la pornografía. Por ejemplo, la cantante Joan Baez —que hoy va por la vida acusando sin pruebas a su padre de haber abusado de

261 *Satan wants you*. Steve J. Adams, Sean Horlo. Game Theory Films, 2023.

262 «Michelle misremembers: How a psychiatrist and his patient created the blueprint for Satanic Ritual Abuse». JD Sword. *The Skeptic Magazine*. 13/XII/2023. skepticalinquirer.org/exclusive/michelle-misremembers-how-a-psychiatrist-and-his-patient-created-the-blueprint-for-satanic-ritual-abuse/

263 *The myth of repressed memory and the realities of science*. Elizabeth Loftus. *Clinical sychology: Science and Practice*, Vol. 3 nº 4. E. F., 1996.

ella[264]— grabó *Play me Backwards* (1992), una canción sobre una niña cristiana violada por un mexicano durante un ritual satánico. Gloria Steinem, la feminista más importante del momento, se implicó personalmente en la lucha contra los abusos satánicos, y se enfrentó a todo aquel que pretendiera negarlos.[265]

BIENVENIDO A SATANLANDIA

Aunque se suele citar el caso McMartin como el inicio del Pánico Satánico de los ochenta, lo cierto es que hubo varios precedentes, aunque sus características lo convirtieron en el más famoso de todos. Los hechos empezaron el 15 de marzo de 1983, cuando Judy Johnson, tras intentar sin éxito que su hijo de dos años y medio fuera admitido en la guardería McMartin, decidió dejarlo en la puerta con una nota en la fiambrera rogando que se lo quedaran. La directora y fundadora del centro, Virginia McMartin, accedió a la petición de esa madre recién divorciada que no podía hacerse cargo del chico mientras trabajaba. Meses después, en junio, Johnson apreció unas manchas rojas en el ano de su hijo y, pensando que podría tener alguna enfermedad, lo llevó al médico, quien concluyó que al niño no le pasaba nada. En agosto, empezó a sospechar que su hijo había sido sodomizado por uno de los profesores del centro (Ray Buckey, nieto de Virginia) y se puso en contacto con la policía de Manhattan Beach.

El 8 de septiembre, la policía mandó una carta a unos doscientos padres cuyos hijos eran o habían sido alumnos del centro anunciándoles que habían detenido a Ray y les informaba que la lista de posibles delitos incluía «sexo oral,

---

264 «Joan Baez revela lo que nadie sabía sobre su vida: "Fue devastador contarlo, pero ahora estoy en paz"». Carlos Marcos. *El País*. 14/IV/2024. elpais.com/cultura/2024-04-14/joan-baez-revela-lo-que-nadie-sabia-sobre-su-vida-fue-devastador-contarlo-pero-ahora-estoy-en-paz.html

265 «When psychiatry battled the devil». Richard Noll. 6/XII/2013. *Psychiatric Times*.

tocamientos en los genitales, nalgas o pecho y sodomía». No descartaban incluso que se hubieran tomado fotos de los abusos. El plazo para informar a las autoridades caducaba en una semana. Las pruebas contra el detenido, en ese momento, eran inexistentes, y lo único que tenían era el testimonio de una mujer angustiada por su situación personal, a la que pronto se le diagnosticaría una paranoia esquizofrénica aguda, y que tres años más tarde moriría a causa de su alcoholismo. La misiva pedía a los padres máxima confidencialidad, ruego que se cumplió: la primera noticia sobre el caso no se publicó hasta del 2 de febrero del año siguiente en la cadena de televisión local KABC. El caso más largo y mediático de la historia de Estados Unidos —también uno de los más caros— acababa de comenzar.

Entrada a la guardería McMartin, el Kilómetro
Cero del pánico satánico de los ochenta.

En el fondo, en el caso McMartin llovía sobre mojado. Durante años la prensa había alimentado el mito de que cada año desaparecían cientos de miles de niños de los hogares norteamericanos. El tabú de los abusos sexuales a menores se había roto hacía tiempo. En 1962, el médico C. Henry Kempe describió en el prestigioso *Journal of the American Medical Association* (JAMA) el Síndrome del Niño

Apaleado, que demostraba que muchos de los llamados accidentes caseros que sufrían los menores ocultaban malos tratos con consecuencias que incluían la muerte. La infancia había dejado de ser esa arcadia feliz para convertirse en una potencial pesadilla. Por otra parte, que un pederasta aprovechara su condición de profesor para abusar de sus alumnos no era nada inusual; que existieran redes organizadas para cometer abusos, caía dentro de lo posible. Y en Kern County (California), un año antes del caso McMartin, la pesadilla se había hecho realidad.

BAKERSFIELD, ENGRASANDO LA MAQUINARIA

Lo que se conoce como el caso del condado de Kern County es, en realidad, la suma de ocho investigaciones sobre la posible existencia de varias redes de pederastia a las que se intentó dar coherencia agrupándolas bajo el paraguas una inexistente Iglesia Satánica. La etiqueta era tan enrevesada que se confundió con la Iglesia de Satán de Anton LaVey, la cual acudió a los tribunales y tuvo que ser indemnizada.

La chispa que desató el incendio saltó en enero de 1980, en la pequeña localidad de Bakersfield (California) cuando Gene Barbour llamó a la policía para denunciar que su mujer, Mary Ann, había intentado asesinarlo. Cuando llegó el sheriff, la mujer insistía en que su nieta Bobbie había sido acosada sexualmente por un hombre y que, por denunciarlo, ahora todo el mundo quería matarla. Los siguientes seis días los pasó ingresada en un hospital psiquiátrico. Mary Ann llevaba más de tres años revisando los genitales de las nietas de su actual pareja (Bobbie y Darla), pues sospechaba que Rod Phelps, el entonces marido de la primera mujer de su esposo, abusaba de ellas. Su temor tenía un origen cierto: la primera hija de Gene, con doce años, decidió irse a vivir con él, ya que decía que su padrastro le acosaba.

La historia, con tintes de culebrón, no pasó a mayores hasta que Ann Mary logró contactar con la trabajadora social Velda

Murillo, con amplia experiencia en abuso sexual infantil (fue la primera en usar muñecos con genitales para ganarse la confianza de los pequeños), y con una activista local por los derechos de los menores que colaboraba con las autoridades locales, Jill Haddad. Pronto se les unió Carol Darling, también trabajadora social y esposa de Brad, responsable de la Unidad de Abusos Sexuales del sheriff local. Una vez la denunciante, la activista, los servicios sociales y la policía se convirtieron *de facto* en una sola entidad, la tragedia estaba servida: los acusados no podían luchar contra todos esos frentes unidos en uno solo, el sistema al que se enfrentaban era una auténtica apisonadora.[266]

En octubre de 1981, Mary Ann repitió sus denuncias contra Rod y empezó a añadir nuevos culpables: los padres de las niñas —los hijos de su marido con su primera esposa— permitían los abusos. Además, la madre de las chicas (Debbie) regentaba un centro infantil, así que podría haber más afectados. Y así fue: Alvin McCuan, marido de Debbie, fue el siguiente en ser investigado mientras las supuestas víctimas eran internadas en un centro de menores. La maquinaria para crear un caso de la nada empezaba a funcionar. Cuando dos amigos de los acusados, Scott Kniffen y su mujer Brenda, se comprometieron a declarar en favor de ellos, las niñas recordaron oportunamente que ellos también las habían violado y fueron detenidos en cuestión de horas. La siguiente en engrosar la lista de arrestados fue Debbie, la madre de Bobbie y Darla. Poco más tarde, Mary Ann —tras lo que pudo ser otro brote psicótico— aseguró que las niñas le habían hablado de orgías en las que participaban dos tíos de las niñas (Larry y Tommy McCuan), que además habían puesto a sus dos hijas al servicio de la red. Más tarde añadió los nombres de Palko y su novio: nuevas detenciones y más niños bajo custodia de los servicios sociales.

---

266 *Satan's Silence: Ritual Abuse and the making of a modern american witch hunt.* Debbie Nathan y Michael Snedeker, p. 162. Basic Books, 1996.

Con las vistas preliminares del juicio (para determinar los cargos) surgieron los primeros problemas. Bobbie empezó a negar los abusos y a acusar a Mary Ann de haberle obligado a mentir. Byron, el hijo de los Kniffen, confesó a su abuela Corene Oliver las presiones para contar una historia que no era cierta. Para evitar problemas, se le impidió declarar, pero se abrieron cargos contra la anciana por manipulación de testigos y perjurio. Pero lo peor llegó cuando le tocó declarar a Mary Ann Barbour y fue incapaz de recordar muchas de las acusaciones que había hecho. Pese a todo, el caso llegó a juicio y, en mayo de 1984, se dictó la sentencia: los McCuans y los Kniffers fueron condenados, cada uno, a 240 años de cárcel —la sentencia más dura de la historia de California— por, según el juez Marvin Ferguson, «haber robado a los niños el más valioso de sus dones: la inocencia».

Más suerte tuvieron Betty Palko y su novio. Durante su juicio preliminar consiguieron obtener el expediente médico de Ann Barbour y demostrar que sus denuncias coincidían en el tiempo con sus presuntos brotes esquizofrénicos (documentación que se le negó a los implicados en el otro juicio). El fiscal del distrito, Ed Jagels (que supervisaba todos los casos), ofreció un pacto: no presentaría cargos si los informes permanecían secretos y se destruían. Los acusados aceptaron y no hubo juicio.

Pocos meses después, el mismo equipo que había conseguido las condenas de los McCuans y los Kniffers — Brad Darling, Carlon Darling y el fiscal Jagels— se apuntó un nuevo tanto en el llamado caso de los Pitts (en honor a los principales acusados, el matrimonio formado por Rick y Marcela «Tootie» Pitts) y en el que siete personas más fueron condenadas por cuatrocientos delitos a unas penas que oscilaban entre los 273 y 405 años.

El engranaje para fabricar culpables funcionaba a pleno rendimiento. Ya no solo se trataba de manipular a los niños (la primera medida era internarlos en centros de acogida y alejarlos de los padres), sino que empezaron a crear falsos testigos presenciales a cambio de no incluirlos en la lista de sospechosos. En el caso Pitts, los menores hablaban de no menos de catorce adultos y trece niños que celebraban regularmente orgías en un dormitorio, una especie de camarote de los Marx, de apenas 3,36 metros cuadrados. Allí eran obligados a esnifar rayas de cocaína de veinte centímetros y beber güisqui y cerveza mientras los sodomizaban, los colgaban de la pared y les inyectaban algo con jeringuillas. Uno de los acusados alegó que llevaba tatuado en el pene «*Fuck this*»,[267] y ninguna de las víctimas lo había descrito pese a que, presuntamente, les había obligado a realizarle varias felaciones. No le sirvió de nada. A otro, una transexual que había transicionado a hombre, se le amenazó con hacer público su secreto, y a una de las mujeres se la llegó a condenar por sodomizar a un niño sin que nadie consiguiera aclarar cómo. El juez aseguró que decidió dictar sentencias tan duras tras ver las fotos de las orgías y el maltrato al que se había sometido a los niños, pero esas imágenes nunca existieron.

SATANÁS SALE AL RESCATE

En total, la cifra de redes pedófilas sometidas a pesquisas (entre casos cerrados y abiertos) en el condado alcanzaba ya la cifra de ocho. De vez en cuando, alguno de los testigos incluía en la lista de abusadores a un miembro del equipo investigador, pero las declaraciones iban directas al cubo de la basura, pese a que años atrás un entrenador de la oficina del sheriff había sido condenado por abusos infantiles (y habían intentado encubrirlo). Dado que varios de los grupos sospechosos actuaban en zonas próximas, el siguiente paso del fiscal del distrito fue ordenar a su equipo que intentara unirlos a todos en un solo caso. En enero de 1985, en Shalimar (el centro de acogida al que eran enviados los niños tutelados), la trabajadora social Carolyn Heim empezó a escuchar de boca de algunos menores que habían sido

---

267 D. Nathan y M. Snedeker, p. 97.

sometidos a rituales satánicos. Al equipo del sheriff le faltó tiempo para confeccionar una lista con nuevos candidatos a ser detenidos.

Sin embargo, alguien del equipo del fiscal decidió que esos datos sería mejor ocultarlos por temor a la reacción de la prensa. Dada la impunidad con la que contaban todos los implicados, improvisaron un plan: se creó una carpeta con un nombre falso en el que se incluirían todas esas acusaciones sobre ritos satánicos, independientemente del caso de que se tratara. En pocas semanas, el archivo incluía los nombres de 77 adultos y 60 jóvenes. Una de las ventajas de la carpeta es que no hacía falta comunicar su existencia a las defensas ni a los jueces ya que, teóricamente, era una investigación en curso. Ese nuevo caso recibiría el nombre de la Iglesia Satánica.

Cuando se conoció la existencia de la carpeta, la prensa reaccionó por primera vez con escepticismo y empezó a hacer su trabajo: descubrió que tres de los asesinados por los presuntos satanistas estaban vivos y que un cuarto había fallecido de muerte natural. Además, se filtró que Carolyn Heim había hipnotizado a varios de los pequeños, precisamente los que había habían sido testigos de sacrificios de recién nacidos y de animales en misas negras.

Entre 1984 y 1985 empezaron a salir nuevos casos de abusos satánicos en Nueva York, Niles (Michigan), Spencer Township (Ohio), Sacramento y Fort Bragg (California), Maiden y Pittsfield (Massachusetts), West Point (New York), Maplewood (New Jersey), Clarkesville (Maryland)… la epidemia estaba alcanzando proporciones nacionales. En 1987 había más de cien investigaciones abiertas en todo el país. El problema ya no era el fiscal general de Kern, sino que la industria del satanismo se había instalado en los niveles más altos. Pazder, el coautor de *Michelle remebers*, llegó a dar cursos de formación al FBI. Las asociaciones para luchar contra esta lacra proliferaron al mismo ritmo que el gobierno abría el grifo de las ayudas para estudiarla, y una conclusión se repetía: faltan fondos, todo lo que sea velar por los niños no era gasto sino inversión.

Cuando las grandes cadenas de televisión invitaban a un experto, se aseguraban que fuera uno que confirmara todas las sospechas. Lo contrario hubiera perjudicado a la audiencia y, quién sabe si alimentado la sospecha de estar del lado de los pederastas. Y esa atención mediática aumentaba la exposición de los más pequeños a otros casos, de ahí que los relatos en cualquier punto de país fueran muy similares. Si los casos eran tan parecidos, lo lógico era pensar que existiera un patrón común. Además, ¿no decían los que sabían que si un niño negaba los abusos podría estar bajo la influencia de los satanistas o reprimiendo sus recuerdos? Que lo admitieran o no, era lo de menos. Había que creer a los niños, sí, aunque no hubiera pruebas, ya que la ausencia de pruebas demostraba que los satanistas eran suficientemente listos como para hacerlas desaparecer. Las negaciones eran sospechosas hasta que se convertían en afirmaciones. El público podía asumir que algún caso fuera falso, ¿pero todos? Eran muchas pescadillas comiéndose la cola como para dudar.

MCMARTIN SUMA Y SIGUE

Pero mientras la amenaza se extendía por el país (y alcanzaba a Gran Bretaña, Francia, Italia, Australia...), un caso seguía siendo la referencia en todo el país: el McMartin. A diferencia de otros que se habían resuelto muy rápidamente —a veces en menos de un año—, el de los McMartin iba muy lento. El Children Institute International, al que se derivaban los niños, era una de las partes que no tenía prisa: cobraba 445 dólares por sesión, y por sus instalaciones pasaron más de 400 posibles víctimas. Otro problema era que sus responsables —Bruce Woodling y Astrid Heger— no solo habían asumido todas las teorías pseudocientíficas de la época, sino que habían añadido algunas de su cosecha, como que cuando se acercaba un objeto al ano o vagina de un paciente, si este hacía un movimiento involuntario de contraerse (un *guiño*, según su terminología), demostraba que había habido penetración. Pero, además, sus informes no tenían nada de independientes: no solo asesoraban a la oficina del sheriff, sino que su planteamiento era que las exploraciones debían hacerse pensando que habría que defenderlas en un estrado. En sus más de 400 exploraciones solo encontraron 41 posibles víctimas, de las que apenas trece eran aptas para declarar en la vista preliminar. Dado que algunos testigos afirmaban haber visto a Ray volar o descrito mazmorras subterráneas en una guardería que no disponía ni de sótano, la fiscalía no quería problemas y no los llamó al estrado.

Si era difícil conseguir un testimonio sólido, más lo era lograr pruebas: una asociación de padres llegó a ofrecer 10.000 dólares al que presentara alguna que demostrara que los abusos se grababan y se vendían como pornografía,[268] algo que ni el FBI podía confirmar. Nadie los reclamó. Lawrence Pazder y Michelle Smith acudieron a la localidad a asesorar a los padres (y vender libros), y el psiquiatra les confirmó que aquello era «satanismo ortodoxo».

En enero de 1986 se conoció la decisión del tribunal, que fue la primera victoria de las víctimas. El juez decidió juzgar a los siete acusados por un total de 135 delitos, pero unos días más tarde la fiscal del distrito, Ira Reiner —mano derecha de Jagels—, tomó una decisión sorprendente: retiró todos los cargos contra cinco de los acusados, y aunque los mantenía contra Peggy McMartin, le permitió salir bajo fianza. Tras dos años de investigación, sólo su hijo Ray permanecía en prisión. Al bandazo de la acusación se sumaron algunos detalles que rozaban lo surrealista: pidió que el actor Clubber Lang, el famoso Mr. T de *El equipo A*, estuviera presente en el juicio para que los niños se sintieran arropados, o rechazó que Chuck Norris y su esposa —a los que un menor aseguraba haber visto en una de las orgías— fueran imputados.[269]

---

268 *We believe the children. A moral panic in the 1980s*. Richard Beck, p. 96. Public Affairs,2015.

269 *Ibid*, p. 106-107.

El juicio comenzó el 13 de julio de 1987 y las pruebas eran tan endebles que la acusación subió al estrado a George Freeman, un delincuente con un amplio historial, quien aseguró que Ray le había confesado los crímenes en prisión. La apuesta salió mal: no era la primera vez que declaraba algo así. Ya lo había hecho en otros juicios a cambio de reducciones de condena, por lo que hubo que garantizarle inmunidad frente a varios casos de perjurio que tenía pendientes. Un mes más tarde fue detenido intentando huir de Estados Unidos. Su testimonio quedó en nada. El fiscal general intentaba sacar petróleo de lo poco que le quedaba, y durante más de una semana se proyectaron imágenes de anos y vaginas de los niños, sobre los que los expertos diferían en la interpretación; unos veían pruebas de abuso y otros nada. Las sesiones se alargaron tanto que los testigos, aburridos, las acabaron bautizando como «La Semana de Concienciación del Ojete».[270] El 18 de enero de 1990 se leyeron las sentencias. Tras haber gastado 15 millones de dólares y un juicio de seis años, los acusados fueron declarados inocentes de 51 cargos y en otros trece que solo afectaban a Ray, no hubo acuerdo. Él y su madre salieron libres.

Pocos meses después, los siete acusados del caso Pitts también eran liberados sin cargos, después de que los seis testigos que les habían señalado reconocieran que las acusaciones eran falsas. A finales de los noventa, la cifra de condenados en juicios relacionados con el Abuso Ritual Satánico que, posteriormente, fueron declarados inocentes, ascendía a casi cien, a los que hay que sumar otros 58 que fueron absueltos tras pasar cierto tiempo en prisión preventiva en calidad de pederastas. En un 84% de los casos fue el resultado de anular la validez de las declaraciones de los niños.[271]

Poco a poco, el pánico satánico fue desapareciendo. El último gran caso tuvo lugar en 1994 en Wenatchee (Washington), donde la policía acusó a 43 personas de haber

---

270 *Ibid*, p. 156.

271 *Government misconduct and convicting the innocent*, p. 41. National Register of Exonerations

abusado de 60 menores un total de 29.729 veces a lo largo de seis años (es decir, cien veces al año, una cada tres días). Los que pudieron pagar un abogado salieron absueltos; el resto (18) fueron condenados, aunque con el tiempo todas las sentencias se revocaron. Michael Rose permaneció en la cárcel hasta en diciembre de 2000, pues se negó a llegar a un acuerdo con la fiscalía a cambio de rebajar las condenas. El último acusado en limpiar su nombre en uno de los procesos a la sombra del Pánico Satánico, en abril de 2023, fue Melvin Quinney. Fue condenado a 20 años de prisión en 1991, de los que cumplió ocho antes de lograr la condicional y, una vez en la calle, tuvo que registrarse como agresor sexual. Treinta y dos años más tarde, la sentencia fue anulada.[272]

La desaparición del Pánico Satánico se debió a varios factores. Influyó, por supuesto, el fiasco de algunos juicios, pero también que libros como *Michelle remembers* o *The Satan seller* y sus autores fueran desacreditados por investigaciones periodísticas. La presunta base científica de teorías de la Memoria Recobrada también fue refutada. Algunas víctimas —las menos— fueron a juicio y ganaron: en 1997, Patricia Burgus denunció a tres psiquiatras que la habían convencido de que había sido víctima de abusos sexuales satánicos, y obtuvo una indemnización récord de 10,6 millones de dólares. En fecha tan reciente como septiembre de 2023, la ciudad de Louisville pagó 20,5 millones de dólares a Jeffrey Clark y Keith Hardin, que pasaron 20 años en la cárcel tras ser acusados por el asesinato ritual de Rhonda Sue Warford. A esa cantidad hay que sumar otros diez que ya pagó a otros cuatro condenados por el mismo crimen.[273]

---

272 *After 30 years, a father is exonerated in «satanic panic» case.* Paul Flahive. 11/IV/2023 Texas Public Radio. tpr.org/criminal-justice/2023-04-11/after-30-years-a-father-is-exonerated-in-satanic-panic-case

273 «Louisville Metro agrees to pay $20.5 million to men wrongfully convicted in 1992 "Satanic ritual" murder». Jason Riley. WDRB 8/IX/2023. wdrb.com/in-depth/louisville-metro-agrees-to-pay-20-5-million-to-men-wrongfully-convicted-in-1992-satanic/article_f4ba2d10-4e4d-11ee-b634-270b9ce84917.html

El FBI, por su parte, publicó un informe en 1992[274] que desmontó la existencia de las redes satánicas, calificándolas de «leyenda urbana». El miedo a Satán abandonó las guarderías en busca de nuevas víctimas.

DRAGONES Y MAZMORRAS

Mientras unos buscaban al maligno en el rock, otros en las guarderías, apareció un nuevo frente. Este llegó con la desaparición de James Dallas Egbert III el 15 de agosto de 1979. A sus dieciséis años, el chaval era un joven prodigio de la informática, probablemente homosexual, consumidor de drogas blandas, con problemas para socializar y depresión crónica. Un día se metió en los túneles de ventilación de la Universidad de Michigan, de la que era alumno, con una botella de metaculona (un potente sedante) con la intención de suicidarse. A partir de ahí se perdía su pista.[275] Tras un mes de infructuosa búsqueda, la familia decidió ponerse en manos del detective privado William Dear. Su primera hipótesis fue que, de algún modo, el caso podría estar relacionado con un juego que se estaba haciendo muy popular: Dragones y Mazmorras.

Dragones y Mazmorras está unánimemente considerado como el primer juego de rol moderno (hubo otros antes, pero de escaso éxito). Fue lanzado al mercado en 1974 por Gary Gygax y Dave Arneson, dos amigos aficionados a los juegos de estrategia y fundadores de Tactical Studies Rules. Su principal característica era que no se trataba de mover piezas, sino que los jugadores se convertían en los protagonistas de cada partida asumiendo una identidad (un guerrero, un mago...) con una personalidad y unas habilidades determinadas que

---

274 *Investigator's guide to allegations of ritual child abuse.* Kenneth V. Lanning. National Center for the Analysis of Violent Crime (FBI). I/1992

275 *Dangerous games.* Joseph P. Laycock, p. 81-83. University of California Press, 2015.

iban evolucionando al ritmo de la partida. Juntos, se trasladaban a un mundo mágico (inspirado en los universos literarios de J.R.R. Tolkien, Edgar Rice Burroughs, H.P. Lovecraft, Robert E. Howard...) en el que vivían una serie de aventuras —desde matar monstruos a buscar tesoros— bajo la batuta del *Dungeon Master* (Maestro de la Mazmorra»), el encargado de ir creando el relato.

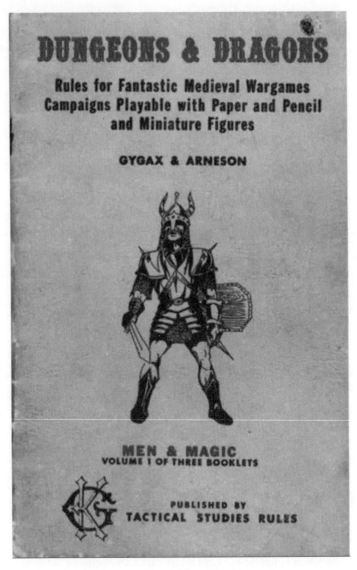

Primera edición de Dungeons & Dragons.

Para jugar sólo hacía falta un papel, un lápiz y unos dados (luego se añadieron el tablero y las figuras). Otras características eran que los participantes no luchaban entre ellos, ni había ganador o una finalidad concreta más allá de ir avanzando en la aventura. Cuando Dallas desapareció, se calcula que había unos 300.000 aficionados, una gota en un océano tan grande como Estados Unidos, pero era el principio de toda una subcultura. A ojos de los demás, los practicantes eran unos frikis, pero todo el mundo coincidía en que no era otra cosa que un simple divertimento. Desde luego, a nadie se le ocurrió pensar que un juego creado por un testigo de Jehová (Gygax) y un miembro del movimiento cristiano literalista The Way International (Arneson), pudieran formar parte del plan maestro de Satán para dominar el mundo.

Aunque no tenía ninguna prueba que avalara su hipótesis, en una de sus primeras declaraciones a la prensa, el detective William Dear especuló sobre si Dallas no estaría obsesionado con el juego y que, en un intento de ir más allá, tomó parte en una versión en vivo (en la que el tablero se sustituye por el mundo real). La única duda que tenía es si él era el *Dungeon Master* o había alguien por encima que le había inducido a desaparecer. Que días después se retractara no sirvió de mucho, pues la prensa ya tenía material para un nuevo pánico moral: «Fantasía convertida en realidad podría haber matado a un estudiante», titulaba el *Boca Ratón News*, mientras el *Saratosa Tribune* afirmaba que «El culto a Dragones y Mazmorras pudo causar la desaparición de un joven». Entre 1979 y 1992 las agencias Associated Press y United Press International distribuyeron ciento once noticias sobre el tema, de las que ochenta eran contra el juego y solo tres a favor.[276] Dos novelas de ficción inspiradas en el caso, publicadas en 1981 —*Hobgoblin*, de John Coyne, y *Mazes and Monsters,* de Rona Jaffe, que se convirtió un año más tarde en TV movie— contribuyeron a extender la histeria.

---

276 «The Attacks on Role-Playing Games». Paul Cardwell. Jr. *Skeptical Inquirer,* Vol. 18, No. 2. Invierno, 1994.

La mala publicidad no lo fue tanto: en 1982, Tactical Studies Rules facturó doce millones de dólares.

William Dear era un tipo peculiar, con fama de exagerar todas sus hazañas, que aseguraba que en Inglaterra le apodaban el «verdadero James Bond». Peculiar sí, pero como detective no era malo, solo carecía de escrúpulos. Descartada la pista de Dragones y Mazmorras (probablemente Dallas no jugó jamás), investigó el caso como una desaparición normal y pronto descubrió que el joven, tras el fallido intento de suicidio, se había fugado de casa. Cuando lo localizó, le convenció para que volviera a casa con su tío y retomara su vida. En agosto de 1980 se suicidó disparándose un tiro en la cabeza. Dear aprovechó la historia para publicar *The dungeon master* (1984), un libro que criticaba a la prensa por cómo había manejado el caso (gracias a los rumores que él mismo difundió, según dijo, para tapar la homosexualidad del chico y su afición a las drogas). En las páginas de agradecimientos que abrían el libro, la editorial le obligó a añadir una nota que advertía que «las referencias al juego podrían no ser precisas a la hora de describir el juego de rol de fantasía»,[277] Dragones y Mazmorras.

El caso de Dallas alimentó el ambiente de pánico moral de la época. Para los sectores más conservadores, el rol era una puerta de entrada a lo oculto, paso previo a caer en las garras de Satán. Para el opinólogo ultra Gary North, estos juegos eran «la más efectiva, mejor empaquetada, más rentable, y la introducción a lo oculto más concienzudamente investigada en la historia de la humanidad».[278] Otro destacado líder cristiano, William Schnoeblen, aseguraba que, siendo él Alto Sacerdote de una secta de brujas, fue consultado por Tactical Studies Rules para que los rituales incluidos en el juego (que solo existían en su imaginación) fueran reales y escondieran auténticas invocaciones. En la prensa no era extraño que al

---

277 *The dungeon master: The disappearance of James Dallas Egbert III.* William C. Dear. Introducción. Ballantine Books Editions. 1984.

278 *A Christian response to Dungeons and Dragon. The catechism of the New Age.* Peter Leithart y George Grant, p. 9. Dominion Press, 1987.

abordar el tema se contara con la opinión de los pastores fundamentalistas Albert James Dager y James R. Cotter, los más activos a la hora de vincular el rol con el satanismo.

Uno de los problemas era que, más allá del caso de Dallas, no se podía vincular el rol a ningún mal concreto, y que solo preocupaba los sectores más fundamentalistas que veían en el juego una especie de religión pagana. Todo cambió el 9 de junio de 1982, cuando Irving Pulling, con diecisiete años, se suicidó con la pistola de su madre. El joven carecía de amigos, tenía antecedentes de problemas psiquiátricos y una personalidad bastante peculiar (de raíces judías, simpatizaba con el nazismo). Sin embargo, su madre, Patricia Pulling, concluyó que el verdadero problema era el rol —creía que su hijo era víctima de un hechizo lanzado durante una partida— y fundó Bothered About Dungeons and Dragons (BADD) para concienciarr sobre los peligros del rol. En su libro *The devil's web?* (1989) aseguraba sobre Dragones y Mazmorras[279]:

> Es un juego de rol de fantasía que utiliza demonología, brujería, vudú, asesinatos, violaciones, blasfemias, suicidio, locura, perversión sexual, homosexualidad, prostitución, rituales de tipo satánico, juego, barbarie, canibalismo, sadismo, profanación, invocación de demonios, adivinación y otras enseñanzas.

Pese a que BADD apenas tenía socios, Pulling actuó de manera muy inteligente. En primer lugar, se asoció con la ultracristiana National Coalition on Television Violence (NCTV), otra organización sin apenas miembros liderada por el psiquiatra Thomas Radecki. Eso le abrió las puertas como experta a la extensa red de medios ultraconservadores y, de ahí, dieron el salto a los circuitos comerciales. Además, se sacó la licencia de detective, lo que le facilitó participar en cursos de concienciación dirigidos a policías, terapeutas o abogados.

---

279 *The Devil's Web: Who is stalking your children for satan?* Pat Pullig y Kathy Cawthon, p. 179. Vital Issues Press, 1989.

La innovación en el relato de Pulling y Radecki fue vincular estrechamente, y sin la menor prueba, los juegos de rol (y el heavy metal) con el suicidio infantil y juvenil (y, por ende, a la condenación del alma). El psiquiatra llegó a referir un caso en el que unos padres vieron a su hijo materializar un demonio durante una partida de D&D antes de quitarse la vida. En su primer informe, los presuntos expertos listaron hasta 120 casos —muchos inexistentes, repetidos o sin ninguna relación con el rol— de chavales que se habían quitado la vida por el juego.[280]

EL FIN DEL PÁNICO

Varios factores se conjuraron para acabar con el mito satánico del rol. Uno de ellos fueron los repetidos fracasos en los tribunales a la hora de aplicar lo que se conoció como la «defensa D&D». La primera en probar esa medicina fue la propia Pulling, que no consiguió sentar en el banquillo a los responsables del colegio de su hijo, a los que acusaba de su suicidio. En un segundo caso, en 1984, Darren Molitor y Ron Adcox estrangularon accidentalmente a su amiga Mary Towey y decidieron enterrar el cadáver. Ante el tribunal, alegaron que su afición al rol había influido en su comportamiento y Pulling y Radecki se propusieron para declarar como testigos. El juez no aceptó la argumentación. El mismo enfoque —y con el mismo éxito— empleó Sean Sellers en 1986, tras asesinar a su madre y a su padrastro para quedarse con la herencia: fue ejecutado en 1999. Pese a los intentos de BADD, la «defensa D&D» no sirvió de nada en el medio centenar de casos en los que se recurrió a ella.[281]

En España hubo un caso similar en el que esta estrategia procesal también se saldó con un sonoro fracaso. El 30 de abril de 1994, dos amigos (Javier Rosado y Félix Martínez)

---

280 P. Cardwell.
281 Joseph P. Laycock, p. 127.

asesinaron sin motivo a Carlos Moreno, un empleado de limpieza. El crimen se cometió en el contexto de un juego inventado por Rosado llamado Razas, lo que permitió que la prensa bautizara el suceso como «el Crimen del Rol».[282] En realidad, ninguno de los asesinos era aficionado al tema y ni siquiera Razas podía incluirse dentro de esta categoría. Durante el juicio, los tres peritos que comparecieron negaron la posibilidad de que el crimen estuviera relacionado remotamente con esta actividad lúdica y destacaron la personalidad psicopática y el sadismo de los autores[283].

Por otra parte, como el negocio iba viento en popa, la industria del rol prefirió hacer oídos sordos a la polémica. Pero en 1988 un grupo de aficionados fundaron el Committee for the Advancement of Role-Playing Games (CA-RPGa), cuyo objetivo fue luchar contra los mitos que se habían creado alrededor de su pasión. No solo los defensores del rol encontraron una plataforma desde la que coordinarse y defenderse, sino que fueron reconocidos inmediatamente como interlocutores válidos por los medios de comunicación. La aparición de la asociación obligó a los fabricantes a mover ficha y encargaron un informe que se conoció como el *Pulling Report*,[284] y que desmontaba una por una, todas las alegaciones de BADD y la NTC.

Poco después llegaron un informe conjunto de la Asociación Americana de Suicidología, el Consejo Nacional de Seguridad y los Centros de Control de enfermedades que llegó a una curiosa conclusión: de ser ciertos los datos de Pulling, el índice de jugadores de rol que se quitaban la vida estaba muy por debajo de la media de los jóvenes de las franjas de edad estudiada.[285] La guinda del pastel fue

---

282 «Mataron a un hombre por seguir sólo un juego "de Rol"». Ricardo Domínguez y Pablo Muñoz. *ABC*. 8/VI/94, pp. 72-73.

283 Sentencia nº 43/97 del Juzgado de Instrucción nº5 de Madrid.

284 *The Pulling Report*. Michael A. Stackpole. 1990. limsk.tripod.com/pulling. htm

285 *The suicide statistic fallacy*. W.J. Walton. The escapist, 1995. theescapist.com/ archive-attacksonRPGs.htm

cuando, en 1985, Radecki tuvo que dimitir de la NTCV por haber falsificado su currículo y, en 1992, perdió su licencia por «conducta sexual inapropiada» con una paciente. En 1997, Patricia Pulling murió y nadie continuó su labor. La leyenda negra del rol murió con ella, esperando resucitar con nuevos ropajes tras la llegada de los videojuegos.

Satanismo
para todos los gustos

Si no quieres unirte a él
tienes que vencerlo.
No estoy diciendo que gané al diablo
pero me bebí gratis su cerveza.
Entonces le robé su canción.

Beat the Devil. Johnny Cash

El satanismo es una autorreligión, es decir, que cada uno de sus miembros tiene una libertad casi absoluta a la hora de definir su relación con el maligno. A falta de una antigua tradición a la que poder acogerse, los diferentes grupos han inventado, creado, adaptado o tomado prestados ritos ya existentes para conformar su nueva realidad. Este hecho se ha traducido en la aparición de distintas tradiciones relacionadas entre sí, pero cada una con su personalidad propia

El primer satanista moderno fue le escritor polaco Stanislaw Przybyszewski (1868-1927) quien, consciente de las dificultades para pronunciar su apellido, se hacía llamar Przyby, Stachu o Satán Triste. En realidad, su ascendente sobre el satanismo moderno ha sido prácticamente nulo —su obra comenzó a recuperarse hace apenas un par de décadas—, pero es difícil negarle su condición de pionero.[286]

El autor, una de las figuras más destacadas del decadentismo y el simbolismo polaco, fue miembro del mismo círculo internacional de intelectuales que el pintor Edvard Munch (a quien le debemos un retrato suyo), el poeta Richard Dehmel o el dramaturgo August Strindberg. Por lo que respecta al satanismo, su aportación es doble. En primer lugar, su vida privada se ajusta a lo que se espera de un seguidor de Satán: alcohólico, muy liberal en materia sexual y una biografía extrema (una de sus mujeres fue asesinada por un amante, otra se suicidio, abandonó a sus hijos...).[287] En segundo, se consideraba a sí mismo satanista y, a diferencia de los románticos que le influyeron (Shelley, Byron y compañía), no lo hacía de manera metafórica. Aunque ni creó ni intentó crear una religión, secta o culto, sí logró un pequeño número de seguidores, lo que permite afirmar que no fue sólo una actividad individual. Przyby no estaba interesado en el aspecto ritual de su creencia, y desarrolló su punto de vista en obras como *Hijos de Satán* o *La Sinagoga de Satán* (ambas de 1897), una diatriba contra el cristianismo, en la línea de *El Anticristo* de Nietzsche, aunque se queda muy lejos.

Otros elementos importantes para tenerlo en cuenta es que bebió de las mismas fuentes que otros autores posteriores, al tiempo que anticipó ideas que aparecerán en futuras visiones del culto al maligno. Una parte de su propuesta era puro folclore (está muy influido por Blavatsky, Huysmans, Jules Bois, Jules Michelet...), pero también se fijó en el concepto de Satán revolucionario de Proudhon y Bakunin. Quizás lo más destacable es que se adelantó en más de medio siglo a Anton LaVey a la hora de incorporar a su visión de Satán el darwinismo social y el concepto de *superhombre* de Nietzsche.

---

286 *The devil's party. Satanism in modernity.* Per Faxlenld y Jesper A. Petersen, p. 55. Oxford University Press, 2013.

287 «Sad Satan's Children: Stanisław Przybyszewski and esoteric milieus». Karolina María Hess, pp. 134-135. *La Rosa di Paracelso.* 01/01/2018

María De Naglowska, «sacerdotisa de Lucifer».

La lista de precursores del satanismo moderno tampoco puede obviar al danés Carl William Hansen (1872–1936), conocido sobre todo por su sobrenombre de Ben Kadosh, quien también concibió un sistema que incluía una doctrina en la que Satán no es el Dios supremo, sino el vehículo para llegar a él, así como una serie de rituales. Su obra más conocida fue *The dawn of a new morning: the return of the world's master-builder* (1904). Pese a que apenas logró reunir a pequeño grupo de acólitos, se puede afirmar que fundó el primer culto satanista moderno.[288]

También merece ser citada la ocultista polaca afincada en el París de los años treinta María de Naglowska,[289] quien convirtió a Satán en una pieza clave de su Hermandad de la Flecha de Oro. Esta «sacerdotisa de Lucifer», como le bautizó la revista *Voilà*, anunció la llegada de una nueva era dominada por la Reina Madre para sustituir a la del Padre y del Hijo, y para ello celebraba la Misa de Oro en compañía de sus Prostitutas Sagradas. A través de la magia sexual, sus ritos debían servir para regenerar a Satán hasta convertirlo en «el bienhechor de la Humanidad». Su escandalosa propuesta apenas duró tres años y tuvo que huir a Suiza para evitar que las autoridades intervinieran.

EL DEMONIO CAMBIA DE PROFETA

Tras la aparición de la Iglesia de Satán en los sesenta, el moderno el culto al maligno tuvo su segunda encarnación en el Templo de Set, una escisión de la primera. La génesis fue la decisión de Anton LaVey de que los grados dentro de la orden ya no se otorgarían en función de la antigüedad de sus miembros o su dedicación a la causa, sino de su aportación pecuniaria. De la misma forma que la venta de bulas llevó a Lutero a escribir sus *Noventa y cinco Tesis* que originaron la Reforma, Michael Aquino, decidió romper con el Papa Negro por este motivo. Aquino fue uno de los primeros miembros de la Iglesia de Satán (ingresó en 1969) y su visión del maligno era mucho más intensa que la de LaVey, ya que él sí creía en la existencia real de Satán. Lo que al principio

---

288 Introvigne, p. 227.

289 *Mágicas. Brujas, magas y sacerdotisas del amor. Grace Morales*, pp. 159-160. La Felguera, 2022

era una disparidad de criterios que podía manejarse, fue sumándose a otros desencuentros.

Aquino consideraba que muchos de los nuevos miembros se acercaban a la Iglesia de Satán para presumir de membresía más que por un interés real en sus creencias o prácticas. La simonía se sumó a la hipocresía y el resultado fue un cisma que se saldó con el abandono de algunos miembros. En realidad, no era la primera crisis de la Iglesia de Satán; los grottos de Michigan, Ohio y Florida había dejado la entidad en 1973 para crear la Church of Satanic Brotherhood (duró un año, hasta que sus miembros se convirtieron al cristianismo) y, ese mismo año, un grupo de fieles de Kentucky e Indiana se unieron para crear el Ordo Templi Satanis, también de vida efímera.[290]

A diferencia de LaVey, alumno aventajado de la universidad de la vida, Aquino era militar en activo (teniente coronel), experto en guerra psicológica, y llegó a obtener un doctorado en Ciencias Políticas. Intelectualmente, estaba mucho más preparado, pero sus ideas eran bastante más disparatadas que las del Doktor. Según su propio testimonio, durante el solsticio de verano de 1970, una extraña fuerza de origen desconocido le impulsó a escribir de una sentada *El libro de la salida a la noche,* la piedra de toque de su nueva fe, y que planteó como una suerte de continuación de *El libro de los muertos* egipcio (también conocido como *Libro de la salida al día*), que los expertos datan sobre el 1275 a.C. Años antes, sirviendo en Vietnam, Satán, Beelzebub, Azazel, Astaroth, Belial, Leviathan y Abaddón ya le habían dictado *The Diabolicon.*[291] Aquino estaba convencido de que *La Biblia Satánica* era un libro revelado (aunque conocía su origen, pues participó en su caótica composición), y que LaVey había sido ungido por Satán en persona, de ahí que nunca antes

---

290 «Diabolical authority: Anton LaVey, The Satanic Bible and the satanist "tradition"». James R. Lewis. *Marburg Journal of Religion.* Vol. 7, No. 1. Septiembre, 2002.

291 *The Diabolicon.* Michael Aquino. 1970. cdn.preterhuman.net/texts/religion.occult.new_age/occult_library/Aquino_M-Diabolicon.pdf

se hubiera planteado romper con él. De la misma forma que el Corán no pretende negar a la Biblia, *El Libro de la salida a la noche* aspiraba a superaba las enseñanzas de LaVey sin anularlas (de hecho, el Templo de Set sigue considerando *La Biblia Satánica* un texto inspirado por el maligno). De este modo, Satán en persona no solo destituía al Papa Negro sino designaba a Aquino como su legítimo sucesor, y comunicaba el final del Eón de Satán, al haber completado su propósito, y el comienzo del Eón de Set. La nueva revelación creaba un nuevo marco referencial que, al remitir al Antiguo Egipto, evitaba tener que presentarse como el negativo del cristianismo o depender de su visión del maligno.

El Templo de Set apostaba por dar mayor relevancia al crecimiento personal hasta alcanzar la nueva realidad. Setiano no se nacía, se hacía mientras desarrollaba su conocimiento dentro de una sociedad iniciática en la que la práctica mágica era fundamental. El Templo de Set se estructura alrededor de concepto de *Xeper* (del egipcio, «convertirse en» o «devenir»), que resume el camino que sigue el adepto hasta transformarse en un dios humano. Su cosmovisión, a su vez, divide entre el Universo Objetivo (el real) y el Subjetivo (la visión del mismo de cada individuo). Aprender a influir en el primero desde el segundo es el objetivo final.

Por lo que respecta a la estructura, Aquino separó la parte administrativa de la religiosa para evitar que una sola persona pudiera controlar la entidad. Sobre el papel, la idea funcionaba muy bien; en la práctica, no tanto, ya que la última decisión recaía sobre el Sumo Sacerdote, lo que explica que tanto Aquino como su sucesor, Ronald Keith Barret, tuvieran que dimitir por su comportamiento autoritario (el primero volvió a tomar el mando de la orden en 1982). Durante años, la organización contó entre sus miembros con Zeena Schreck (hija de LaVey), que acabó dejando el grupo y acabó formando, junto a su marido Nicholas el *spin-off* Movimiento de Liberación Setiano y abrazando el budismo.[292]

---

292 «Beelzebub's daughter». Annette Lamothe-Ramos. *Vice.* 26/IX/2012.

Michael y Lillith Aquino, en 1975, tras fundar el Templo de Set.

Aunque el Templo de Set nunca ha sido tan conocido como su predecesora, hay que reconocerle el mérito de seguir activo después de casi medio siglo y ha conseguido expandirse por Australia, Alemania, Inglaterra, Suecia, España y Finlandia, pero probablemente el número de seguidores activos apenas alcance el millar.

EL PROCESO... HACIA LA TRADICIÓN SINIESTRA

La aparición de El Templo de Set mostró las dificultades para calificar como satánicos determinados cultos. Con el Proceso, la categorización es más complicada. Su origen se remonta a 1963 en Inglaterra, cuando los excienciólogos Mary Ann McClean y Robert de Grimston Moor decidieron seguir por su cuenta las enseñanzas de Ron L. Hubbard y añadirle las teorías del psicoterapeuta Alfred Adler, antiguo colaborador de Freud. El objetivo era crear un método de mejora personal que bautizaron como *Análisis de las Compulsiones*: el estudio de aquellos actos que la sociedad nos obliga a realizar para sobrevivir. A someterse a esta especie de terapia lo llamaron El Proceso. Poco después, un grupo de veinticinco procesanos decidió irse a vivir en comuna bajo el auspicio de la personalidad de sus fundadores; ella, exprostituta de lujo, se creía la reencarnación de Goebbels y de la diosa-bruja griega Hécate; él, la de Jesucristo. Aislado de una sociedad a la que desprecian, el grupo pasa de la autoayuda a la espiritualidad y, así, en 1965, nació oficialmente la Iglesia Procesista del Juicio Final, que tuvo entre sus admiradores a ilustres personajes como Charles Manson o David Berkowitz («El Hijo de Sam»).

En 1966, el grupo se instaló en Xtul (Yucatán, México), en una fábrica abandonada que bautizaron como El Fin, para llevar una vida comunitaria, ir perfilando su creencia y celebrar orgías. Eran como hippies, pero en nazi. La elección del nombre de su refugio se mostró premonitoria cuando un huracán lo arrasó, lo que tomaron como una señal del maligno que les obligó a replantearse sus creencias y alumbrar el concepto de 4P o la Cuaternidad, una superación de la Trinidad cristiana. McClean y De Grimston creían que existían tres dioses en el Universo: Jehová, Lucifer y Cristo, pero su experiencia en México los llevó a incorporar a Satanás. Cada dios —y su reverso— se entendía como una etapa y, superadas las tres primeras, se llegaba a una aceptación de Cristo y a la verdadera comprensión de su mensaje.

Esta visión se traducía también en una organización que dividía sus miembros entre jehovianos (fanáticos, austeros y que rechazaban el sexo), luciferianos (libertinos y hedonistas) y satanistas (violentos, crueles y calculadores). Los problemas de convivencia se solían resolver a puñetazos.[293]

Robert de Grimston Moor, oficiando una ceremonia en la sede la Iglesia Procesista del Juicio Final.

El siguiente paso sería volver a Londres, donde además de profundizar en una estructura cada vez más jerarquizada, los miembros se distinguían por vestir siempre de negro riguroso, pasearse con rodeados de temibles pastores alemanes. Su símbolo, del que hacían ostentación en colgantes y hebillas de cinturón, era una especie de mandala con aspecto de esvástica.

El Proceso, creía que la Humanidad era el mal —el 75% de habitantes del planeta eran en realidad demonios— y que, para llegar a la salvación, debían dejarse llevar por su instinto. Su iconografía respondía a esa divinización de la guerra, pero en el fondo no pasaban de apocalípticos de

293 *A la guerra con Satán. La Iglesia del Juicio Final & El Proceso.* Servando Rocha, p. 38. La Felguera, 2017.

salón, deslumbrados por la carismática y misteriosa Mary Ann McClean, más ridículos que peligrosos (aunque se les atribuye una muerte). El Proceso no era más que una secta de jóvenes descarriados de clase alta, atraídos por un discurso mesiánico y mileniarista, que soñaban con crear un ejército y patrullar el mundo a los lomos de sus Harleys.

De Londres saltaron a San Francisco, en 1968, desde donde consiguieron abrir algunas sedes en Nueva York, Boston, New Orleans o Los Ángeles. Sin embargo, no alcanzaron ninguno de sus objetivos, que incluían atraer a alguna estrella para lograr publicidad, aproximarse a la Iglesia de Satán, a la Familia de Charles Manson o a sus admirados Ángeles del Infierno. Lentamente, el grupo fue languideciendo y cuando los fundadores se divorciaron (De Grimston quiso un matrimonio a tres con una de sus adeptas), el Proceso entró en fase de extinción. Lo último que se supo de McClean es que fundó una protectora de animales antes de morir en 2005, y su expareja colgó la túnica para trabajar en una compañía de teléfonos.

La aportación del Proceso al satanismo es muy escasa, aunque su pintoresca biografía puede ser tomada como referencia de los muchos caminos en los que puede derivar el Sendero de la Mano Izquierda.[294] Merecen, al menos, ser reconocidos como precursores de la Tradición Siniestra, su versión más extrema.

HAIL HITLER

Uno de los aspectos más controvertidos del satanismo moderno es su relación con la extrema derecha. El problema se dio en la Iglesia de Satán cuando Douglas Robbinson formó la Orden del Cabrón Negro tras mediar entre LaVey y James H. Madole (fundador de Partido Nacional del Renacimiento) para unir fuerzas. La iniciativa no prosperó, porque este

---

294 «The Process». Gary Lachman. *Fortean Times* n° 134. Mayo, 2000.

rechazó aliarse con el Papa Negro, de origen judío. Más polémico fue el ritual realizado por Aquino, en 1982, en el Palacio de Wewelsburg, en el que Himmler —al que consideraba un iniciado en el satanismo— había querido establecer el centro espiritual del Tercer Reich. Aunque la voluntad del fundador del Templo de Set no era reivindicarlo, no evitó las críticas. Para curarse en salud, intentó deshacerse de los miembros más extremos de su organización, y descubrió que —por algo sería— había en sus filas muchos simpatizantes de un extraño grupo: la Orden de los Nueve Ángulos (ONA u O9A). A diferencia de otros satanismos, este reclamaba la etiqueta de *tradicional*, con toda su carga peyorativa: el suyo no era el maligno de los románticos ingleses, sino la encarnación del mal en estado puro que describe la Biblia.

De origen británica, la O9A fue fundada a principios de los años setenta por Anton Long (pseudónimo de David Myatt), exguardaespaldas del veterano líder nazi Colin Jordan y simpatizante de organizaciones como Column 88 o Combat 18. El punto de partida de su filosofía era que la civilización occidental es de origen pagano greco-romano, pero había sido corrompida por el cristianismo, por lo que cualquier método es legítimo para acabar con estas normas artificialmente impuestas. Su doctrina tiene muchos paralelismos con el aceleracionismo de los movimientos blancos supremacistas que defiende que crear caos mediante acciones directas —terrorismo— puede servir para generar la condiciones que desaten cuanto antes un conflicto entre razas, tan inevitable como necesario para recomponer la sociedad desde sus ruinas. Ese momento, que marcará el inicio de un nuevo Eón, se reconocerá por la llegada de un ser satánico conocido como Vidnex cuya misión será instaurar el Imperio Oscuro.

Una de las características de la O9A (que no es una organización, sino un movimiento) es, además de su secretismo, el llamado el Laberinto Mitológico.[295] Consideran que no

---

295 «The Order of Nine Angles. Its worldview and connection to violent extremism». Daveed Gartenstein-Ross, Emelia Chace-Donahue y Thomas Plant. Foundation for Defense of Democracies. 23/VII/2023.

pueden existir dogmas ni textos sagrados —sería contrario a
su satanismo—, así que sus escritos pueden copiarse y modificarse libremente. Saber qué ha dicho Myatt o qué ha dejado
de decir es, muchas veces, complicado. Además, hace que su
práctica pueda asumir distintas características. En todo caso,
sus principios están bastante claros en *La tradición siniestra*.
Por otro lado, aunque existen delegaciones (Nexions) repar-
tidas por el mundo, funcionan de manera bastante independiente pese a que, en teoría, estén coordinadas por una autoridad central conocida como DarkLogos, Sinister Moon o
Beesty Boy.

David Myatt (a.k.a Anton Long.), el fundador
de la Orden de los Nueve Ángulos.

La O9A defiende una vía personal dividida en grados para
llegar a la iluminación más que a las acciones comunitarias.
Eso no significa que carezca de ritos o rituales incluidos en
lo que se conoce como El camino de los siete pliegos, considerado uno de los caminos de crecimiento más completos
y coherentes del satanismo. Algunos de estos *pliegos* (como

practicar el tarot o jugar al Star Game) son bastante inocuos; otros exigen fortaleza física (vivir totalmente aislado durante meses en un ambiente hostil) y algunos son claramente delictivos (defiende los sacrificios humanos o el terrorismo). Ideológicamente, aunque suene paradójico, el grupo no oculta la influencia del nazismo, pero también se identifica con el terrorismo islámico y la *jihad*. De hecho, Myatt abrazó durante más de una década el islam. La duda es hasta qué punto fue una actitud sincera, ya que uno de los aprendizajes de la O9A consiste en vivir durante un tiempo infiltrado en alguna organización. En octubre de 2012 dio su último bandazo ideológico: anunció que había descubierto el Camino del Pathei-Mathos y renunció a la violencia.[296]

Aunque la influencia ideológica de la O9A se puede percibir en los sectores más extremos de la derecha (incluso en foros de *incels* y la manosfera en general), es difícil saber su efecto en la práctica. Uno de los casos más mediáticos en los que ha aparecido su huella fue en el intento de atentado del militar norteamericano Ethan Melzer contra su propia unidad, la 173 Brigada Aerotransportada, mientras estaba acantonada en Turquía, para propiciar una guerra en Oriente Medio. Fue condenado a 45 años de cárcel.[297] La cantidad de delitos que se atribuye a sus seguidores llevó a que la ONG británica Hope no Hate la haya calificado como «una incubadora de terrorismo».[298]

La O9A no ha sido la única orden satánica vinculada a movimientos ultras. La lista incluye otras organizaciones, como la Sociedad de la Lily Oscura (del proxeneta neonazi Thomas Víctor Norris, que llegó a prostituir a sus hijas), o Joy of Satan, creada en 1974 por Cliff Herrington, y al que

---

296 *Conspectus*. David Myatt. X/2012. davidmyatt.wordpress.com/about/conspectus/

297 «Former U.S. army soldier sentenced to 45 years in prison for attempting to murder fellow service members in deadly ambush». Departamento de Justicia. 3/III/2023. justice.gov/usao-sdny/pr/former-us-army-soldier-sentenced-45-years-prison-attempting-murder-fellow-service

298 «Order of Nine Angles: an incubator of terrorism». Hope no Hate. 2020. hopenothate.org.uk/chapter/order-of-nine-angles-an-incubator-of-terrorism/

hay que reconocerle el mérito de lograr maridar satanismo, antisemitismo y ufología. El núcleo de su teoría era que los judíos son agentes reptilianos que crearon falsas religiones para destruir el mundo.

En el otro espectro ideológico cabe citar a los Satanistas Rojos (Organización Social Realista), fundada por en 1997 por Tani Jantsang (exmiembro de la Iglesia de Satán) y Philip Marsh, cuyo símbolo era un pentagrama invertido con una hoz y un martillo en su centro. Janstang aseguraba haber conocido el verdadero origen de la Tradición Oscura, que remontaba hasta Babilonia, y su programa (que incluía citas de Bakunin, Proudhon o Mao Zedong) tenía más de social-demócrata que de comunista. Aunque de vida efímera, logró cierto renombre gracias a su febril actividad en la naciente internet y a su enfrentamiento con los seguidores de LaVey.

La idea de que el satanismo está relacionado con la existencia de determinadas organizaciones no es del todo correcta. La inmensa mayoría de los que se declaran satanistas no pertenecen a ninguna y la labor de investigación y divulgación de algunas entidades influye mucho más allá de sus acólitos. Hay personalidades muy importantes que van por libre, como el norteamericano Michael W. Ford, exmúsico de Black Metal y fundador de la Greater Church of Lucifer en 2015 en Old Town Springs (Texas). Ford es la figura más destacada del luciferismo, con cerca de treinta libros autopublicados, algunos tan citados como *La Biblia del Adversario* (2007, ampliada en 2017) o *Sabiduría de Eosforo: la filosofía luciferina* (2015). La lista, no exhaustiva, de autores influyentes en el *milieu* incluye a la italiana Sara Ballini (de la Orden del Fósforo), el español José Cadaveria, el desaparecido ocultista británico Kenneth Grant (fundador de Typhonian Order y alumno de Crowley), el sueco Thomas Karlsson (padre de Dragon Rouge, que difícilmente se puede considerar satanista), o el polémico norteamericano E.A. Koetting (próximo a la O9A)… En general, a partir de cierto nivel de compromiso, a los satanistas LaVey se les queda muy pequeño (aunque no se le niegue su condición de referente) y suelen beber de distintas fuentes.

UN NUEVO COMIENZO

A principios del siglo XXI el satanismo organizado era irrelevante, poco más que un movimiento folclórico. Aunque la Iglesia de Satán o el Templo de Set continuaron existiendo, sus andanzas interesaban cada vez menos, y no habían superado a la Wicca como el movimiento más importante del Sendero de la Mano Izquierda. El satanismo era el pasado... hasta que, en 2013, el ultracristiano gobernador de Florida Rick Scott decidió desafiar la Primera Enmienda de la Constitución americana que establece la separación entre la Iglesia y el Estado. Su ley SB 98 abría las puertas a que los estudiantes pudieran organizar jornadas de plegarias en las escuelas. Los sectores más liberales se tiraban de los pelos. Entonces la MSNBC anunció que la norma había encontrado apoyo en el sector más inesperado de la sociedad y que anunciaba una manifestación para el 25 de enero: el Templo Satánico. Según declaraciones de su líder, Lucien Greaves, «la ley impedirá la marginación del satanismo y otros grupos religiosos minoritarios, lo que supondrá un *boom* en la diversidad religiosa».[299]. Por entonces, poco se sabía de esta nueva organización. Afortunadamente, contaban con una web en la explicaban su razón de ser[300]:

> El Templo Satánico cree que Dios es sobrenatural y, por tanto, está fuera de la esfera de lo físico. La perfección de Dios significa que no puede interactuar con el reino corporal imperfecto. Como Dios no puede intervenir en el mundo material, creó a Satanás para que presidiera el universo como su representante. Satanás tiene la compasión y la sabiduría de un ángel. Aunque Satanás está subordinado a Dios, es el único medio que tiene la humanidad hacia el dominio más allá de lo físico. Además, solo Satanás

---

299 «MSNBC's Bashir falls for hoax, Reports satanists to rally for Rick Scott; Turns Out it's part of mockumentary». Ken Shepherd. 18/I/2013 *mrcNewsBuster*. newsbusters.org/blogs/nb/ken-shepherd/2013/01/18/msnbcs-bashir-falls-hoax-reports-satanists-rally-rick-scott-turns

300 *Religious beliefs of The Satanic Temple*. The Satanic Temple. thesatanictemple.com/religious-beliefs-of-the-satanic-temple

puede escuchar nuestras oraciones y solo Satanás puede responder. Si bien Dios está más allá de la comprensión humana, Satanás desea ser conocido y cognoscible. Sólo así puede haber justicia y la vida puede tener sentido.

Entonces era pronto para saberlo, pero aquel hecho marcó la mayor revolución que ha vivido el satanismo desde LaVey. Por supuesto, como siempre en la historia de los cultos al maligno, había un *pero*, y ese *pero* es que todo era una broma. La génesis fue un anuncio de la productora Spectacles Films para encontrar voluntarios que quisieran participar *El Templo Satánico*, un documental paródico sobre «el culto satánico más majo del mundo». Para el sector más conservador de los adoradores del maligno, esta *performance* es un pecado original que aún hoy no le han perdonado; para otros, un satanismo sin pecado original no merece tal nombre.

Con el tiempo salió a la luz qué había detrás de aquel anuncio, y uno de los que habló más claro fue Shane Bugbee,[301] la última persona en ser ordenada por LaVey. Detrás del proyecto se escondían varias personas: los productores David Guinan y Cevin Soling, Malcom Jarry y, sobre todo Lucien Greaves. En realidad, Soling y Jarry eran la misma persona y Greaves, un personaje ficticio, cuyo papel habían encargado primero a Bugbee, pero que acabó interpretando un viejo conocido suyo, Doug Mesner (alias de Doug Misicko) quien, como Soling/Jerry, era un egresado de la Universidad de Harvard y licenciado en Ciencias Cognitivas.

Si la primera acción de *agitprop* del Templo Satánico fue un éxito de relaciones públicas, la segunda no le fue a la zaga. En esa ocasión, el blanco de su ingenio fue Catherine Johnston, madre del fundador de la Iglesia Bautista de Westboro Fred Phelp. Esta pequeña secta fundada en los años cincuenta y de corte integrista era famosa por su credo homófobo, antisemita, islamófobo y racista. Repudiados

---

301 *Religion: a master and slave relationship.* Shane Bugbee. shanebugbee.com. 22/I/2014. shanebugbee.com/?p=2161

incluso por los conservadores más radicales, entre sus acciones incluían manifestarse en los entierros de víctimas del VIH para decir que había sido un castigo de Dios. Tras el 11S y durante la invasión de Irak, tomaron la costumbre de acudir a los funerales de los caídos en acto de servicio con carteles que decían «Gracias, Dios, por los soldados muertos», pues afirmaban que todo era un castigo del Señor por permitir la homosexualidad. Una vez fijado el objetivo, el Templo Satánico entró en acción: se plantó en la tumba de Catherine Johnston y, mientras una pareja de lesbianas y otra de gays se besaban, Greaves realizó una Misa Rosa para convertir a la difunta en tortillera. La noticia recorrió el país y el número de miembros y simpatizantes del TST empezó a crecer como la espuma.

Lucien Greaves, fundador del Templo Satánico, en una imagen del documental *Hail Satán?* (Magnolia Pictures).

Pero sin duda su mayor éxito mediático tuvo lugar en Oklahoma, donde el gobierno federal instaló, en 2012, un monumento a los Diez Mandamientos financiado por la familia del congresista republicano Mike Ritze. La decisión provocó mucha controversia, ya que suponía romper la parcialidad del gobierno en favor de una confesión concreta. Un año más tarde, la Asociación de Ateos de EEUU había acudido a los tribunales —sin éxito— para intentar quitarla. El enfoque del Templo Satánico fue distinto: en lugar de pedir la retirada, ofrecieron instalar a su lado una estatua de bronce de 2,6 metros de alto y 1,3 toneladas de peso en la que aparecía Belcebú arropado por dos niños. Finalmente, el monumento a los Diez Mandamientos tuvo que dejar su emplazamiento y acabó en un almacén.

Monumento del Templo Satánico en honor a Baphomet, cuando se exhibió en Arkansas (Magnolia Pictures).

La delgada línea entre la parodia y la creencia auténtica en la que se ha movido desde entonces la organización de Greaves no ha sido la única crítica que ha recibido a lo largo de sus más de diez años de existencia. De lo que no hay duda es de que el Templo Satánico se ha consolidado como la religión satanista más influyente del mundo, y muchos de sus críticos y sus escisiones se miran en su espejo. Para la prensa es la referencia dominante, tanto para medios ultraconservadores, como la Fox, a los más liberales (hasta *Cosmopolitan*), que suelen presentarlo con una imagen muy positiva. El documental *Hail Satan?* (Penny Lane, 2019) ha contribuido notablemente a difundir esa visión incluso fuera de EEUU.

DE LAS CENIZAS DE LAVEY

Como ocurre en las mejores familias, la Iglesia de Satán y el Templo Satánico son dos organizaciones totalmente enfrentadas. En la web de los seguidores de LaVey aseguran, no sin razón, que el Templo Satánico les ha plagiado la iconografía.[302] Teniendo en cuenta que el TST nació como parodia, no es de extrañar que se inspiraran en la organización del Doktor, pero con el tiempo su imagen ha evolucionado mucho y se ha convertido en el modelo a imitar (sobre todo en lo relativo al *marketing*). En realidad, la acusación podría hacerse a cientos de asociaciones satanistas. Entre ambas organizaciones, las peleas son continuas. Si una asegura que la otra manipula el satanismo, esta le responde que lo que le duele es que se ha convertido en irrelevante. Ambas dicen ser la organización más importante del mundo al tiempo que lamentan que la prensa las confunda y permita a sus enemigos quedarse con parte de la fama que les corresponde.

Por lo que respecta a la teología del Papa Negro, resulta muy difícil no ver a Greaves como su principal heredero, quien no ha hecho con LaVey nada que este no hiciera este con Ayn Rand o Ragna Redbeard. Por un lado, asume el satanismo ateo del Doktor, aunque Greaves es mucho más radical a la hora de combatir las creencias sobrenaturales (no juegan a esa ambigüedad calculada de su maestro); por otro, actualizan su pensamiento a la realidad del siglo XXI. A LaVey lo consideran «un producto de su época» cuyo mensaje ha quedado desfasado.

Ese *aggiornamento* del pensamiento de LaVey —a la vez, casi una refutación— está consagrado en los Siete Pilares Fundamentales del TST,[303] en los que resuenan los ecos de las Nueve Afirmaciones Satánicas de la Iglesia de Satán. El primero sirve para marcar las distancias con el darwinismo

---

302 *The Satanic Temple Fact Sheet*. Reverendo Joel Ethan. Church of Satan. churchofsatan.com/the-satanic-temple-fact-sheet/

303 thesatanictemple.com/blogs/the-satanic-temple-tenets/there-are-seven-fundamental-tenets

social del Papa Negro al señalar que «hay que esforzarse para actuar con compasión y empatía hacia todas las criaturas de acuerdo con la razón», una reformulación de las Afirmaciones 4 y 6. También se pueden apreciar paralelismos entre el Pilar Fundamental V («Las creencias deben adaptarse a la mejor comprensión científica del mundo. No hay que distorsionar los hechos científicos para hacerlos encajar con las creencias personales») y la segunda Afirmación («Satán representa la sabiduría inmaculada en lugar del autoengaño hipócrita»). Entre las diferencias destaca la enconada defensa de las libertades individuales, y su rechazo al concepto de *Ley y Orden* defendido por LaVey (creen que la conciencia está por encima de las normas injustas).

Un dato curioso es que el TST no incluye como referencia *La Biblia Satánica* —la principal puerta de entrada al satanismo—, lo que se explica por la rivalidad que mantienen ambas organizaciones. Pero existen otras muchas discrepancias entre una y otra: la organización de Greaves no se entiende sin el activismo social y no rehúye el enfrentamiento con el cristianismo más conservador, mientras que la de LaVey solo está interesada en el estudio del satanismo y evita las polémicas. Además, la primera se aleja de la imagen de orden iniciática y carece prácticamente de grados, más allá de un curso para convertirse en ministro, que habilita para poder oficiar rituales como bodas, entierros, abortos, bautizos satánicos o *desbautizos* de otras confesiones. De hecho, el propio Greaves tiene el cargo de portavoz (rechaza títulos como Sumo Sacerdote o similares), aunque en su organización no se mueve un papel sin su consentimiento. Del Consejo Nacional, el órgano más importante, apenas existe información

LA CIENCIOLOGÍA DEL SATANISMO

Una de las preguntas que se hacen los detractores del Templo Satánico es si sus acciones tienen algún impacto real. Por ejemplo, en el caso del monumento de los Diez, cuanto llevaron a cabo fue irrelevante. Fue la Unión Americana de Libertades Públicas (ACLU) —en representación de dos cristianos— la que logró que la Corte Suprema de Oklahoma retirara el monumento por inconstitucional, aunque Greaves se apuntó el tanto. En Arizona tuvo lugar una polémica similar, con resultados parecidos. De hecho, aunque el TST es famoso por sus litigios, casi todos los pierde.

Como buena asociación satanista, las disputas internas y los cismas son parte de su biografía. El primer caso sonado fue la salida de la portavoz nacional, fundadora de la primera Congregación (el equivalente a los grottos) y activista a favor del aborto, Jex Blackmore.[304] La tensión entre Blackmore y Greaves comenzó cuando el TST fue invitado a un debate sobre este tema, y el que acudió fue Greaves (los otros tres participantes también eran hombres). Pero lo que marcó su ruptura fue una *performance* organizada por ella a título personal, en la que, rodeada de cerdos empalados en lanzas, aseguró que iban «a irrumpir en conferencias de prensa, secuestrar a un ejecutivo, soltar serpientes en la mansión del gobernador, ejecutar al presidente». Una propuesta demasiado radical para lo que es habitual en el TST. Blackmore se fue entre críticas a sus antiguos compañeros.[305]

Más grave fue cuando Twitter decidió suspender la cuenta de Lucien Greaves y este contraatacó denunciando a la compañía.[306] Su abogado fue Marc Randazza, conocido por haber defendido a Alex Jones —el Papa Oso de la conspiranoia—, a Milo Yiannopoulos (editor de la web ultraderechista *Breitbart*

---

304 «Jex Blackmore swallows abortion pill on Fox News: "It's literally this easy"». Ramona Flores y Carrie N. Baker. Ms. 1/II/2002.

305 «Satanic artist and activist Jex Blackmore on her controversial role in the documentary Hail Satan?». Anna Merlan. *Jezebel*. 20/V/2019. https://www.jezebel.com/satanic-artist-and-activist-jex-blackmore-on-her-contro-1834791520

306 «The Satanic Temple is divided over its leader's decision to hire Alex Jones's». Tara Isabella Burton. 9/VIII/2018. *Vox.com.* lawyervox.com/2018/8/9/17669894/satanic-temple-alt-right-marc-randazza-lawyer-lucien-greaves

News) o a Andrew Angling (fundador de *The Daily Stormer*, de orientación neonazi). Por un lado, el letrado actuaba *pro bono*, lo que para algunos pudo servir como disculpa; para otros, fue la evidencia de que quería utilizar al TST para limpiar su imagen. Greaves defendió la idoneidad de Randazza para el caso en una polémica que recuerda a cuando el abogado de la ACLU, el judío David Golderberg, ganó en 1978 el caso que permitió una manifestación nazi en Illinois, y que sentó jurisprudencia sobre el alcance de la Primera Enmienda.[307] En todo caso, el debate se saldó con la salida de la delegación de Los Ángeles, que pasó a llamarse HelLA.

Otra de las rebeliones internas parece una tormenta en un vaso de agua. Durante una visita a la sede del TST en Salem, en junio de 2023, el expresidente de la Asociación Americana de Ateos, David Silverman, subió una foto suya a Twitter con Greaves. Silverman había dimitido años antes de su cargo en la AAA por un presunto acoso sexual y haber realizado algún comentario aparentemente tránsfobo.[308] Los hechos se remontaban a 2018, pero eso no impidió que muchos miembros exigieran a Greaves una disculpa, algo a lo que se negó a hacer alegando que se tomaba fotos con mucha gente (de hecho, no consta que tuvieran más relación que esa). Al final, la delegación británica decidió independizarse, lo que afectó profundamente a la expansión internacional de la entidad. Este caso, más que el carácter autoritario del fundador, habla de lo fina que tienen la piel algunos satanistas.

307 «The Skokie Case: How I came to represent the free speech rights of nazis». David Golderberg. 2/III/2020. Aclu.org. aclu.org/issues/free-speech/skokie-case-how-i-came-represent-free-speech-rights-nazis

308 «This firebrand atheist was just fired after allegations of financial conflicts and sexual assault». Peter Aldhous. 13/IV/2018. BuzzFeed.news. buzzfeednews.com/article/peteraldhous/david-silverman-atheist-fired-sexual-misconduct

TEMPLO DE SATÁN S.L.

Pero el caso que más problemas le ha traído a Greaves es el juicio contra cuatro exmiembros (David Alan Johnson, Leah Fishbaugh, Mickey Meeham y Nathan Sullivan), a los que reclamaba 140.000 dólares por utilizar el Facebook de la organización para acusar a sus máximos representantes de antisemitismo (a partir de unas declaraciones realizadas en un programa de radio una década antes de formar el TST), abuso de poder y ser una secta que se hace pasar por religión. Dado que la organización defiende en sus Pilares el derecho a «ofender», la decisión no gustó a muchos de sus miembros. Además, si considera la rebelión como algo sagrado, no parecía coherente actuar así a los díscolos. La respuesta fue que las acusaciones eran calumniosas (incluían transfobia, misoginia, racismo y apoyar la violencia policial) y que se hicieron desde una cuenta que no les pertenecía a ellos, sino al TST. La lucha contra los activistas destapó algo más oscuro, lo que, en algunos círculos, le valió el sobrenombre de la «Cienciología para góticos de centro comercial» del Satanismo (en alusión a la secta de Ron L. Hubbard por su férrea estructura interna y la dureza con que trata a sus exmiembros).

El 25 de enero de 2024, tras tres años de litigios (y varias derrotas), el TST renunció al caso contra los rebeldes. Durante este tiempo, recaudó fondos para actuar contra cuatro personas acusándoles de unos cargos que no consiguió probar. Los señalados denunciaron haber sido víctimas de un SLAPP (Strategic Lawsuit Against Public Participation), un juicio que solo busca arruinar al contrario (otra táctica que se atribuye a Cienciología). Uno de ellos, de hecho, se declaró en bancarrota. El caso afectó mucho a la imagen del TST en el *milieu*.

La batalla judicial sacó a la luz otra cuestión. Al convertirse en religión y conseguir la exención de impuestos federales (algo contra lo que habían hecho campaña), han conseguido un arma importante para luchar por la separación Iglesia-Estado pero, para algunos, el resultado es el contrario: lo que han logrado es blanquear lo que hacen cientos de Iglesias ultraconservadoras, verdaderos imperios económicos libres de impuestos. Por otra parte, ¿quién realmente no tiene que abonar ese dinero?[309] Aquí la respuesta es más complicada, ya que existen dos TST, uno es un culto exento de impuestos y otro, una empresa comercial, y son casi imposibles de distinguir: El Templo Satánico Inc. (la Iglesia)[310] y El Templo Satánico (en realidad, United Federation of Churches LLC, que posee los derechos de imagen y las marcas que utiliza la anterior). Ambas tienen la misma sede, misma web, mismos dueños y mismas fuentes de financiación. A eso se suma que el director, presidente, tesorero y administrativo de la firma es Douglas Misicko (Lucien Graves es una marca registrada).

Por su parte, el cofundador del TST, Malcom Jarry, aunque rara vez se deja ver y no está claro cuál es su relación actual con este, también ha sido objeto de críticas. La anécdota roza lo surrealista, pero ha dado munición a los que creen que todo es un montaje.[311] La polémica tiene como origen la isla de Tana (Vanuatu), situada en un archipiélago al este de Australia, que obtuvo su independencia en 1988. Allí existe un culto-cargo desde la Segunda Guerra Mundial que incluye la creencia mesiánica de que, un día, llegará a la isla John Frum, un americano enviado por los dioses para que el país recupere el esplendor supuestamente perdido. Periódicamente, se acerca algún extranjero para reclamar el título de Mesías (o, al menos, su profeta), y uno de ellos fue Jarry. Pese a que su aventura no tuvo nada que ver con el TST

---

309 «What the hell is "The Satanic Temple"?» 12/V/2022. Queersatanic.com queersatanic.com/what-the-hell-is-the-satanic-temple-ep-5-the-satanic-temple-inc/

310 corp.sec.state.ma.us/CorpWeb/CorpSearch/CorpSummary.aspx?sys-value=_YbpplnTcVY4HJ4Mm3CDvw5DWa26_Obxh0Q1KZP4W2Q-

311 *The Satanic Temple leader & cargo cult messiah*. Veritas et Caritas. www.youtube.com/watch?v=tpiswunQh40&t=320s

—ocurrió antes de su fundación—, y que los habitantes de la isla de Tana no se lo tomaron en serio, la anécdota arrojó muchas dudas sobre la catadura moral del personaje y sus verdaderas intenciones en la Iglesia que ayudó a fundar.

SACRIFICIOS HUMANOS

Uno de los temas en los que el TST mejor se ha posicionado es en el del aborto. Es una de sus razones de ser y aparece mencionado en el Pilar III («El cuerpo de cada uno es inviolable, sujeto únicamente a su propia voluntad»). Sus esfuerzos se redoblaron tras la sentencia del Tribunal Supremo del caso Dobbs contra la Jackson Women's Health Organization,[312] de junio de 2022, que despojó a este derecho de protección constitucional. La estrategia legal del TST consiste en intentar utilizar la carta de ser una religión reconocida para acogerse a los privilegios que la derecha más conservadora ha impuesto pensando sobre todo en los cristianos.

El punto de partida fue el caso Hobby Lobby (de 2014), por el que el Tribunal Supremo reconoció el derecho de una empresa a no incluir métodos anticonceptivos en el seguro médico de sus trabajadores porque violaba sus creencias. El primer intento del TST en su lucha por el derecho a elegir tuvo lugar en Misuri un año más tarde. Allí, la ley estatal obliga a las mujeres a esperar 72 horas desde que visitan un centro de interrupción del embarazo hasta que este se lleva a cabo. El resultado fue una derrota sin paliativos. No solo perdieron el juicio, sino que Mary Doe —seudónimo de la chica en cuyo nombre se inició el litigio— acabó echando pestes de Greaves y compañía, asegurando que la habían engañado y amenazado para no abandonar el caso cuando empezó a sentirse manipulada. Nikki Moungo, la satanista

---

312 *Roe v. Wade overturned: How the Supreme Court let politicians outlaw abortion.* Planned Parenthood.plannedparenthoodaction.org/issues/abortion/roe-v-wade

que hizo de enlace con Mary, dejó el TST descontenta por cómo se había llevado el proceso. Para añadir insulto a la herida —y a los elevados costes—, en 2017, otra sentencia tumbó la legislación contra la que los satanistas luchaban.[313] Pero, aunque el mérito correspondía a la asociación Planned Parenthood,[314] el TST aprovechó para apuntarse el tanto.

La derrota en los tribunales —convertida en un éxito de relaciones públicas— tuvo su segunda parte con la puesta en marcha de la Clínica Abortiva Satánica Mamá de Samuel Alito, llamada así en honor del ultraconservador (y polémico) presidente del Tribunal Supremo, bajo cuyo mandato el derecho a la interrupción del embarazo dejó de tener cobertura constitucional. Ubicada en Nuevo México (uno de los Estados más progresistas del país en la materia), el centro ofrece sobre todo teleasistencia y permite a las mujeres recibir por correo píldoras abortivas en todo EEUU a un precio muy inferior al de mercado. Paralelamente, el TST creó un ritual específico para poner en práctica en el momento de ingerir el misoprostol. La estrategia de los satanistas recibió aplausos, pero también críticas de sectores progresistas, al vincular la interrupción del embarazo con el culto al maligno, algo que ha sido utilizado por los ultraconservadores como prueba de que este derecho es una especie de sacrificio humano. Otros opinan que los de Greaves apuestan por prácticas más propias del *shock rock* para lograr rédito mediático más que por una sincera toma de postura en la materia.[315] En realidad, es un poco de ambas cosas, aunque los reproches tienen parte de razón. A los pocos meses de abrir, la clínica

---

313 «The Satanic Temple sought to upend Missouri abortion law. Their plans went to hell». Danny Wicentowski. 8/V/2918 Riverfromtimes.com. riverfronttimes.com/news/the-satanic-temple-sued-missouri-to-push-for-abortion-rights-then-everything-went-to-hell-31557301?showFullText=true

314 «Judge blocks abortion restrictions that left Missouri with one clinic». Caroline Cournoyer. 20/IV/2017. Governing.com. www.governing.com/archive/tns-abortion-missouri-judge.html

315 «The Satanic Abortion Clinic that's pissed off pretty much everyone...and might beat the bans anyway». Arielle Domb. 14/XI/2023. *Cosmopolitan*. cosmopolitan.com/lifestyle/a45613416/satanic-group-abortion-clinic-samuel-alito-mom/

tuvo que reducir su personal de cinco enfermeras a tres (y al menos dos, a tiempo parcial). El 30 de abril de 2023, coincidiendo con la Noche de Valpurgis, anunciaron la apertura de una segunda clínica. Paralelamente, el TST se ha embarcado en dos nuevos juicios para lograr que se reconozca el derecho de las satanistas a abortar según a sus creencias en Idaho, Indiana y Texas. Dos procesos penales igualmente costosos (el de Misuri supuso unos costes de unos 15.000 euros al mes) y de resultado incierto: de momento, los intentos en Texas e Indiana se han saldado con dos estrepitosos fracasos.

Al Templo Satánico hay que reconocerle el mérito de haber sacado de su letargo al satanismo, llevarlo a las portadas de los periódicos, y creado una versión de la Iglesia de Satán más acorde al siglo XXI. Con presencia en casi todos los estados de EEUU y en países como Alemania, Canadá y Australia, su ejemplo (o su mal ejemplo) ha dado lugar a la aparición de nuevas asociaciones, de las que la Global Order of Satán (una escisión de su delegación en Inglaterra) es la más importante. Esta, con seguidores en varios países (en Francia, EEUU, Polonia, Alemania, Suecia y Austria), la coincidencia de objetivos y doctrina con la anterior es casi absoluta, pero se presentan como una solución a los problemas organizativos y de liderazgo que plantea el TST.

El futuro del satanismo está aún por escribir, pero parece que este pasa más por mostrar su capacidad para llevar a buen término su activismo social que por una renovación doctrinal que, de hecho, ya ha tenido lugar.

Exorcistas,
los apóstoles de Satán

Vivo encerrado en mi jaula, yo no castigo ni nada.
Yo no dirijo el infierno ni compro almas usadas.
Cuando miro un exorcismo solo me río a carcajadas,
pues si tuviera demonios, no harían ninguna *trolada*.

El diablo cuenta su historia. GREEN A

En sus tres años de prédicas, si algo hizo Jesús fueron exorcismos. Algunos autores los relacionan con que, en aquellos tiempos, muchas enfermedades se atribuían a causas sobrenaturales. Es un dato real pero, en este contexto, estos rituales son una manera simbólica de mostrar el poder del Nazareno sobre el Mal, y cualquier otra interpretación se aleja de su verdadero significado. Todos los evangelistas reconocen que Jesús obró estos prodigios, pero si nos ceñimos a los que testimonió Marcos (el que más relata) es evidente que hay que hacer una lectura más simbólica que literal para entender la profundidad de su mensaje. Que todos estos episodios sucedieran en público no es casualidad, pues complementan la labor de Jesús como predicador.

En todo caso, es cierto que alguno de estos relatos parece describir sucesos basados en la realidad, como una crisis epiléptica,[316] pero Marcos advierte en ese caso que se trata de una enseñanza. En otro de los casos, el testimonio parece describir un episodio de sansonismo, que no es más que una forma de evidenciar el poder de Satán:[317]

> Apenas desembarcó, le salió al encuentro, de entre los sepulcros, un hombre poseído de espíritu inmundo. Y es que vivía entre los sepulcros; ni con cadenas podía ya nadie sujetarlo; muchas veces lo habían sujetado con cepos y cadenas, pero él rompía las cadenas y destrozaba los cepos, y nadie tenía fuerza para dominarlo.

Pero ese episodio se salda con un grupo de demonios («Me llamo Legión, porque somos muchos») saliendo del cuerpo del poseso para refugiarse en una piara de cerdos que, finalmente, se lanza por un barranco. El sentido del relato, mostrar el poder de Jesús sobre el demonio, es aún más evidente. En otro ejemplo,[318] es aún más fácil apreciar su valor ejemplarizante: Jesús habla con una mujer fenicia que le cuenta que su hija está poseída. Tras comprobar que es muy sabia (ella le vence en un debate), decide curar a la enferma a la que ni siquiera conoce porque está en su casa. La moraleja es doble: plasmar la visión del Nazareno sobre las mujeres y mostrar que su mensaje también va dirigido a los gentiles.

Hay más datos que invitan a darle un valor simbólico a estos hechos (al margen de su veracidad), y es que el poder de sacar a los demonios no es innato ni se aprende, sino que es un don que Jesús transmite a sus apóstoles:[319] es una prueba de fe. Se puede señalar también que la descripción de exorcismos concretos va desapareciendo en los Evangelios más tardíos (Juan, el último evangelista, no describe un solo caso), algo

---

316 *Marcos* 1:23-27.
317 *Marcos* 5:3-5.
318 *Marcos* 7: 24-30.
319 *Marcos* 12:7.

que no ocurre con los milagros.[320] Al respecto cabe destacar la reflexión que realiza el catedrático Santiago Guijarro sobre la dimensión política (y simbólica) de la figura de Jesús. «Al interpretar la expulsión de los demonios como un signo de la llegada del reinado de Dios, y al integrar sus exorcismos en una estrategia destinada a la restauración de Israel, Jesús amenazaba la estabilidad del orden social»,[321] señala. Lamentablemente, lo que ha quedado para la historia es la simple anécdota, la capacidad del maligno de manipular a sus víctimas y provocar una serie de reacciones (insultos, glosolalia, escupir clavos, levitación…) sin mayor trascendencia. No interesan las consecuencias, solo el hecho. Y cuanto más *gore*, mejor.

HISTORIA DE LOS EXORCISMOS

Los exorcismos de Jesús no deben hacer olvidar que es un fenómeno universal, que se repite en distintas culturas, y cuyos orígenes se pierden en la noche de los tiempos.[322] Aunque es difícil situar el primer exorcismo, uno de los más antiguos de los que hay constancia[323] tuvo lugar en Mesopotamia y aparece descrito en tableta cuneiforme del 630 a.C. En ella se habla de una persona cuya enfermedad es atribuida a un demonio del desierto y, para librarlo de ella, se apela al dios babilónico Marduk, al tiempo que se rocía al paciente con una solución de agua y hierbas. Al final, el demonio sale del cuerpo, se mete en una piedra, y logran deshacerse de él. El ejemplo evidencia cómo el rito se ajusta a cada cultura: si no fuera un constructo social tendría las mismas características en cualquier época y lugar. Además,

---

320 «Los exorcismos de Jesús», Santiago Guijarro Oporto. *Revista trimestral de la Asociación Bíblica Española.* Nº 32, 2001.

321 «La dimensión política de los exorcismos de Jesús», Santiago Guijarro Oporto. *Estudios Bíblicos.* Vol. LVIII. Cuaderno 1, 2000

322 *Exorcistas y posesas a través de la historia,* Víctor Zalbidea, p. 7. Tropos Editora, 1975.

323 *The Penguin book of esxorcisms,* Jospeh P. Laycock, pp. 3-4. Penguin, 2020.

cuando hay diferencias —generalmente muy superficiales— es por el proceso de aculturación a un contexto concreto. Entre los católicos, son muy escasos, se llevan a cabo en la intimidad y tras un largo proceso que incluye la intervención de un psiquiatra. En cambio, entre las comunidades evangélicas se hacen durante las misas, en grupo y a la vista de todos los feligreses. La lucha contra el demonio se ajusta a la liturgia de cada creencia.

A falta de una medicina digna de tal nombre, la religión era una respuesta posible ante la enfermedad. Hipócrates (460-c 370 a.C.) fue uno de los primeros en intentar describir la «enfermedad sagrada», con un análisis que sigue siendo válido:[324]

> A propósito de la llamada enfermedad sagrada he aquí lo que ocurre: me parece que no es en modo alguno más divina ni más sagrada que las demás enfermedades, sino que tiene una causa natural. Pero los hombres creyeron que su causa era divina o por inexperiencia o por el carácter maravilloso de la dolencia, que no se parece en nada a las otras enfermedades. Y si la imposibilidad de conocer lo divino confirma su punto de vista, la banalidad del sistema de curación que adoptan lo contradice, dado que la tratan por medio de purificaciones y encantamientos. Ahora bien, si se ha de considerar divina por sus extraordinarios rasgos, serán muchas las enfermedades sagradas y no una sola, porque yo demostraré que aquellas otras a quienes nadie considera sagradas no son menos extraordinarias ni prodigiosas […].
>
> Yo creo que los primeros en considerar sagrada esta enfermedad fueron hombres del tipo de los magos, purificadores, charlatanes y embusteros aún hoy existentes. También éstos presumen de muy piadosos y de saber más que nadie. Y en efecto, estos hombres, amparándose en lo divino, utilizándolo como pretexto de su incapacidad para encontrar un remedio que con su administración reportase alguna utilidad, y para no ser tachados de ignorantes, consideraron sagrada esta afección […].

---

324 «Sobre la enfermedad sagrada». *Hipócrates. Boletín del Instituto de Estudios Helénicos*, Vol. 4, N° 1, 1970. revistes.ub.edu/index.php/EstudiosHelenicos/article/view/5318

La expansión del cristianismo no cambió la creencia en el origen de algunas enfermedades tenían, solo sustituyó los ritos paganos por rezos. El primer texto en incluir fórmulas para extraer los espíritus malignos del cuerpo del poseso es el *Statua ecclesiæ latinæ*, que data del siglo XV, todavía muy alejado de lo que llamaríamos un exorcismo moderno. El verdadero cambio llegó y lo hizo —como todo en religión— como respuesta a un clima social y político: la Reforma de Lutero.

En 1571, el profesor de Teología de la Universidad de Wittenberg, Martín Lutero desafió al Vaticano con su famoso *Cuestionamiento al poder y eficacia de las indulgencias* (también conocido como *Las noventa y cinco tesis*). Al principio, la Iglesia no le dio importancia, hasta que vio que su popularidad se extendía por el Sacro Imperio Germánico y recibía el apoyo de príncipes y monarcas. Es cuando entran en escena el franciscano Girolamo Menghi, autor de *Flagellum Daemonun* (1586) y *Fustis Daemonun* (1587), y del cardenal Pierre de Berullé (*Traicté des energumenes*, 1599), para los que todo podía ser signo de posesión.

En estos textos se basó la Iglesia Católica para codificar por primera esta práctica. En 1614, vio la luz *De exorcismis et supplicationibus quibusdam* (*De los exorcismos y ciertas súplicas*),[325] incluido en el Ritual Romano, que establecía claramente todas las oraciones que debía proferir el sacerdote para expulsar a Satanás del cuerpo de la víctima y añadía cuestiones prácticas, como la manera de mezclar la sal con el agua bendita o en qué momento extender las manos o juntarlas. A su sombra aparecieron otros trabajos como el del mexicano Fray Diego de Céspedes (*Libro de conjuros*, 1641), con el que nace la clásica imagen del sacerdote con estola, cruz en una mano y agua bendita en la otra, o el español Benito Remigio Noydens (*Práctica de exorcistas y ministros de la Iglesia*, 1662), cuya obra se convirtió en un auténtico *best seller*.

---

325 castillodelmonoosorio.com/salones/imagenes_salones/documentos/ritual_catolico_romano.pdf

En 1999, Juan Pablo II autorizó la actualización del Ritual Romano y nació el *Exorcismo para el Nuevo Milenio*.[326] Pero, por lo visto, lo que el texto ganó en modernidad lo perdió en eficacia y los exorcistas actuales siguen prefiriendo la edición original.

El primer retrato de una persona diagnosticada con como «demonomaniaca», realizado por Ambroise Tardieu (c. 1837) para un libro del doctor Jean-Étienne Esquirol.

---

326 «En nombre de Cristo, te lo ordeno, ¡sal!». Fernando Paz. 21/VIII/2012. Revista *Alba*. fluvium.org/textos/iglesia/igl1204.htm

LA CIENCIA DE LA POSESIÓN

Hipócrates fue el primero que intentó entender «la enfermedad sagrada», pero la posesión como patología mental no llegará hasta después de la Ilustración. La primera descripción completa apareció en *Des maladies mentales considérées sous le rapport médical, hygiénique, et médico-légal* (1838), del ilustrado francés y uno de los padres de la psiquiatría moderna Jean Étienne Dominique Esquirol (1772-1840). Para él la *demonomía* (rechazaba el término *posesión* porque no creía en los demonios), se podía encontrar de dos formas: simple (la creencia de estar poseído) y complicada (acompañaba de demencia, parálisis, furores...). Él la percibía como una versión en negativo de la *teomanía* (la creencia de estar en contacto con Dios), pero esta, al no tener ningún estigma social, no solía tener consecuencias tan devastadoras para un enfermo que, al sentirse víctima de una maldición, proyectaba su dolencia sobre terceros o contra sí mismo en forma de lesiones (suicidio incluido).

Esquirol consideraba la demonomanía como una variante de la *lypemanía* (lo que hoy llamaríamos depresión severa), cuyas características se explicaban por el escaso nivel cultural de la víctima, una religión exacerbada, la pobreza o un ambiente político y social que podía favorecer el contagio de los síntomas. «Mientras más se perseguía a los brujos y poseídos —escribió—, más elementos añadíamos a su suplicio, más aumentaba el número de enfermos al exaltar su imaginación».[327]

En su tratado, en el que demuestra una increíble empatía con los enfermos, recuerda que «la asistencia de los ministros de la religión rara vez se ha visto seguida de éxito, sobre todo de un éxito durable»,[328] una crítica poco disimulada

---

327 *Des maladies mentales considérées sous le rapport médical, hygiénique, et médico-légal*, Jean Étienne Dominique Esquirol, p. 500. J.B. Baillière. París 1838.
328 *Ibid*, p. 420.

a esa tortura física y psicológica que supone someter a un enfermo mental al «gran suplicio» del exorcismo, del que el afectado no se libraba hasta que actuaba como se esperaba de él. Su propuesta: dieta sana, tranquilidad e ingreso en un centro especializado. No rechazaba que un sacerdote acompañara a la víctima en su proceso de sanación, simplemente se negaba a reconocer la utilidad de los exorcismos más allá de su capacidad para empeorar las cosas.

Las conclusiones del alienista siguen totalmente vigentes. El origen de la demonomanía, insistía, era «la ignorancia, los prejuicios, la debilidad y la pusilanimidad del espíritu humano», provocada por «la inquietud, el miedo [y] el espanto», y la principal causa eran «las falsas ideas sobre la religión».[329] Añadió además que su declive —en su época los casos eran muy pocos— se explicaba más por una mejor formación religiosa y una mayor educación en todas las clases sociales que por cuestiones teológicas.

Lo que describió Esquirol no es tan diferente de lo que la ciencia sostiene actualmente. La posesión ha desaparecido del manual diagnóstico y estadístico de los trastornos mentales de la Asociación Americana de Psiquiatría (el DSM-5, editado en 2013), pero hasta su anterior edición lo consideraba un trastorno de identidad disociativo. No es que haya cambiado de opinión, simplemente ya no le dedica una categoría propia. Por su parte, la Clasificación Estadística Internacional de Enfermedades, que no se ha revisado desde 1993, define los trastornos de trance y de posesión como aquellos «en los cuales hay una pérdida temporal del sentido de la identidad personal y de la plena conciencia del entorno». Precisa la institución que solo cabe incluir en esta categoría los casos cuando los que son «involuntarios o no deseados y que tienen lugar fuera de situaciones religiosas o culturalmente aceptadas».[330]

---

329 *Ibid*, p. 517.

330 *Clasificación Estadística Internacional de Enfermedades y Problemas Relacionados con la Salud. Décima Revisión*. Volúmen 1, p. 327. ais.paho.org/classifications/chapters/pdf/volume1.pdf

El ciego y mudo poseído por demonios de James Tissot (1886-1894),
inspirado en la curación del endemoniado mudo descrita por Mateo.

Mientras que la ciencia ha intentado aportar una dosis de cordura, la Iglesia sigue a la suya. La Asociación Internacional de Exorcistas, en pleno siglo XXI, sostiene que las posesiones son reales y ha creado su propio centro para acreditar al personal. Vivir en pecado mortal, relacionarse con el ocultismo (que incluye desde la masonería al yoga pasando por el Tarot), el rencor, los maleficios recibidos y las heridas que puede sufrir una persona en el vientre materno.. pueden desencadenarla.en un alarde de cinismo digno de encomio, se incluye el abuso sexual, pues «la violación está en un nivel maligno semejante a los maleficios lanzados contra una persona. Es mucho peor cuando la víctima es menor y cercana al agresor».[331] El curso (que cuesta 400 euros) está organizado por el Ateneo Pontificio Regina Apostolorum (en colaboración con la Universidad de Bolonia), organización dependiente de los Legionarios de Cristo. Esta organización fue fundada por el sacerdote mexicano Marcial Maciel, a quien sus propios seguidores reconocen autor de un mínimo sesenta casos de pederastia,[332] un tercio del total ocurridos entre sus filas. En un caso paradigmático de disonancia cognitiva, el curso incluye la charla «La pedofilia y la pornografía infantil y los vínculos con ritos ocultos y satánicos» que, en su última edición (mayo de 2024) impartió el sacerdote Fortunato Di Noto, fundador de la Asociación Meter,[333] un nombre parece un chiste y una provocación a partes iguales.

---

331 «Exorcista explica cuáles son las cinco brechas que muchos abren al demonio... y 10 consejos para ser de Cristo», Luis Santamaría del Rio. *Portal Luz*. 3/XI/2023. portaluz.org/accion-del-mal/18325749/Exorcista-explica-cuales-son-las-cinco-brechas-que-muchos-abren-al-demonio-y-10-consejos-para-ser-de-Cristo.html

332 *Hacia una cultura de 0ABUSOS*. Legionarios de Cristo, p. 11. 26/II/2020. 0abusos.org/wp/wp-content/uploads/2020/02/conversion-reparacion-proteger-sanar-informe-abusos-legionarios.pdf

333 https://sacerdos.org/wp-content/uploads/2024/04/Programma-corso-esorcismo-maggio-2024-CV-ESP-1.pdf

EN EL CINE

Los exorcismos, tal y como se conciben hoy, le deben más al cine que a la religión. El señor oscuro fue muy madrugador en lo que aterrorizar al público se refiere. *La mansión del diablo*, su primera incursión en el séptimo arte, de la mano de George Meliès, data de 1896. Su presencia fue muy escasa hasta finales de los sesenta, cuando un puñado de excelentes películas volvieron a ponerlo de moda. Unas eran superproducciones, otras joyas del cine B, pero todas aportaron algo. La lista, no exhaustiva, incluye títulos como *La semilla del diablo* (Roman Polanski, 1968), *La novia del diablo* (Terence Fisher, 1968*), Carrera con el diablo* (Jack Starrett, 1975), *La profecía* (Richard Donner, 1976), *Los demonios* (Ken Russell, 1979)... pero ninguna tuvo tanta influencia como *El exorcista* (William Friedkin, 1973), la adaptación de la novela homónima de William Peter Blatty publicada dos años antes.

Linda Blair, Max von Sydow y Jason Miller en una escena de *El exorcista*, de William Friedkin.

No hay una sola explicación al éxito de la película: un guion sin fisuras (ganó el Oscar), una banda sonora genial (el *Tubular Bells* de Mike Oldfield), un elenco con actores de la talla de Max von Sydow y Lee J. Cobb... y una campaña de publicidad basada en una presunta leyenda negra. El rodaje fue un infierno que se prolongó el doble de lo previsto y multiplicó por tres el presupuesto. Ocurrió de todo: un incendio arrasó los decorados, varias personas relacionadas con el rodaje murieron antes del estreno (los más conocidos, los actores Jack MacGowran y Vasiliki Maliaro, pero la lista de bajas se estiró hasta incluir a familiares de los técnicos para inflar la cifra a nueve nombres). Paul Bateson (un secundario) acabó años después condenado a veinticuatro años de cárcel por asesinar a un homosexual (aunque se le relacionó con otros seis casos). Cualquier anécdota se magnificaba para publicitar la película: hasta se contrató a un sacerdote para hacer guardia durante el rodaje. Como era de esperar, esos sucesos tan presuntamente misteriosos llevaron a su director, Friedkin, a creer en el poder del maligno[334] (aunque, tras la campaña de promoción, no volvió a hablar del tema).

La cinta tuvo un estreno más bien modesto, en apenas veinticinco salas, pero el boca a boca la convirtió en uno de los grandes éxitos de taquilla de la Warner. En 2010, la librería del Congreso la incluyó en el National Film Registry. No está mal para un título que, según *Rolling Stone*, era «porno religioso», que *The New York Times* había resumido como «burradas ocultistas» y que *The Times* despachó como «una cruda porción de gran guiñol». Cierto es que también hubo críticas positivas: el *San Francisco Chronicle* recibió una carta firmada por el Asesino de Zodíaco diciendo que era «la mejor camedia (*sic.*) saterica (*sic.*) que había visto nunca».[335] Para gustos, colores.

Pero lo que más asustó a la audiencia es que se basaba en un caso que era real, el de un adolescente que, a finales de los años cuarenta, había sido sometido a casi treinta sesiones de exorcismo. Blatty leyó de joven un artículo sobre el caso

---

334 «The curse that hangs over The Exorcist», Benjamin Fort. *Castle of Frankenstein* n° 22, p. 34. 1974. archive.org/details/Castle_of_Frankenstein_022_whole_Vol6n2_1974c2cChersUsedRazor-DREGS/page/n33/mode/2up

335 «What possessed us?». Dr. Leo Ruickbie. Fortean *Times* 313 (abril 2014), pp. 30-32.

en *The Washington Post*,[336] escribió sobre él en el periódico de su instituto, y desde entonces pensó que podía ser el material para una buena novela. No se equivocaba. Según la prensa, un joven de catorce años de Mount Rainier (Maryland) comenzó a presentar una conducta muy extraña, para la que no había explicación. Finalmente, se pensó que podía estar poseído y se le sometió a unos treinta exorcismos en su casa tras analizar su caso sin éxito en el Hospital Universitario de Georgetown University Hospital y el de la Universidad de San Louis. Entre otras escenas, los sacerdotes que le trataron (un jesuita y un protestante) vieron la cama del niño desplazarse por la habitación mientras dormía, le escucharon hablar en latín (lengua que desconocía), sufrir una fobia irracional hacia los símbolos religiosos o salir despedido de un sillón.

La historia completa no se conoció hasta que el periodista Thomas Allen publicó *Possessed: The true story of an exorcism* (1993). Según su investigación, la película contaba la historia real de un joven afroamericano (identificado como Rob Doe) nacido en una familia bastante pobre. En los exorcismos había participado tres sacerdotes de distintas confesiones: William Bowdern, Walter Halloran y Albert Hugues. Este último escribió un diario sobre los hechos en el que contaba que el niño, en uno de los trances, atacó a uno de ellos con un muelle (lo que le provocó una herida de cien puntos de sutura), que había aparecido la palabra «infierno» escrita en su pecho o que el diablo en persona se materializó durante una de las sesiones. Hasta diciembre de 1998 está fue la versión oficial.[337] Pero todo cambió cuando intervino el periodista Mark Opsasnick.[338]

---

336 «Priest Frees Mt. Rainier Boy Reported Held in Devil's Grip», Bill Brinkley. *The Washington Post* (20/VIII/1949). washingtonpost.com/wpsrv/style/longterm/movies/features/dcmovies/exorcism1949.htm

337 «La historia real de la niña de "El exorcista"«. Luis Alfonso Gámez. *Magonia*. 16/XI/2019. elcorreo.com/sociedad/entre-fantasmas/historia-real-nina-20191119123323-nt.html

338 «The Haunted Boy of Cottage City: The Cold, Hard Facts behind the Story that Inspired The Exorcist», Mark Opsasnick. *Strange Magazine* nº 20. Diciembre, 1998. strangemag.com/exorcistpage1.html

Actuando más como detective que como periodista, lo primero que consiguió descubrir el reportero es que los hechos no habían ocurrido en la calle 3210 de Bunker Hill Road de Mount Rainier, sino en el 3807 de 40th Avenue de Cottage City, un pueblo situado a pocos kilómetros del anterior. Parecía un dato secundario, pero eso le permitió ser el primero en entrevistar a los vecinos del misterioso Rob Doe. Así, la historia empezó a caer a trozos. Había datos casi cómicos, ya que la historia oficial incluía que la casa donde ocurrieron los hechos quedó reducida a cenizas misteriosamente. Solamente la primera parte era cierta: la quemaron intencionadamente los bomberos durante unas prácticas para nuevos reclutas aprovechando que llevaba años vacía y amenazaba ruina.

El verdadero nombre del protagonista era Roland Edwin Hunkeler,[339] un destacado ingeniero de la NASA que participó en la misión Apolo XI. Pese a tan respetables credenciales, su infancia no había sido fácil y, de hecho, fue un chico muy conflictivo. Su mejor amigo lo describía como «un auténtico cabrón» siempre presto a pelear o gastar bromas pesadas, por lo que los demás chicos del pueblo lo evitaban. Un padre ausente, una madre sobreprotectora y muy religiosa, y una tía aficionada a la ouija, crearon el caldo de cultivo para la historia que inspiró la película.

Durante los exorcismos a los que fue sometido, Hunkeler se limitó a comportarse como se esperaba de un poseso. Nunca hubo una agresión a un sacerdote, tampoco episodios de sansonismo. La cama que se movía tan misteriosamente tenía ruedas, las palabras que aparecieron escritas en la barriga de niño probablemente las escribió él con una barra de labios y su capacidad para hablar en latín se limitaba a repetir lo que el sacerdote le decía. ¿Hubo entre veinte y treinta exorcismos? Ni fueron tantos ni tuvieron lugar en la

---

339 «Demoniac: Who Is Roland Doe, the Boy Who Inspired "The Exorcist"?». J.D. Sword. *Skeptical Inquirer* Vol.45 nº6 noviembre/diciembre 2021. skepticalinquirer.org/2021/10/demoniac-who-is-roland-doe-the-boy-who-inspired-the-exorcist/

casa. Fue la madre de Rob la que lo llevó a la parroquia del padre Hughes y, posteriormente, hubo alguna sesión más a cargo del padre Bowdern. Halloran nunca participó directamente en los hechos, y presionado por Opsasnick se negó a calificar el episodio de posesión. Al final, un niño conflictivo y rebelde con un determinado contexto familiar, que en otra época hubiera acabado en un psicólogo, originó unos de los grandes *blockbusters* del cine moderno y puso de moda una profesión que parecía haber desaparecido hacía siglos.

LOS EXORCISTAS DE HACENDADO

El exorcista no es la única película que ha pretendido tratar el tema de los exorcismos basándose en «hechos reales». Entre estas destacan las dedicadas al matrimonio de cazafantasmas Lorraine y Ed Warren, conocidos por la saga del director James Wan que suma ya nueve títulos. La pareja se hizo famosa en los setenta investigando el inexistente misterio de la casa de Amityville.[340] La diligencia de los Warren para descubrir todo tipo de fenómenos paranormales solo era superada por su incapacidad para encontrar una sola prueba medio fiable con la que avalar uno solo de los casos en los que participaron en sus casi sesenta años de carrera.[341] Los que visitaron el museo de la New England Society for Psychic Research lo describen como «una buena representación de la calidad de sus investigaciones: todo paripé y nada de sustancia».[342] Annabelle, la famosa muñeca poseída (protagonista de cuatro películas de la saga) era la estrella de aquel trastero.

---

340 *Amityville: The Horror of It All.* Joe Nickell. Volumen 27, No. 1. Enero/ febrero 2003. skepticalinquirer.org/2003/01/amityville-the-horror-of-it-all/

341 «From Amityville to Annabelle, the Warrens on film are a lie», Aja Romano. Vox.com. 31/X/2023. vox.com/culture/23939024/ed-lorraine-warren-cases-hoax-real-conjuring-amityville

342 *Guía del universo para escépticos*, Steven Novella, p. 445. Paídos. Barcelona, 2020.

Lorraine y Ed Warren, el matrimonio de demonólogos
que el cine convirtió en famosos.

Ed, exconductor de autobuses reconvertido en demonólogo, y Lorraine (vidente y médium), investigaron muchos
casos de posesión, pero el más famoso fue el de Arne
Cheyenne Johnson, que tuvo lugar en 1981. Un día que esta
había bebido en exceso, tuvo una discusión con su jefe y
vecino, Alan Bono, y acabó matándolo a puñaladas. En su
defensa, durante el juicio, alegó que estaba poseído.[343] Los
Warren habían exorcizado meses antes a un niño de once
años y el demonio, al salir del cuerpo, no encontró mejor
refugio que el de Johnson, no sin antes anunciar el inminente crimen. Por extraño que parezca, al juez no le pareció
convincente el argumento y lo condenó a una pena de entre
diez y veinte años de la que solo cumplió cinco. El caso
apareció en la película Expediente *Warren 3: Obligado por el
demonio* (Michael Chaves, 2020) y en el documental *Juicio al
diablo* (Chris Holt, 2023).

Lo curioso de los Warren, familia ejemplar de píos católicos, es que escondían un pequeño secreto. En 2017, una

343 «"Expediente Warren": la verdadera historia del caso "Obligado por el
    diablo"», Ramón Álvarez. *Newtral.* 6/VI/2021. newtral.es/fact-fiction-
    expediente-warren-3-obligado-por-el-demonio/20210606/

mujer llamada Judith Penney contó que en 1963, con solo quince años, se mudó a vivir con la pareja. Al poco tiempo, con permiso de Lorraine, se convirtió en la amante de Ed. En 1978 quedó embarazada y la pareja le convenció para abortar. Según el testimonio de Penney, el famoso demonólogo, además, maltrataba físicamente a su mujer. En 2014 la joven denunció los hechos, doce años después de la muerte del cabeza de familia y cinco antes de que Lorraine falleciera, lo que puso punto final al caso.[344] Es imposible saber si las acusaciones eran ciertas, pero no deja de llamar la atención que en el contrato que la médium firmó con New Line para los derechos de *Expediente Warren 3: Obligado por el demonio* incluyera una cláusula que prohibía mostrarles «implicados en crímenes, incluyendo sexo con menores, pornografía infantil, prostitución o acoso sexual». *Excusatio non petita...*

EXORCISTAS, EL PODER DE LA FANTASÍA

Antes de estrenar *El exorcista*, la Warner dudó sobre la pertinencia del título: creía que nadie sabría lo que eran; a día de hoy, forman parte de la cultura popular. Son, probablemente, los últimos románticos, la última carta de la Iglesia Católica para recordarnos el poder del maligno, aunque los casos remotamente verosímiles son tan escasos como exagerado es el interés mediático que despiertan. En el mundo hay ahora unos 800 expertos en esta tarea, la gran mayoría en Italia (290), y unos 37 en España, una cifra que ha ido menguando en los últimos años, donde apenas 18 de las 70 diócesis cuentan con uno.[345]

344 «War Over "The Conjuring": The Disturbing Claims Behind a Billion-Dollar Franchise». *The Hollywood Reporter*, Kim Masters y Ashley Cullins 12/XII/2017. www.hollywoodreporter.com/tv/tv-features/war-conjuring-disturbing-claims-behind-a-billion-dollar-franchise-1064364/

345 «Luis Santamaría: "Si hay un tema difícil de conocer, es la realidad del Ministerio del exorcismo"». religion.elconfidencialdigital.com/articulo/vaticano/luis-santamaria-tema-dificil-conocer-es-realidad-ministerio-exorcismo/20190509032111027873.html

Hablar de exorcistas obliga a citar al más popular y veterano de todos, el padre Gabriele Amorth (1925-2016), que desde 1986 hasta su muerte se dedicó *full time* a la lucha contra Satanás y aún le quedó tiempo de fundar la Asociación Internacional de Exorcistas, reconocida por el Vaticano en 2014. De su historia, lo único misterioso es cómo llegó a esquivar durante tan longeva existencia el espíritu de la Ilustración. Los datos hablan por sí solos: aseguraba haber realizado más de 70.000 sesiones de exorcismos[346] (una persona podía necesitar una o un centenar), 6.950 al año, 19 al día. De todos los casos que trató, aseguraba este estajanovista de la posesión, apenas un centenar podrían catalogarse como auténticas posesiones.

Pese a tan febril actividad, la única prueba de que algo de su biografía sea cierto fueron sus declaraciones y los testimonios (siempre sin nombre) de las personas a las que ayudó. Eso y dos kilos de objetos (clavos, cristales, trozos de hierro y de plástico...) que habían salido de la boca de los poseídos[347] y decía guardar en su habitación. De su biografía *Memorias de un exorcista: Mi lucha contra Satanás* (2010) se desprende que todas las personas a las que trató eran lo que podríamos llamar «normales». Por sus manos nunca pasó un banquero, el director de una multinacional o un político y, ¿casualidad?, ningún ateo. La ceremonia solía seguir el guión habitual: hablar en lenguas muertas, escupir, blasfemias, explosiones violentas, alguna levitación... y, como colofón, el poseso empapado de agua bendita tras haber padecido un buen rato de oraciones en latín.

Verjas cerradas que se abren con una bendición, los peligros del tarot, la *New Age* como puerta al maligno, un joven acosado por el espíritu de Elvis, demonios que reconocen que están mejor en el cuerpo de un poseso que en el infierno, las ventajas de invocar a Juan Pablo II para solicitar su intercesión...[348]. De todo hay en esa antología del disparate que

---

346 *Memorias de un exorcista: Mi lucha contra Satanás.* 141. Indicios, 2010.
347 *Ibid,* pp. 141.
348 *Ibid,* pp. 24, 100, 104, 129, 156 y 158.

son las memorias del Padre Amorth, en las que, por cierto, no falta la denuncia de que el Vaticano está infiltrado por sectas satánicas.[349] Pero lo más curioso es la inanidad de todo lo descrito: más allá del daño causado a la víctima, la posesión no tiene ninguna consecuencia práctica, es un fin en sí mismo. ¿Qué sentido tienen? ¿Qué buscan con ello el maligno y sus secuaces? La respuesta parece ser nada.

En España, el exorcista más famoso es Francisco Fortea, que gozó de cierto prestigio mediático durante la primera década del siglo XXI, hasta que en 2013 —a petición del obispo José Ignacio Munilla— tuvo que aparcar su *hobby*. En su defensa hay que decir que algunos de sus libros —como *Daemoniacum. Tratado de demonología* (2002)— son muy útiles para entender este fenómeno desde el punto de vista de quien los practica. Sus experiencias, en cambio, poco tienen que envidiar a los del padre Amorth. Últimamente, aunque con escaso éxito, el argentino Manuel Acuña ha intentado recoger su cetro. Su libro *Combate contra el mal* (2021) le granjeó sus quince minutos de fama al fundador de la Escuela de Exorcistas de Europa (cuya sede es el despacho de su casa, y en la que ocupa el cargo de director y único docente). Este argentino que tuvo que dejar su país por motivos que aún se desconocen —y en los que algo tuvo que ver un reportaje de la BBC[350] en el que mostraban su verdadero rostro— se trasladó posteriormente a Orihuela (Alicante). Ahora, el obispo de la Iglesia Carismática Luterana Independiente (que él mismo fundó y cuyos miembros a duras penas llenarían un taxi) intenta mantener a flote, a duras penas, su chiringuito participando en jornadas de misterio que se organizan en pueblos de media España. A eso le ayudan periodistas con escasa capacidad crítica que se creen, sin más pruebas que su palabra, que ha realizado 1.200 exorcismos.[351] Su registro, sin embargo, palidece

---

349 *Ibid*, p. 76.

350 *Lo que aprendí cuando conocí a un exorcista de la vida real*, Andrew Gold. BBC Three. 27/VIII/2018. bbc.com/mundo/noticias-45325432

351 «El mayor exorcista del mundo explica cómo detectar si una persona está poseída», Nora Villalba. *La Razón*. 21/X/2023.

comparado con el del capellán del Hospital Carlos III, Javier Luzón, que asegura sumar 15.000 casos en sus veinte años de profesional.[352]

Aunque pintorescos, estos personajes no dejan de ser potencialmente peligrosos. El gallego José Luis Portela fue condenado a pagar 4.000 euros y a un año de cárcel por realizar tocamientos y agredir sexualmente a una de sus fieles.[353] Por supuesto, siguió ejerciendo. Pero el caso es casi anecdótico si se tienen en consideración las veces que este tipo de rituales han provocado incluso la muerte.

Uno de los casos más famosos tuvo lugar en 1975, en Wurzburgo (Alemania), conocido por las películas *El exorcismo de Emily Rose* (Scott Derrickson, 2005) y, más realista pero menos conocida, *Réquiem. El exorcismo de Micaela* (Hans-Christian Schmid, 2006). Anneliese Michel,[354] hija de una familia muy religiosa, desde joven tuvo trastornos mentales hasta que, cumplidos los veintitrés años, decidió dejar la medicación. Su estado empeoró tanto que sus padres optaron por llevarla a un exorcista. Nueve meses después murió, según la autopsia, por desnutrición y deshidratación tras haber sido sometida a 67 rituales en los que se manifestaron, entre otros, Lucifer, Judas Iscariote, Nerón, Caín y Adolf Hitler («que habló con la correcta entonación austriaca»). Tanto sus progenitores como el sacerdote fueron condenados por negligencia. Treinta años más tarde, la madre seguía afirmando: «Sé que hicimos lo correcto».

La lista de exorcismos con final trágico es más larga, y uno de ellos tuvo lugar en Valladolid en 2013. El resultado fue que la Conferencia Episcopal decidió poner punto final

---

352 «Javier Luzón, sacerdote exorcista: "Además de la posesión hay otras tres afecciones preternaturales"». José María Visiers. *El debate.* 26/XII/2023.

353 «El principal exorcista de España, condenado por abuso sexual», Noemí López Trujillo. 18/IX/2016. *El Español.* elespanol.com/reportajes/grandes-historias/20160917/156234891_0.html

354 «"God told us to exorcise my daughter's demons. I don't regret her death", Elizabeth Day». 27/XI/2015. *The Telegraph.* telegraph.co.uk/news/world-news/northamerica/usa/1504158/God-told-us-to-exorcise-my-daughters-demons.-I-dont-regret-her-death.html

a su política de transparencia a la hora de abordar públicamente esta cuestión. Llevado al cine con el título de *13
Exorcismos* (Jacobo Martínez, 2022), los hechos se conocieron
cuando el Servicio de Atención a la Familia (SAF) de Burgos
denunció el caso de una joven con antecedentes de anorexia,
ansiedad y autolesiones cuyo estado invitaba a creer que se
habían producido «unos hechos que podrían ser presuntamente constitutivos de delitos de lesiones graves, trato degra-
dante, coacciones, inducción al suicidio y violencia física y
psíquica habitual».[355] Tras varias entradas y salidas de hospi-
tales, la familia —aconsejada por la asociación Milicia de
Santa María— decidió abordar el caso como una posesión
y someterla a trece exorcismos por parte del difunto padre
Jesús Hernández Sahagún.

La joven alemana Anneliese Michel, que murió a
causa de varios exorcismos, con su madre.

El 24 de septiembre, la joven intentó quitarse la vida (no era
su primer intento) saltando por la ventana de un tercer piso
(afortunadamente, sin éxito). Según el atestado del juzgado

355 «Investigan el intento de suicidio de una menor sometida a varios exorcismos». Á.M.-I.E.-A.G.-P.C.P. *Diario de Burgos*. 5/XII/2014

de Instrucción número 8 de Burgos, los hechos presentaban «características que hacen presumir la posible existencia de delito de violencia de género, lesiones y maltrato familiar». La causa fue archivada, ya que la joven decidió no declarar.[356]

Los casos reseñados —podrían haber sido más— evidencian que la creencia en la existencia de Satanás puede tener consecuencias nefastas, sobre todo cuando se mezcla con integrismo religioso, enfermedades y algún investigador buscando fama.

---

356 «El Juzgado de Instrucción 2 archiva la querella contra los padres de la menor exorcizada». Redacción. *Diario de Burgos*. 9/X/2015. diariodeburgos.es/noticia/z04c467ad-f0cb-1736-1307cc5f3bda49dd/201510/el-juzgado-de-instruccion-2-archiva-la-querella-contra-los-padres-de-la-menor-exorcizada -

Satán en el banquillo

He besado la mano de mi amo,
he visto a los hijos de los malditos,
he escuchado la llamada de los demonios
y he visto a cientos de vírgenes caer.

En unión con Satán. BATHORY

A finales de octubre de 2023, el gobierno ruso dejó en libertad a un tipo que se habría ofrecido a servir en Ucrania, en el batallón de condenados Tormenta Z. Sólo era uno de los cientos de criminales que, a cambio de vestir seis meses el uniforme, pudo redimir su condena —en este caso de 20 años—. Lo que hizo que su nombre, Nikolai Ogolobyak, se publicara en medios de todo el planeta, es que había sido condenado por el brutal asesinato de dos adolescentes durante unos ritos satánicos.[357] El dato no deja de resultar irónico, ya que, el 30 de septiembre de 2022, Vladímir Putin

---

357 «Satanic cannibal murderer whose cult told police the DEVIL would protect them because they "made lots of sacrifices to him" is pardoned by PUTIN after serving six months in Ukraine». Rachael Bunan y Will Stewart. 21/XI/2023. *Mail on line*. dailymail.co.uk/news/article-12775581/Satanic-cannibal-murderer-cult-told-police-DEVIL-protect-lots-sacrifices-pardoned-PUTIN-serving-six-months-Ukraine.html

justificó la invasión de Ucrania, entre otros motivos, para frenar a un Occidente al que acusaba de imponer unas creencias que «no tienen las características de una religión, sino del satanismo absoluto».[358]

La historia de Ogolobyak comienza a mediados de 2008, cuando la policía de Yaroslavl (a unos 500 kilómetros al noreste de Moscú) descubrió los cadáveres de cuatro jóvenes de entre dieciséis y diecisiete años (tres chicas y un chico). No solo habían sido acuchillados hasta 666 veces cada uno, sino que sus asesinos les cortaron la cabeza, descuartizaron, comieron sus restos y luego se bañaron en su sangre. Tras hacer varias detenciones, los agentes detuvieron a un exmonaguillo que lideraba un grupo de jóvenes góticos, y que seguido unos rituales presuntamente satánicos descargados de internet.

Uno de los detenidos aseguró que rezó a Dios para que lo hiciera rico, pero ante la falta de resultados, lo intentó con Satán «y las cosas mejoraron». «El Diablo les protegerá porque les hemos practicado muchos sacrificios», declaró Ogolobyak ante la policía.

Un suceso similar al de Ogolobyak es el conocido como Las Bestias de Satán (*Besti di Satana*), que estalló en enero de 2004 en Varese (la capital de provincia italiana de Lombardía) con el asesinato de la joven de veintisiete años Mariangela Pezzotta, a la que habían disparado en la cara, mutilado, apaleado y, posteriormente, enterrado viva. Los hechos salieron a la luz cuando dos de los implicados, Andrea Volpe y Elisabetta Ballarin, intentaban deshacerse del coche de su víctima, pero tuvieron un accidente que propició la intervención de la policía.[359]

---

358 «Putin proclama la anexión de los cuatro territorios ocupados ilegalmente en Ucrania: "Defenderemos nuestra tierra con todas las fuerzas"». Javier G. Cuesta. 30/IX/2022. *El País*. elpais.com/internacional/2022-09-30/putin-proclama-la-anexion-de-los-cuatro-territorios-ocupados-ilegalmente-en-ucrania-defenderemos-nuestra-tierra-con-todas-las-fuerzas.html

359 «The horrific tale of the Beasts of Satan: A cult responsible for multiple murders». 29/VI/2014. WeirdItaly-weirditaly.com/2014/06/29/the-beasts-of-satan-the-most-sordid-satanic-murders-in-italy/

Los miembros de la *Besti de Satana,* en la época en la
que se cometieron los crímenes de Varese (Italia).

Lo que destapó el asesinato de Pezzotta resultaba tan
espeluznante como difícil de creer. Nicola Sapone y su
exnovio Volpe habían creado una secta satánica llamada Las
Bestias de Satán, que tenía como cobertura una banda de
Death Metal llamada Ferocity. La investigación sacó a la luz
otros dos crímenes similares —los de la pareja formada por
Fabio Tollis y Chiara Marino, de quince y diecinueve años
respectivamente— ocurridos en enero de 1998. A Chiara la
acusaron de ser la reencarnación de la Virgen María, y por
eso la asesinaron. Durante el juicio se llegó a vincular a los
miembros de la secta con hasta otros dieciocho asesinatos
(dos de ellos, quemando vivas a sus víctimas), aunque nunca
pudo probarse su implicación.

Los sucesos de Yaroslavl y Varese no son excepcionales,
aunque sí poco frecuentes. Estos casos suelen seguir una
plantilla que se repite en la mayoría de crímenes satánicos y
que contradicen la creencia extendida de que estos los llevan
a cabo adultos, generalmente de clase media o alta, y que

291

forman parte de grandes redes que extienden sus tentáculos por todo el mundo. En realidad, los suelen llevar a cabo grupos aislados de jóvenes, cuyo conocimiento del tema es mínimo, en los que el alcohol y el consumo de drogas juegan un papel importante (las Bestias de Satán se financiaban con la venta al menudeo). Sus creencias son puro satanismo cristiano. Más que satanista, son adoradores de Satán.

METAL Y TAL

Para los que creían que el rock era la música del infierno, la confirmación llegó con la irrupción del Black Metal y el Death Metal. Teniendo en cuenta que es un movimiento que nació en los años ochenta y que aún goza de mucha vitalidad —siempre al margen del *mainstream*— y que el número de bandas —efímeras o con décadas de carrera— que, desde entonces, han sido incluidas en esta categoría superan las cien mil,[360] resulta absurdo considerar que sus aficionados son necesariamente más peligrosos que los de otros géneros. Sin embargo, su condición de marginales los convierte en sujetos más mediáticos que los de otro tipo de delitos.

La mala fama que persigue a estos estilos comienza en 1984 con el nacimiento de la banda noruega Mayhem, para muchos la referencia a la hora de hablar de la segunda ola de Black Metal, más alejada de LaVey que la primera y más cercana al Satán bíblico. El grupo empezó a hacerse famoso a partir de 1991, cuando uno de sus miembros (el vocalista Per Yngve Ohlin, alias Dead) se suicidó cortándose las venas y disparándose en la cabeza. La prueba de que Black Metal y educación no están reñidos es que dejó una carta pidiendo «perdón por la sangre». Su amigo Øystein Aarseth (Euronymous), el que descubrió el cadáver, tomó algunas fotos que luego acabarían como portada de uno de sus discos no oficiales y se llevó restos del cráneo para hacer colgantes.

---

360 metal-archives.com

Por aquella época, el centro neurálgico de metal noruego era la tienda Helvete («Infierno»), propiedad de Aarseth y ubicada en el centro de Oslo, alrededor del cual se creó un grupo pseudosectario conocido como el Círculo Negro. De él formaban parte algunos de los elementos más anticristianos y radicales del movimiento metalero, adoradores del diablo y defensores de figuras como Hitler, Stalin o Mao Zedong, en tanto que perseguidores de cristianos y por su capacidad de infligir sufrimiento. Su ideario, más allá del batiburrillo habitual, incluía pasar a la acción. De hecho, el 21 de agosto de 1992, cuando Bård G. «Fausto» Eithum (batería del grupo Emperor) asesinó a un homosexual, acudió a Eronymous y a Vag Vikernes (alias Burzum), bajista de Mayhem, para que le acompañaran a entregarse a la policía, pero estos le convencieron para ir a pegarle fuego a una iglesia.

El tema de los incendios de iglesias fue el que más contribuyó a la mala fama del metal noruego. El blanco del fuego eran las *starvike,* templos de madera (algunos con siglos de antigüedad) de un incalculable valor cultural. La primera en ser pasto de las llamas fue la de Fantoft, el 6 de junio de 1992. En apenas cuatro años fueron atacadas cuarenta y cuatro[361] solo en Noruega (también hubo algún caso en Suecia y Polonia). Aunque no todas puedan atribuirse a los seguidores del Black Metal, no es ninguna exageración decir que esta costumbre se erigió en una de las señas de identidad del movimiento y una de sus imágenes icónicas (ha aparecido en portadas de discos, camisetas, *flyers,* mecheros…). En realidad, más que una práctica satánica, sus autores lo consideraban un acto de repulsa al cristianismo que había sustituido las raíces paganas de la cultura noruega.

Si el metal extremo no tenía ya bastante mala fama, Vikernes asesinó a Aarseth el 10 de agosto de 1993. El crimen tampoco tenía relación directa con el satanismo: su amistad se había convertido en una profunda rivalidad por hacerse

---

361 *Señores del caos.* Michel Moynihan y Didrik Søderlind, p. 127. Es Pop Ediciones, 2023.

con el título de *prima dona* del movimiento. También influyó que Aarseth tenía una productora de música (Deathlike Silence) y acostumbraba a no pagar *royalties* a nadie, así que debía cierta cantidad a Vikernes. Pero más allá del crimen, el juicio fue un regalo para la prensa. Vikernes aprovechó las vistas para desafiar al juez, hacer alusiones al nazismo, y todo lo que pudiera convertirlo en la estrella que siempre había querido ser. Al final, fue condenado a 21 años, la máxima pena posible. Incapaz de vivir sin publicidad, desde la cárcel concedió todas las entrevistas que se le solicitaron e incluso tuvo tiempo para fundar el Frente Pagano Noruego (de clara inspiración neonazi) y difundir disparatadas teorías ufológicas. En 2009 salió de prisión para dedicarse a la música. Dos años más tarde, fue uno de los que recibió el manifiesto del terrorista de extrema derecha, Anders Behring Breivik que asesinó a 77 personas en la isla de Utøya. Vikernes condenó los hechos, pero no deja de resultar llamativo que Breivik considerase que el tema le podría interesar. Quizás influyó que la última vez que Vikernes fue sido detenido tenía en su poder 150 kilos de dinamita.

Varg Vikernes (izquierda) y Euronymous (derecha),
en la época en la que aún se llevaban bien.

El ejemplo noruego del Círculo Negro se extendió por Escandinavia y, a mediados de los noventa se crearon grupos de adoradores del diablo, como la Auténtica Horda Satanista (liderada por Tony Särkka, de Abruptum) o la Orden Misantrópica Luciferiana (luego, Templo de la Luz Negra), cuyo rostro más visible eran Johan Norman y Jon Nödtveidtl (miembros de Dissection). Este último, junto a Victor «Vlad» Draconi, otro músico, asesinó a tiros a un homosexual (Josef ben Meddour) en el parque de Keillers (Gotemburgo) en julio de 1997, por lo que ambos fueron condenados. Defensores de los sacrificios humanos, con su crimen quisieron rendir homenaje a Bård G. «Fausto» Eithum. La homofobia, más que el satanismo, fue el principal desencadenante.

La lista de crímenes llevada a cabo por aficionados al Death y al Black Metal es larga y se propagaba por Estados Unidos, Francia, Alemania, Inglaterra, Polonia…). Pudo incluso haber sido más amplia si los Señores del Caos —como se autobautizó un grupo de seis chavales de Florida—, hubieran conseguido su objetivo de realizar una matanza en Disneylandia. Es cierto que en cualquier movimiento musical extendido por todo el mundo y con millones de seguidores, se podrán encontrar a muchos criminales. Y lo mismo se puede decir de los aficionados a la filatelia o el ciclismo. La diferencia es que es el *milieu* del metal extremo este tipo de actuaciones se veían con cierta, a veces mucha, simpatía. Que el satanismo como referencia diera paso al paganismo y el movimiento acabara compadreando con grupos nazis no es casualidad, sino consecuencia de su nihilismo, rechazo a la sociedad y culto a la muerte. En su descargo hay que decir que, desde hace años, no se han producido nuevos incidentes. En todo caso, es más fácil explicar que gente con problemas mentales encuentre en las letras del metal extremo lo que está buscando que suponer que es la música la que les hace actuar de ese modo. La música violenta, como los videojuegos violentos, no crean gente violenta, ni el Mario Bros ha aumentado las vocaciones para ser fontanero.

NARCOSATÁNICOS, LA PELÍCULA

La tradición periodística de atribuir al satanismo cualquier crimen mínimamente relacionado con algún extraño ritual tiene su mejor ejemplo en el caso del narcosatanismo. En realidad, el mito se reduce a un único caso, con solo tres implicados y que, para sorpresa de nadie, no tuvo nada que ver con el culto al maligno. El bulo se consolidó gracias al sensacionalismo de la época, obras como *Cauldron of Blood: The Matarmoros cult killings* (Jim Schutze, 1989), una investigación periodística impregnada del pánico satánico de la época, o el culebrón mexicano *El maleficio* (1983-1984), sobre un empresario que hace un pacto con el diablo para triunfar en los negocios.

El origen del narcosatanismo son los asesinatos cometidos por la banda de la pareja formada por Adolfo Constanzo y Sara Aldrete, en los años ochenta[362] en la localidad fronteriza de Matamoros (México). «El Padrino» (ese era su apodo) nació en Cuba, y aunque criado como católico, desde muy joven se introdujo en el vudú y, sobre todo, en la santería (sobre todo el Palo Mayombe), una creencia de origen africano que incluye el sacrificio de animales para lograr los favores de los *mpungu* (santo, a través de los cuales se puede llegar al Dios Nsambi o Sambia). Los ritos de Constanzo y Aldrete comenzaron a llamar la atención de los narcos locales, que recurrían a él para conseguir protección. A medida que su carrera de santeros avanzaba, la pareja empezó a robar huesos para utilizarlos en sus trabajos. De ahí pasaron utilizar cuerpos humanos que cocinaban en una caldera, creyendo que su poder mágico aumentaba a medida que sumaban nuevas víctimas. Paralelamente, pasaron de ofrecer sus servicios a los señores de la droga a convertirse en parte del negocio.

Pero en marzo de 1989 cometieron un error: creían que necesitaba el cerebro de un estudiante americano para que

---

362 «The work of the Devil». Gary Cartwright. VI/1989. *Texas Monthly*. texasmonthly.com/true-crime/the-work-of-the-devil/

sus conjuros fueran todavía más efectivos. El elegido fue Mark Kilroy. Su desaparición llevó a las autoridades norteamericanas a presionar al gobierno de México, que arrestó a varios colaboradores de Constanzo y, posteriormente, asaltaron el rancho en el que Los Padrinos se refugiaban y llevaban a cabo sus rituales. En total, las autoridades encontraron quince cuerpos mutilados. Aunque la relación de los crímenes con la santería era más que evidente, la prensa optó por bautizar el lugar de los hechos como El Rancho del Diablo.

El caldero que utilizaron Adolfo Constanzo
y Sara Aldrete, los narcosatánicos.

Es curioso que aunque el mito del narcosatanismo siga vivo, a nadie se le ocurre establecer la misma relación entre el negocio de la droga y el cristianismo, y no por falta de ejemplo. Nazario Moreno González (a.k.a. «El Chayo» o «El Más Loco») fue fundador de Los Caballeros Templarios y, más tarde, lideró su escisión, La Familia Michoacana, dos de los carteles más peligrosos de México. Ambas bandas tenían una clara inspiración cristiana e incluso Moreno González publicó un libro (*La Biblia de la Familia*) en el que dejó expuestos sus puntos de vista,[363] una suma de disparates más cercana a Jim Jones o Charles Manson que a las prédicas del Nazareno.

Pese a lo escabroso del caso de Costanzo y Aldrete, el narcosatanismo nunca ha existido. La cultura de la droga ha creado varias tradiciones religiosas en Latinoamérica, pero ninguna está relacionada con el maligno, sino que tienen su origen e imitan las tradiciones cristianas. En realidad, son ejemplos de religiosidad marginal, que nacen del pueblo, y son una respuesta de los desheredados que necesita símbolos propios, distinto a los de otras esferas de la sociedad.[364] Uno de ellos es Nuestra Señora de la Santa Muerte, representada por un esqueleto con guadaña que viste como la Virgen de Guadalupe, y cuyo origen se remonta a la cultura prehispánica a la que luego se le añadió una capa de santería y otra con las creencias cristinas. Su veneración, en la versión más moderna, data de los años cuarenta, aunque no se popularizó hasta los ochenta.[365]

Pero si hay una figura que destaca del santoral narco es el Santo Malverde, que cuenta con docenas de altares en México y Colombia principalmente. De Jesús Malverde, el Santo de los Pobres, es imposible conocer su verdadera biografía —el mito ha devorado los hechos— pero comienza en el Estado mexicano de Sinaloa a principios del siglo XX, cuando se levantó contra el régimen de Porfirio Díaz (1876-1911) y se labró una fama de bandido generoso que robaba a los ricos para dárselo a los pobres (una leyenda similar a la de Jesse James).

Este culto a empezó a extenderse por el mundo en los años ochenta, cuando Sinaloa se incorporó como lugar de

---

363 *Los estrictos valores de La Familia Michoacana.* Alberto Nájar. BBC News. 10/XII/2010.bbc.com/mundo/noticias/2010/12/101210_valores_familia_michoacana_mexico_rg

364 *El narcotráfico y la religión en América Latina.* Małgorzata Oleszkiewicz-Peralba. *Cesla*, vol. 1, nº 13, 2010.

365 «Syncretic Santa Muerte: Holy Death and religious bricolage». Kate Kingsbury y R. Andrew Chestnut. *Religions* 12, no. 3. 2021. mdpi.com/2077-1444/12/3/220

siembra al negocio de las drogas. Adorado por los encargados de las plantaciones sin futuro, a medida que estos fueron subiendo en la escala delincuencial, la fama de milagrero y protector de Malverde fue creciendo. A día de hoy, es frecuente que los narcos le hagan *mandas* (donativos) antes y después de realizar un envío al otro lado de la frontera, sabiendo que Malverde los protegerá de los enemigos y de la DEA.[366] Si no lo es ya, el Santo de los Pobres acabará convertido en icono *pop*, pero también será el santo terrenal al que le pidan ayuda los que no tienen nada.

El Angelito Negro en el barrio de Tepito, en Ciudad de México,

En esta misma línea, también cabe señalar que, desde principios de siglo, ha proliferado el culto al Angelito Negro, una actualización del anterior, cuya representación es un demonio cornudo vestido de mariachi al que nunca hay que mirar a los ojos. Durante su culto, el primer jueves de cada mes, sus feligreses se hacen cortes, ya que creen que la sangre favorece que se cumplan las peticiones que se le plantean. La diferencia con el santo Malverde es que no nació como un fenómeno popular ni derivó del cristianismo. Más

---

366 «The Culto of Jesús Malverde». Gerardo Gómez Michael y Juangwon Park. *Latin American Perspectives*. n° 195, vol. 41. 2/III/2014.

más influido por el vudú y la santería,[367] el Angelito Negro fue creado por Óscar «El perro» Pelcastre, polémico líder de la asociación de vendedores ambulantes más importante del estado de Hidalgo y políticamente vinculado al PRI (Partido Revolucionario Mexicano).[368]

LAS REDES QUE NUNCA EXISTIERON

Pese a la creencia en tramas de adoradores del diablo que secuestran niños para abusar de ellos, a día de hoy sigue sin aparecer la menor prueba de que haya existido un solo caso. El primer informe serio sobre el tema fue el que realizó el agente especial del FBI Kenneth Lanning en 1989, y luego amplió en 1992. Este experto en abuso sexual formaba parte de la Unidad de Análisis de la Conducta del Bureau, hoy conocida por la serie de Netflix *Mindhunter*. Durante el pánico satánico, fue la persona encargada de atender todas las llamadas que el FBI recibía de agencias locales en busca de información y, en febrero de 1985, organizó del primer encuentro entre profesionales (policías, fiscales, trabajadores sociales...). Sin embargo, el agente quedó bastante descontento con los resultados, así que se embarcó en una investigación que se prolongó durante cuatro años. El resultado no dejaba lugar a dudas[369]:

- El hecho es que muchos más crímenes y abusos a menores han sido cometidos por fanáticos en el nombre de Dios, Jesús, Mahoma u otra religión mayoritaria de los que se han cometido en nombre de Satán. A mucha gente no les gusta esta frase, pero pocos pueden rebatirla.

---

367 «Quién es el '"angelito negro" y por qué se celebra en noviembre». Paola Monstserrat. 3/XI/2023 *Infobae*. infobae.com/mexico/2023/11/02/quien-es-el-angelito-negro-y-por-que-se-celebra-en-noviembre/

368 «Cuidado con "el Perro"». 19/XII/2023. *EFFETÁ (El diario inteligente de Hidalgo)*. effeta.info/cuidado-con-el-perro-2/

369 *Investigator's Guide to Allegations of 'Ritual' Child Abuse*. Kenneth V, p. 13. Enero / 1989. Lanning. National Center for the Analysis of Violent Crime - FBI.

- El exceso de celo y la exageración motivados por el fervor religioso de quienes participan en la capacitación para hacer cumplir la ley son más aceptables que los motivados por el ego o el lucro. Hay quienes distorsionan y exageran deliberadamente este tema para obtener notoriedad y beneficio personal. El crimen satánico y ocultista se ha convertido en una industria en crecimiento. Los honorarios por conferencias, libros, apariciones en televisión y radio traen consigo beneficios económicos egoístas».

- Un asesinato satánico puede definirse como el cometido por dos o más individuos que planean racionalmente el crimen y cuya motivación PRINCIPAL es cumplir un ritual satánico prescrito que exige un asesinato. Según esta definición, el autor no ha podido identificar ni un solo asesinato satánico documentado en los Estados Unidos.

Los informes de Lanning fueron una enmienda a la totalidad del fenómeno, no solo negaba su existencia sino que diseccionaba los mecanismos que habían permitido que floreciera y se expandiera como la mala hierba. El problema empezaba con la dificultad de definir lo que era un ritual, seguía con los prejuicios religiosos y de clase (la mayor parte de víctimas eran de clase media o baja), y terminaba subrayando el papel de la prensa, la policía, los expertos y los trabajadores sociales en la propagación del bulo.

EL PÁNICO MORAL EN CIFRAS

El problema de los informes del FBI es que no había datos cuantitativos. Para eso hubo que esperar a que, en 1994, el Departamento de Sanidad del gobierno británico hiciera público su informe *The extent and nature of organised and ritual abuse*, de la antropóloga Jean La Fontaine. En total, el estudio analizó 967 casos entre 1988 y 1992 en Inglaterra y Gales, de los que solo 84 tenían características de abuso organizado múltiple (más de un perpetrador y más de una víctima). La primera conclusión era que aunque estos casos parecían constituir el grueso del problema, dada la cobertura mediática que recibían, apenas suponían el 8% del total. Otro dato llamativo indicaba que en el 41% de las investigaciones sobre abuso ritual no se encontró la menor prueba de abusos; en el 18%, solo en algunas de las víctimas; y en el 17%, en todas. En otros casos de agresión sexual las cifras eran muy distintas: 13%, 44% y 37%, respectivamente. A propósito de las declaraciones de los testigos, no se halló evidencia de las 18 denuncias de haber rodado videos; en solo 3 de los 14 se pudo demostrar que había visionado de videos sexuales; de las 28 alegaciones de que los acusados llevaban túnicas solo se acreditaron 2. También resultaron falsos los 14 testimonios que indicaban sacrificio de animales, las 35 que incluían asesinatos, las 5 sobre abortos y las 6 en las que se describieron pentagramas. Todos estos datos se concentraban, además, en 3 únicos casos (de un total de 84). En ellos, el ritual existió, pero ninguno de los perpetradores pertenecía a ningún grupo organizado. Del resto de casos sobre los que había datos concluyentes (79) no apareció ninguna evidencia que avalaran las palabras de los testigos y en dos en los que el acusado estaba relacionado con un grupo esotérico, esta vinculación no jugó ningún papel en el crimen.

Un dato revelador es que en el 80% de denuncias de abuso ritual no produjeron ningún tipo de detención, y cuando existieron solo se condenó al 21% de los acusados. En los supuestos de abusos intrafamiliares, apenas el 18% se saldó sin arrestos, y en el 65% hubo condenas. Por lo que respecta al abuso ritual satánico, no apareció ni un solo caso entre los 84 estudiados, y se señalaba a los movimientos evangelistas como los principales impulsores del bulo. Otra conclusión es que el patrón de denuncias seguía la pauta del pánico satánico en Estados Unidos: las primeras tenían su origen en niños (influidos en muchos casos por adultos) y, a medida que pasaba el tiempo, estas empezaron a decrecer y aumentaron las de adultos supervivientes. Además, el estudio de La Fontaine insistía en que el ritual siempre era un elemento secundario dentro del contexto de la agresión. El informe también era muy duro sobre cómo se habían conseguido las declaraciones de los menores y el trato selectivo que se había hecho de sus afirmaciones. Por último, sentenciaba que los abusos sexuales satánicos no eran más que «un viejo mito».[370]

Los análisis más famosos sobre los abusos sexuales satánicos son los del FBI y el gobierno británico, pero hay más. En Francia, la agencia gubernamental Miviludes (Misión Interministerial de Vigilancia y de Lucha contra la Deriva Sectaria), fundada en 2002, ha publicado catorce informes sobre la presencia de sectas en el país. Solo en los de 2004 y 2011 (con un texto prácticamente idéntico) ha abordado el caso de los grupos satánicos y, más allá de la ensalada de tópicos (Ángeles del Infierno, música gótica, Wicca...), no identifica un solo ejemplo concreto en sus cerca de cien páginas (en las que no cita ni a Lanning ni a La Fontaine).[371] En Bélgica, el Ciaosn (Centro de Información y Asistencia sobre las Organizaciones Sectarias), creado en 1998, publica un documento con carácter bianual (salvo el último, que cubre un periodo de cuatro años). Aunque hay citas dispersas en sus informes, no hay referencias a ningún caso concreto. La suma de alusiones a las sectas satánicas en todos sus reportes no suma un párrafo.

EL CASO ARGOS: *SOSTENELLA Y NO ENMENDALLA*

El último caso de pánico satánico nació en Países Bajos en diciembre de 2018, cuando Argos, un espacio de la radio pública VPRO, emitió *La historia de Lisa*. Fue el primero de cuatro programas sobre una joven que un día recordó haber sido víctima de una red de abuso sexual. Entre otras afirmaciones, la presunta afectada afirmaba que, por culpa de las agresiones de su padre y sus amigos, había quedado

---

370 *The extent and nature of organised and ritual abuse.* J.S. La Fontaine, p. 31. Departmen of Health. 1994

371 «Le satanisme. Un risque de dérive sectaire». 2007. *Mivlludes.* miviludes. interieur.gouv.fr/sites/default/files/rte_upload/arbo/etre-aide/guide_satanisme_derive_sectaire.pdf

embarazada. Luego, durante un ritual nocturno celebrado en un parque público de La Haya, le extrajeron el
feto y lo asesinaron. Las investigaciones de la LECZ —una
unidad de la fiscalía especializada en delitos sexuales— no
encontró la menor prueba que pudiera avalar los hechos y
el juzgado cerró el caso. Descontenta con el resultado de la
causa, la madre (Marlies van Muiswinkel) intentó reabrirla
en una instancia superior, también sin éxito.

Pero entonces se filtró una foto que demostraba que el
togado que había cerrado el caso conocía a uno de los señalados por Lisa. El asunto llegó al Parlamento, que decidió, en
octubre de 2022 abrir su propia investigación. Para entonces,
varias mujeres más habían declarado en distintos medios
haber sido víctimas de la misma trama, y todas habían olvidado los hechos hasta que un terapeuta les ayudó a recor-
darlo. También por el camino, y ante la imposibilidad de
sostener el relato de las víctimas, el abuso ritual satánico se
había convertido en abuso sádico organizado, una etiqueta
mucho más digerible para la prensa. Las conclusiones del
llamado *Comité Hendrik*s, en sus 126 páginas, solo pudieron
afirmar que aunque en los Países Bajos se producían abusos a
menores y que podría haber redes violentas de pederastas, no
encontró ni rastro de abusos rituales. Poco después, Gideon
van Meijeren —diputado del partido ultraderechista Forum
voor Democratie— pronunció un enardecido discurso en el
Parlamento denunciando la infiltración de los satanistas en
las altas instancias del país.

De momento, solo tres personas se han sentado ante el
juez y ninguno era satanista: la madre de Lisa, que se desdijo
de muchas de sus acusaciones, y dos conspiranoicos de ultraderecha (Pieter Parlevliet y Huig Plug), acusados de difundir
bulos y acosar a algunos a los que, previamente, habían sido
acusados de formar parte de la red. Entre ellos estaba Joris
Demmink, exsecretario general del Ministerio de Justicia[372].

---

372 «Slaxchtoffers compootdenders: "Onbegrÿpelÿk en mensornterend"».
Silvan Schoonhoven. *Der Telepraaf.* 31/X/2023.telegraaf.nl/nieuws/
1550379337/slachtoffers-complotdenkers-onbegrijpelijk-en-mensonterend

El caso llegó a España en diciembre de 2023, con motivo de la exposición *Pay Day*, inaugurada en la Mrs. Toolip Art Gallery de Barcelona.[373] La autora de los cuadros era la artista holandesa Tess Dribbel (pseudónimo de Lisa). La muestra fue recogida por todo tipo de medios (*El Mundo, Crónica Global, La Nueva España, Diario de Mallorca, Diario 16, El periódico de Cataluña...*) y, sobre todo, por la televisión autonómica catalana TV3, que de manera totalmente acrítica dio por válido el testimonio de la artista en una edición de su programa señero de investigación *30 Minuts*,[374] y en el magazine *Tot es mou*, titulado *Violencia masclista desaforada*. El informe del Comité Hendriks es el enésimo ejemplo de que cuando un documento oficial desmiente la existencia de redes satánicas es sistemáticamente ignorado.

¿EXISTEN LOS ABUSOS RITUALES?

Nadie discute la existencia de grupos dedicados a la explotación de menores y adolescentes, sin embargo, la realidad tiene poco o nada que ver con esas redes de satanistas que tanto gustan a los medios de comunicación. Según el último informe de Save de Children en España,[375] en el 68,6% de los casos solo hay una víctima, el 80,3% son chicas y el 50,6% tiene una edad de entre 10 y 14 años. En contra del mito de los abusos rituales, los menores de cuatro años apenas suponen el 2,5% del total (las víctimas de entre 5 y 9 años llegan al 21,8%). Otro dato que rompe el relato es que en ocho de cada diez abusos la víctima conocía a su agresor y

---

373 «Pay Day». Tess Dribbel. 17/12/2023. Toolip Art Galery. toolipartgallery. com/paydaytessdribbel

374 «Crits Silenciats». Pep Nogueroles y Xavi Bonet. 29/X/2023. *30 Minuts* (TV3). ccma.cat/premsa/crits-silenciats-un-reportatge-dinvestigacio-de-30-minuts/nota-de-premsa/3257638/

375 *Por una Justicia a la altura de la infancia.* Save the Children España. X/2023. savethechildren.es/sites/default/files/202311/Por_una_justicia_a_la_altura_de_la_infancia_STC_2023.pdf

el crimen se produjo generalmente en el entorno familiar (49,5%) o en un lugar conocido (34,5%). En el 69,9% de los juicios, la declaración de la víctima ha sido suficiente para alcanzar una condena, lo que desmiente que los satanistas se libren por lo difícil de probar sus crímenes. Aunque los datos se refieren a 389 sentencias dictadas en España entre 2021 y 2022, el retrato-robot de este tipo de crimen es extrapolable a otros países.

Sobre la memoria recobrada, los datos también rechazan que nuestro cerebro entierre los recuerdos hasta que un terapeuta los saca a la luz, como demuestran los datos del gobierno británico incluidos en *Tackling child sexual abuse strategy* (2021).[376] La realidad es que el 76% de los adultos británicos que sufrió abusos en su infancia no lo contó en su momento (apenas el 7% acudió a la policía) y el 18% no lo hizo nunca, pero una sola víctima afirmó haber olvidado (o «reprimido») temporalmente los hechos. Las principales razones para el silencio —una misma víctima suele alegar varias— son la vergüenza (57%), el temor a no ser creídos (44%), pensar que va a ser humillante (29%), o creer que nadie hará nada (21%). Solo el 18% incluyó entre sus motivos el miedo a las represalias.

Pese a que el miedo a las sectas satánicas de pedófilos se ha demostrado un bulo, toda regla admite al menos una excepción: el ocurrido en la ciudad galesa de Kidwelly desde 1995 hasta 2010. El caso comenzó cuando Colin Batley y su mujer Elaine se mudaron a la localidad y crearon una pequeña secta que bautizaron como La Iglesia, en la que él ejercía de cabecilla. En 2011 fue condenado por once violaciones, tres abusos, inducción a la prostitución y otros cargos. En el juicio también recibieron distintas penas su novia, su mujer y uno de los participantes en la red de prostitución y abusos que habían montado. Antes de realizar algunas de sus orgías con menores, Batley —vestido con una túnica y ante un altar—

---

376 *Tackling Child Sexual Abuse Strategy*. HM Government. 2021. assets. publishing.service.gov.uk/media/605c82328fa8f545dca2c643/Tackling_Child_Sexual_Abuse_Strategy_2021.pdf

leía fragmentos de libros de Aleister Crowley, por lo que técnicamente no era una secta satánica como la había calificado la prensa, sino que sus miembros —que también estaban obsesionados con el Antiguo Egipto— eran Thelemitas.

A primera vista, los relatos de las víctimas recordaban a los de otros casos mediáticos que acabaron con condenas a falsos culpables. En este, en cambio, sus testimonios quedaron acreditados en sede judicial y la admisión de los hechos por parte de algunos de los acusados. Un dato curioso es que, durante el juicio, el juez Paul Thomas se negó a hablar de *secta* (utilizó la expresión «comunidad dentro de una comunidad que realizó abuso infantil, violación y prostitución») para evitar vincular el caso con otros ocurridos durante el pánico satánico.

ABUSO POR BRUJERÍA

Aunque no haya pruebas de los abusos sexuales satánicos, las creencias sí que pueden dar lugar a agresiones. Se habla de abuso por brujería cuando una persona es sometida por terceros a algún tipo de vulneración de sus derechos porque se cree que están bajo la influencia del diablo o de una fuerza maligna. Cuando esta agresión afecta a menores, se suele utilizar el acrónimo CALFB (Abuso Infantil Vinculado a las Creencias y Brujería). Los motivos que pueden desencadenarlo son de todo tipo, desde ser zurdo a albino, pasando por un comportamiento rebelde o a una enfermedad mental. Los datos del gobierno británico —el que más ha analizado el fenómeno— dejan claro que es un fenómeno en alza: entre 2000 y 2005 se detectaron en Inglaterra 47 casos de CALFB, cifra que aumentó a 1.630 entre 2018 y 2018.[377] En principio, es un problema que se da en comunidades de origen africano (un

---

[377] «Child abuse linked to faith or belief: working towards recognition in practice». Maria Tighe Clark, Jeannette Littlemore, Julie Taylor y Geoff Debelle. *Nurs Child Young People*. V/2023. pubmed.ncbi.nlm.nih.gov/36254528/

caso muy común es el de las víctimas de explotación sexual a las que se ha sometido a ritos de vudú), pero no exclusivamente. En algunas confesiones cristianas en EEUU se considera el castigo físico a los menores un mandato bíblico. El en el caso de los católicos, la práctica de exorcismos puede incluirse en esta categoría y en el de los judíos, algunos señalan la circuncisión obligatoria, sobre todo cuando incluye *metzitzah b'peh* (el oficiante o *mohel* succiona la sangre del pene del niño) —por el riesgo de infección—. La Mutilación Genital Femenina no entra dentro de la categoría de CALFB o Abuso por Brujería, porque no tiene un origen religioso, sino cultural.

¿DÓNDE SE ESCONDEN LOS SATANISTAS?

Otro de los mitos sobre los cultos satánicos es que sus delitos no salen a la luz porque los siervos del Señor Oscuro permanecen empotrados en las estructuras de poder y evitan que los casos se investiguen. Es una afirmación que carece totalmente de sentido: no solo se denuncian, sino que incluso las denuncias falsas han estado en la base de muchas condenas. Por otra parte, la existencia de redes de pederastas que se reúnen para cometer los abusos carece también de respaldo real. De hecho, las estrategias para luchar contra esta lacra se basan en la búsqueda de usuarios en internet que se intercambian archivos. Curiosamente, jamás ha aparecido ninguno en el que apareciera un ritual satánico. De hecho, el acuerdo suscrito en abril de 2023 entre la Interpol y Unicef se centra prácticamente en la lucha *online* contra este tipo de delitos y el CSAM (Material para el Abuso Sexual Infantil),[378] un término que están sustituyendo al más tradicional de pornografía infantil. La base de datos de la agencia policial ha permitido detener más de 34.000 pederastas desde

---

378 *Interpol and Unicef sign cooperation agreement to address child sexual exploitation and abuse.* Interpol. 23/IV/2023. interpol.int/News-and-Events/News/2023/INTERPOL-and-UNICEF-sign-cooperation-agreement-to-address-child-sexual-exploitation-and-abuse

que entró en marcha. Las redes de explotación de menores con fines sexuales, cuando se dan, suelen estar más vinculadas a las organizaciones de trata de mujeres y se ofrecen a terceros. El motivo es el afán de lucro que se consigue al comercializar la posibilidad de abusar de las víctimas, pero no se las quedan para su propio disfrute (aunque también lo hagan) o para realizar rituales.

En todo caso, se pueden estudiar las investigaciones sobre abusos sexuales en el seno de la Iglesia Católica. Solo en España, el número de víctimas podría sumar 234.000 del total de 440.000 casos registrados entre mayores de 18 años.[379] Que datos como estos hayan salido a la luz en muchos países demuestra hasta qué punto carecen de base los argumentos sobre el poder de la presunta red de satanistas mundial. Ni siquiera en países tan católicos como Irlanda han podido frenar las investigaciones. La Iglesia Católica es una de las más poderosas de la Tierra, pocas teocracias pueden presumir de contar con un Estado propio con delegaciones que cubren los cincos continentes. El cristianismo es la principal religión del planeta (31,6% de la población mundial), lo que supone unos 2.400 millones de fieles (el 50%, católicos). Eso supone un poder inmenso: presencia destacada en todos los ámbitos de la vida pública, económica, social, cultural, política, diplomática… Si, pese a todo su poder, el Vaticano no ha podido evitar condenas y que afloraran miles de casos en EEUU, España, Irlanda, Alemania, Francia, Argentina, Chile, Canadá, Colombia… no parece lógico pensar que los satanistas sí lo hayan logrado.

---

379 *Una respuesta necesaria. Informe sobre abusos sexuales en el ámbito de la Iglesia y el papel de los poderes públicos.* José M. Tamarit Sumalla (Coord.). Oficina del Defensor del Pueblo. octubre / 2023. www.defensordelpueblo.es/wp-content/uploads/2023/10/INFORME_abusos_Iglesia_catolica.pdf/

Satanás marca España

—Tú eres satánico, ¿verdad?
—Sí señor, y de Carabanchel.

El día de la Bestia. ALEX DE LA IGLESIA

España se incorporó con retraso a la influencia de la Ilustración y siguió siendo un país profundamente católico, por lo que nuevas doctrinas como el espiritismo o el ocultismo no pudieran desarrollarse más que como productos importados. Aún así, lograron una cierta presencia social, pero cualquier posibilidad de que se desarrollara un *milieu* propio, se vio cercenada por el golpe de estado de 1936 y los cuarenta años de dictadura.

La primera corriente iniciática, si se puede calificar así, que llegó a España fue la masonería. El 15 de septiembre de 1729, el polémico duque de Wharton fundó en Madrid la logia Tres Flores de Lys (también conocida como Saint Bernard's Street Lodge). Fue la número cincuenta de la Gran Logia de Inglaterra y la primera que abría sus puertas fuera de la isla.[380] La Orden siempre fue vista con recelo por los sectores

---

380 *Masonería al descubierto. Del mito a la realidad.* Pepe Rodríguez, p. 47. Temas de Hoy, 2006.

más conservadores, que desconfiaban de sus ideas liberales y sufrió, además, distintas prohibiciones. A la condena del Papa Clemente XII, en 1738, se sumó meses después la del Gran Inquisidor de España Andrés de Orbe y Larreategui y, años más tarde (1751), la prohibición de Fernando VII. Todo esto —a lo que cabría sumar el eco del fraude de Taxil— condenó a los masones a funcionar durante mucho tiempo entre la clandestinidad y la máxima discreción, lo que favoreció su fama de sociedad secreta.

Por lo que respecta al espiritismo, las primeras noticias que tuvieron los españoles de este fenómeno fue un artículo del diario *La España*, del 10 de mayo de 1854, en el que se hablaba de las famosas «mesas parlantes»,[381] que comenzaban a ponerse de moda en Europa desde que llegaron las noticias desde Estados Unidos sobre las Hermanas Fox.[382] El espiritismo de Allan Kardec no tardaría en extenderse por España gracias al celo del Santo Oficio, que organizó quemas de sus obras espiritistas en Barcelona, Coruña y Alicante. La primera, en la ciudad condal, ocurrió en 1861 cuando el obispo Antonio Palau y Termens ordenó decomisar trescientos ejemplares de *El libro de los espíritus* (1857) remitidos por el propio Kardec a su amigo, el librero y socialista utópico Maurice Lachârte. Por entonces, la doctrina era casi desconocida, pero el suceso disparó el interés del público. La importancia que llegó a cobrar el movimiento tuvo su reflejo en 1888, con la celebración en España del primer Congreso de la Federación Espiritista Internacional. En 1934, en vísperas de la Guerra Civil, acogió la quinta edición del encuentro.

Por su parte, la Teosofía de Helena Blavastsky llegó, a partir de 1885, a través de las revistas que recibían algunos

---

381 «Sobre los inicios del espiritismo en España: La epidemia psíquica de las mesas giratorias en la prensa médica». Ángel González de Pablo. *Asclepio* (Revista de Historia de la Medicina y de la Ciencia). vol. LVIII, nº 2, julio-diciembre 2006.

382 «Si eres un espíritu, da dos golpes». Luis Alfonso Gámez. *El Correo*. 31/VIII/ 2008. magonia.com/2008/07/23/si-eres-espiritu-da-dos-golpes/

suscriptores españoles. En mayo de 1889, José Xifré (el único español que conoció a la fundadora) y Francisco Montoliu se asociaron a la Logia Blavatsky, con sede en Londres, y fundaron el Grupo Español de la Sociedad Teosófica, que duraría hasta 1936. La entidad llegó a contar con 35 delegaciones (o Ramas) y, en su mejor momento, más de quinientos miembros. La cifra puede parecer modesta, pero el tipo de socios (de clase alta y elevado nivel cultural) le dio cierta proyección pública.

Una de las características de estas corrientes culturales es que eran bastante progresistas y liberales (con alguna excepción dentro de la masonería), El feminismo, el pacifismo, el vegetarianismo, el nudismo… llegaron de su mano, una dinámica que quedó interrumpida por la Guerra Civil. Esos movimientos —a los que la prensa católica a veces tildaba de «sectas satánicas»— permearon lentamente en la sociedad. Un ejemplo fue la apertura del Cabaret Satán, inaugurado en Madrid el 11 de agosto de 1934,[383] al lado de la iglesia de El Salvador y San Nicolás. Su dueño fue el empresario Faustino García. Frecuentado por gente de la talla del escritor Pablo Neruda (entonces cónsul de Chile), el local recuperaba los ambientes de los *infernales* parisinos —locales de mala fama ganada a pulso— y se consolidó como uno de los lugares más salvajes de la capital para pasar la noche. La prensa católica respondió sobresaltada pues, como apuntó Fray Junípero en el muy conservador *El Siglo Futuro,* «todos los cabarets llevan esa marca; pero el diablo no asomaba los cuernos y el rabo en el rótulo». Sobre su escenario, la vedette Rosita «Miss Marín» Marín[384] (con su capa y sus cuernos postizos) animaba al personal, que disfrutaba de todo tipo de frivolidades mientras el cuerpo de baile —formado por mujeres

---

383 «El "templo"» de Satán estuvo en Madrid». Servando Rocha. *Agente Provocador.* 21/VII/2021 agenteprovocador.es/publicaciones/el-templo-de-satan-estuvo-en-madrid

384 «Del Edén a Satán: la trayectoria artística de Rosita Marín, la diablesa del varieté». Eduardo Bravo. *Agente Provocador.* 13/X/2020. agenteprovocador.es/publicaciones/del-eden-a-saten-la-trayectoria-artistica-de-rosita-marn-la-diablesa-del-variete

semidesnudas— se entregaba a la Danza de la Cocaína. Los excesos eran de tal calibre que los comunistas, alarmados por este ejemplo de decadencia burguesa, decidieron cerrar sus puertas al inicio de la Guerra Civil.

La vedette Rosita Marín, vestida de diablesa, en una publicidad del Cabaret Satán.

Otro ejemplo de cómo las ideas de origen ocultista se iban popularizando es la serie *Misterios del Otro Mundo*, del dibujante G. Barba[385] que apareció en el semanario infantil *Yo* (1937-1938), cuya aspiración era divulgar entre los más jóvenes «las ideas del humanismo y de respeto hacia tus semejantes». La historia sigue las andanzas del millonario Joe Kalles, que se suicida para reunirse con su difunta novia, y juntos recorrerán los horrores de un infierno republicano, en plan *La Divina Comedia*. La idea era contrarrestar las publicaciones católicas que aleccionaban a los más pequeños sobre los castigos que esperaban a los pecadores, solo que aquí los condenados eran los contrarios a los principios republicanos (uno de los inquilinos de este infierno era el rey Alfonso XIII).

La represión del Franquismo acabó con las posibilidades de que se desarrollara un *milieu*. El Régimen se cebó sobre todo en la Orden por ser la más extendida (el espiritismo y la teosofía habían perdido su fuerza inicial), la importancia que había tenido en la Primera y Segunda República, y su fuerte presencia en el Ejército. El número de Hermanos en las Cortes republicanas osciló entre los cincuenta y los ciento veinte entre 1931 y 1936. Eso, sin contar su presencia en los distintos gobiernos (Manuel Azaña, Alejandro Lerroux, Juan Negrín, Santiago Casares Quiroga, Fernando de los Ríos...), cargos intermedios, diplomáticos, periodistas, políticos... La institución estaba tan extendida que Franco recibió los poderes de Jefe del Estado del general Miguel Cabanellas (presidente de la Junta de Defensa Nacional), masón.

No extraña, pues, que una de las primeras leyes del Gobierno Nacional, en marzo de 1940, fuera la Ley para la Represión de la Masonería y del Comunismo. La paranoia llegó a tal punto que en el Archivo de Salamanca guarda 80.000 fichas de supuestos masones, pese a que el número de Hermanos en España antes de 1936 difícilmente alcanzó los 6.000 (de ellos, la mitad fueron fusilados).

---

385 *Viñetas Infernales*. Pedro Porcel, pp. 75-79. Desfiladero Ediciones, 2023.

Una página de *Misterios del Otro Mundo* (1937-3198)
del dibujante G. Barba, inspirada en La Divina Comedia.

LA GUERRA CIVIL Y EL FRANQUISMO

Las alusiones al maligno no faltaron como justificación del *Alzamiento*, pues, a decir del Cardenal Isidro Gomá, «se trata de si ha de reinar en España entera Jesucristo o Satanás».[386] Sin embargo, el enemigo eran los rojos y no el demonio, aunque a veces se les equiparara. Un ejemplo aparece en el diario falangista *Amanecer*, en un artículo del 19 de septiembre de 1939, el más madrugador en reclamar acciones contra los masones, ya que «han conspirado siempre contra la patria», y calificaba su obra de «destructora, cruel, [y] verdaderamente satánica», además de acusarles de oponerse a España con su «satánico poder».[387] Prueba del escaso peso del discurso antisatánico en el bando nacional es que en el libro *Masonería* (1952), Jakim Boor (*nom de plume* de Francisco Franco), solo hay dos referencias al Príncipe de la Oscuridad, una para calificar la cruzada de las logias contra la Compañía de Jesús,[388] y otra, más explícita, para justificar, entre otras, la Ley de Responsabilidades Políticas de febrero de 1939:[389]

> No en vano nuestra Santa Iglesia ha definido «que cuando Dios se va de los Estados es el demonio el que entra; que el Estado sin Dios es el Estado dirigido y conducido por el demonio y que la apostasía social es el reinado en el mundo de Satán».

Un caso curioso es el de Mauricio Carlavilla de Bario (1896-1982), responsable de la Brigada Especial y conocido filonazi. Sus labores represivas no le impidieron desarrollar una dilatada trayectoria como escritor. En

---

386 *Carta del Obispo de Vitoria al Presidente de la Junta Carlista de Guerra de Guipúzcoa exponiéndole las medidas que tomará ante los sacerdotes acusados de nacionalistas.* 26.VIII.1936.

387 *Amanecer.* 19/IX/1939. Zaragoza

388 *Masonería.* Jakim Boor, p. 127. Madrid, 1954.

389 *Ibid,* p. 118.

Sodomitas (1956) condensa su visión sobre el comunismo y el satanismo[390]:

> Mas, con el necesario denuedo, diremos que, por su ateísmo, también el Comunismo es satánico; y, por lo tanto, afirmamos que el satanismo es el gozne que articula Comunismo y homosexualismo.

Carlavilla fue uno de los grandes promotores de la idea de que la masonería escondía, en realidad, un culto satánico. De hecho, fue el editor en España de las obras del arzobispo jesuita alemán León Meurin (1825-1895) quien, tomando como punto de partida los textos de Leo Taxil (que consideraba verdaderos), escribió *La Franc-Maçonnerie: Synagogue de Satan* (1893). Las más de quinientas páginas del libro de Meurin le debieron de parecer pocas, porque se permitió escribir, a modo de corolario, uno más, titulado *Satanismo* (1957). En él se limitaba a reproducir las tesis del religioso, como que el culto al maligno de la Orden es «primera y última razón del kabalismo (sic.) masónico», de ahí que no dude en calificarla de «sinagoga de Satán».[391]

Es evidente que Carlavilla no utilizaba el satanismo como retórica, sino desde el convencimiento sincero de que cada año se producían en el mundo «millones» de sacrificios en el altar del maligno,[392] y de que quienes le rendían culto buscaban el fin de la sociedad. Sus teorías, por disparatadas que parezcan, consiguieron sobrevivir, en parte gracias a su continuador, el historiador y exministro de Cultura durante la Dictadura, Ricardo de la Cierva, autor de *Masonería, satanismo y exorcismo* (2011), donde afirmaba que «no todos los masones son satánicos o diabólicos, pero todos los satánicos son masones».

---

390 *Sodomitas. Homosexuales políticos, científicos, criminales, espías, etc.* Mauricio Karl (Mauricio Carlavilla), p. 66. Nos. Madrid, 1956.

391 *Satanismo.* Mauricio Carlavilla, p. 64. Nos, 1957.

392 *Ibid,* p. 112.

EL NUEVO *MILIEU*...

En los sesenta, la información esotérica y paranormal (sobre todo, la relacionada con la ufología) empezó a hacerse un hueco en los periódicos. En 1961, Plaza y Janés abrió esta temática al gran público con la publicación del mítico *El retorno de los brujos,* de Louis Pauwels y Jacques Bergier, apenas un año después de su aparición en Francia. En 1968 la misma editorial lanza la revista *Horizonte* (dirigida por Antonio Ribera), una versión de la francesa *Planète.* Luego, la misma editorial apostaría por colecciones de divulgación como *Realismo fantástico* (1972-1981) y *Otros mundos* (1976-1982). En 1972 nace, de la mano del periodista Jorge Blaschke, la primera revista especializada, *Karma 7.* Del *boom* de este tipo de contenidos da fe el estreno, en Radio Barcelona (Cadena Ser), del programa de Sebastián D'Arbó *La otra dimensión* (que ganó un premio Ondas en 1975) y, poco después, *Más Allá,* dirigida por el psiquiatra Fernando Jiménez del Oso que se emitió en la segunda cadena de Televisión Española entre 1976 y 1981.

Por lo que respecta a la prensa, los españoles conocieron a Anton Lavey en 1969 gracias a un despacho de la agencia Pyresa,[393] que ofrecía sus servicios a las cabeceras de la cadena Prensa del Movimiento, propiedad de Falange Española Tradicionalista y de las JONS. En él se explicaba, en un tono bastante amable y sin tomárselo muy en serio, que la Casa Negra era cita obligada en San Francisco. «Quienes desean estar *with in* [en la pomada] a toda costa, pagan por visitarla y presumen luego en el club de que han tomado café con Satán», apuntaba la noticia. Años después llegó el primer gran reportaje sobre el tema; lo publicó *ABC* en forma de un dossier titulado *Ocultismo,* en 1972. Abría la información una foto a toda página de Karla LaVey (entonces, portavoz de la Iglesia de Satán) posando

---

393 «La casa del diablo está en San Francisco». Enrique Tarneverro (Pyresa). *Mediterráneo,* p. 9. 27/VI/1969.

con un cráneo. En la introducción, el diario advertía que este tipo de movimientos (metía en el mismo saco a Charles Manson, el espiritismo, el satanismo o la Nueva Era) tenían una agenda oculta: «Lo que en el fondo se pretende es socavar el sentimiento religioso y las tradicionales creencias cristianas».[394]

Martínez Roca publicó en 1975 *La Biblia Satánica,* que tampoco se puede decir que sacudiera el mercado editorial. Ese mismo año se tradujo la *Historia del satanismo* de Frederik Koning, durante años la referencia en la materia, preludio de la publicación de la primera gran obra de divulgación sobre este tema: los tres tomos de *Los grandes misterios del exorcismo* (1977). La colección se anunciaba a toda página y en color en los principales diarios de la época por 299 pesetas. Luego llegarían *Hijos de Lucifer* (Jean Paul Bourre, 1980), *Manía divina y posesión diabólica* (Juan García Font, 1982) o *Posesiones y exorcismos... en profundidad* (Sebastián D'Arbó, 1983)... En general, salvo los trabajos del francés Bourre, el enfoque del tema era siempre histórico y básicamente centrado en brujas, exorcismos, pactos... Las sectas satánicas aún no eran un problema.

Todas estas publicaciones contribuyeron a crear un nuevo *milieu,* aunque el maligno apenas se dejaba ver. En todo caso, hubo iniciativas interesantes como el I Congreso Internacional de Ciencias Ocultas, celebrado en Barcelona entre el 1 y el 3 de diciembre de 1978.[395] El encuentro tuvo a la brujería como religión natural y digna de respeto, y estuvo organizado por Félix Llauge (más conocido como el Mago Félix), probablemente la primera persona en España que mostró públicamente su simpatía por el satanismo.[396]

---

394 «Ocultismo. Una supuesta fe que puede resultar muy peligrosa». Redacción. *ABC.* 8/IX/1970.

395 «Reivindican la plena libertad para la brujería». Redacción. *El País.* 1/XII/1978. elpais.com/diario/1978/12/01/ultima/281314801_850215.html

396 «Del Satanismo y otras delicadezas». Francisco González Ledesma. *La Vanguardia* (Suplemento Fin de Semana), p. IX. 3/VI/1979.

MIEDO PARA TODOS LOS PÚBLICOS

El diablo está en los detalles, sobre todo en la cultura popular. Primero llegarían las obras de H.P. Lovecraft (a partir de 1958) y, más tarde, la reivindicación de Allan Poe, gracias a las traducciones de Julio Cortázar o la edición de libros como *La semilla del diablo* y *El exorcista* y otros de menor calado del mercado inglés o americano. Pero la verdadera difusión del género de terror está en deuda con las novelas de «a duro» o «bolsilibros». La pionera fue la colección Selección de Terror de la Editorial Bruguera, que imprimió 617 títulos entre marzo de 1973 y mayo de 1975 (a los que habría que añadir los 32 de Terror Extra). Poco después se sumaría la Colección Terror de la Editorial Andina (1975-1982) y, más tarde, otras editoriales, como Ediprint (con TerrorFantasy), Ediciones Olimpic (Escalofríos de Terror), Forum (Thanatos)... Los tebeos para adultos no tardarían en apuntarse a la moda con *Dossier Negro* (1968-1988), *Vampus* (1971-1978), *Rufus* (1973-1978), y, sobre todo *Creepy* (1979) de la mano de Josep Toutain. Estos últimos se basaban en la calidad de las historias de la editorial americana Warren, nada que ver con otros títulos de vida efímera y calidad más que discutible como *Espectros* (1972), *Terror Gráfico* (1972) o *Macabro* (1974).

Por otra parte, la industria audiovisual local tomó nota de que con poco dinero y mucho talento (sobre todo lo primero) se podían obtener resultados como los del italiano Mario Brava, la productora británica Hammer o Roger Corman. Las primeras apariciones del maligno tienen lugar en comedias como *El diablo en vacaciones* (José María Elorrieta, 1963), *Las cinco advertencias de Satanás* (José Luis Merino, 1969), o *El extraño caso del doctor Fausto* (Gonzalo Suárez, 1969).

El éxito de *El Exorcista* —que inspiró *Exorcismo* (Juan Bosch, 1974), *La endemoniada* (Amando de Ossorio, 1975) y *El espiritista* (Augusto Fernando, 1977)— sumado a la tímida apertura que supuso el tardofranquismo y la Transición, fueron los elementos que permitieron el nacimiento de lo que se conoce como Fantaterror. A veces, para atraer al público, el demonio solo aparecía en el título, como en *Una vela para el diablo* (Eugenio Martín, 1973) o *El diablo se lleva los muertos* (Mario Brava y Alfredo Leone, 1973).

Fotograma de *Los ritos sexuales del diablo* (1982), una *sexplotaition* del cine satánico firmada por José H. Larraz.

La desaparición de la censura influyó en el género, que redobló su apuesta por el erotismo o el blandiporno con obras como *Diabla* (Enzo G. Castellari, 1978), *La secta siniestra* (Ignacio F. Iquino, 1982) o *Los ritos sexuales del diablo* (José R. Larraz, 1982). Hubo algún título más o menos digno, y quizás el más destacable (y no es decir mucho) fuera el ya citado *El diablo se lleva los muertos* (1973), dirigido por Mario Bava, y con un reparto que incluía a Telly Savalas y a Elke Sommer. Entre los recuperables también está *El perfil de Satanás* (Juan Logar, 1969) por su original propuesta experimental. Lamentablemente, la lista no incluye la adaptación del clásico de Hyusman *Allá Abajo* que Luis Buñuel intentó, sin éxito, filmar en 1976.[397] Si el Fantaterror está tan

---

397   «Teruel recupera un texto inédito de Buñuel sobre Gilles de Rais y el terror satánico.» Víctor Lope. *ABC*, p. 51. 2/IV/1991.

huérfano de títulos destacables, en parte por la tristemente célebre Ley Miró[398] de 1983 (impulsada por Pilar Miró, directora general de Cinematografía), que acabó con el cine de género en España. Habrá que esperar a que Alex de la Iglesia estrene *El día de la bestia* (1995) para encontrar un título a la altura de lo mejor del cine satánico internacional.

LAS SECTAS SATÁNICAS EN ESPAÑA

Al igual que ocurrió en Estados Unidos, las sectas satánicas llegaron a los periódicos cuando las otras dejaron de interesar. El ciclo comenzó cuando el periodista Iñaki Gabilondo, el 10 de noviembre de 1987, dedicó *En Familia* —el programa que presentaba en RTVE— al tema bajo el título *Captados por las sectas.* El impacto fue tal que sirvió para que la diputada del CDS Pilar Salarrullana pudiera impulsar en el Congreso la creación de la Comisión de Estudio de la Situación de las Sectas Religiosas en España, que comenzó a funcionar el 25 de mayo de 1988. Como era de esperar, las propuestas de actuación que se plantearon[399] tardaron poco en olvidarse. Salarrullana pagó un precio muy alto por su valentía: se enfrentó a 28 juicios que casi la arruinan,[400] tuvo escolta policial durante dos años y fue declarada «persona supresiva» por la Iglesia de la Cienciología (en una operación en la que participó el famoso comisario Villarejo), cuyo presidente (Heber Jentzsch) fue detenido en España en mayo de 1988 junto a otros 69 miembros de su organización.

La diputada escribió un exitoso libro sobre su experiencia (*Las sectas. Un testimonio vivo sobre los mesías del terror en España,* 1990) y, un año más tarde, firmó otro sobre un fenómeno del

---

398 Real Decreto 3304/1983, de 28 de diciembre, sobre protección a la cinematografía española

399 *Boletín Oficial de las Cortes Generales (III Legislatura).* Nº 174. 10/III/1989. congreso.es/public_oficiales/L3/CONG/BOCG/E/E_174.PDF

400 «Pilar Salarrullana abandona la lucha contras las sectas peligrosas». Servimedia. *El País.* 4/VII/1993

que se empezaba a hablar en la prensa: *Las sectas satánicas.* Como ella misma afirmaba en el prólogo, y confirmaba en el contenido, este era un tema que «desconocía totalmente».[401] Pese al título, el resultado era básicamente un repaso histórico a la brujería con algunas teorías demonológicas salidas directamente de una sacristía, bulos importados de Estados Unidos (como el *backmasking*) y cincuenta páginas de relleno sobre vampirismo, licantropía y espiritismo (que calificaba de fenómenos «relacionados con el satanismo»). Todo, salpimentado con delirantes testimonios de algunos adeptos y un listado de las presuntas organizaciones demoniacas que pululaban libremente por toda la geografía española, de las que la única prueba de su existencia era un recorte de periódico. Así, Los Adoradores de Seth, los Amigos de Lucifer, Los Caballeros del Anticristo (de tendencia «tecnotaoísta»), Las Hijas del Diablo, Los Hijos del Diablo, Los Hijos de Lucifer, Mujeres de Satán Hispanis, El Toro, La Secta del Toro-Vaca... pudieron gozar de sus quince minutos de fama, pese a que su bagaje solía limitarse a alguna pintada en la tapia de un cementerio. Pruebas, por supuesto, ninguna. Particularmente hilarante era su relación de grupos musicales satánicos, entre los que incluía a Barón Rojo, Parálisis Permanente, Dulce Venganza (por su disco *Sadomasoquismo Show*) y al grupo valenciano Los Inhumanos, formado básicamente por jóvenes dipsómanos que, advertía, «se presentan en sus discos vestidos de monjes, con hábitos blancos circundando a uno que hace de obispo».[402]

En defensa de Salarullana hay que decir que ella no creó el clima antisectas satánicas, sino que fue su consecuencia. Un ejemplo ilustrativo —de los varios similares que se registraron en la época— tuvo lugar en Almansa (Albacete) el 18 de septiembre de 1990, cuando la curandera Rosa Gonzálvez Fito, que decía que sus poderes eran un don divino, asesinó a su hija de once años arrancándole los intestinos por el

---

401 *Las sectas satánicas. La cara oculta de los esclavos de Lucifer.* Pilar Salarrullana, p. 11. BolsiTEMAS (Temas de hoy), 1995.

402 *Ibid,* p. 326.

ano. Rosa creía que la pequeña, que había tenido su primera regla, esperaba un hijo del demonio. El crimen, en el que participaron tres personas, quedó impune, ya que a todas se le aplicó la eximente de trastorno mental. Aunque la protagonista de su historia y su mano derecha se consideraban Jesucristo y la Virgen María, que la muerte fuera consecuencia de un exorcismo y que el clima en el que se produjeron los hechos era el de la santería popular (que hunde sus raíces en el cristianismo), tanto *ABC*[403] como *El País*[404] calificaron el hecho de «rito satánico». La costumbre de atribuir cualquier hecho similar al culto al demonio sigue plenamente vigente.

Barón Rojo fueron acusados de satánicos por cantar *Los rockeros van al infierno*.

---

403 «Niña muerta en Almansa tras un rito satánico». Pablo Muñoz, p. 55. *ABC* 19/9/1990.

404 «La madre y una tía, acusadas de matar a la niña de 11 años «embarazada por el demonio». Emili Gisbert. *El País*. 20/9/1990. elpais.com/diario/1990/09/20/espana/653781615_850215.html

En todo caso, lo ocurrido en España apenas se puede comparar con lo ocurrido en Estados Unidos, y hablar de un «pánico» resultaría extremadamente exagerado. Aunque sí se habló de dos de niños sacrificados en rituales satánicos (uno de ellos, el llamado caso Ainara,[405] inspiró la *Trilogía de Bazán,* de Dolores Redondo), ni siquiera se puede decir que ocurrieran realmente, ya que nunca se recuperó ningún cadáver y ambos se sustentaban en las declaraciones de un único testigo.

Sobre las cifras de adeptos y grupos satánicos, el método más utilizado era el de lanzar los datos y esperar a que la prensa los reprodujera. Para la Conferencia Episcopal, en 1998, solo había unos cuarenta grupos que sumaban en total unos 250.000 seguidores (625 de media), pero para el sacerdote Manuel Guerra Gómez —uno de los fundadores de la Red Iberoamericana de Estudios de las Sectas (RIES)— el número de organizaciones era de, exactamente, 164 (lo que aumentaría la cifra de satanistas a más de un millón en un país con 40 millones de habitantes). Mientras, el Ministerio de Interior aseguraba que había unos doscientos grupos coercitivos con unos 150.000 acólitos.[406] En 2010, RIES actualizó su informe[407] y concluyó que existían 61 grupos de este tipo (ni uno más ni uno menos), casi el doble de los detectados en 1997, lo que demostraban una tendencia constante de crecimiento (41 en 2001 y 55 en 2005). De dónde salieron esos datos es un misterio sin aclarar. En todo caso, la propia entidad admite que nunca ha recibido ninguna solicitud de ayuda por parte de un exmiembro de este tipo de entidades.

---

405 «La Guardia Civil investiga el asesinato de una bebé a manos de una secta hace 30 años». Cruz Morcillo. *ABC* 30710/2011. abc.es/deportes/abcp-guardia-civil-investiga-asesinato-201110300000_noticia.html

406 «La semilla del diablo». Virginia Ródenas. *ABC*, pp. 68-69. 18/XI/98

407 Informe sobre la actualidad del satanismo en España. Vicente Jara Vera. RIES, 2010.

LA IGLESIA DE SATÁN EN MODO BERLANGA

Como ocurría en la película *Hombres de Negro* (Barry Sonnenfeld, 1997), la información más fiable de esta época se publicaba en revistas dedicadas a los temas paranormales que, por lo menos, investigaron algunos de estos grupos. El periodista Manuel Carballal y dos colaboradores crearon una falsa revista dedicada al culto al maligno (*Inferix: crónicas del mal*) en 1992, lo que les permitió adentrarse en este submundo,[408] contactar con algunos grupos (como los canarios Ocinatas Otluc, los catalanes Caballeros de la Orden del Fuego, los asturianos Nuevo Orden Dragano...) o conocer a Montserrat F.M., que aseguraba haber presenciado el asesinato ritual de un bebé siendo miembro de los (¿inexistentes?) Hermanos de Changó[409] y que acabó, años más tarde, condenada a cuatro años de cárcel por intentar asesinar a una de las clientas de su gabinete de Tarot.[410]

En su trabajo, el periodista gallego consiguió identificar a Julián Moreno Sandoval como responsable de la Iglesia de Satán en España y sacar a la luz la disparata historia, con tintes berlanguianos, de este y otros grupos que usurparon el nombre de la orden de LaVey. Entre 1972 y 1974, Moreno Sandoval estuvo destinado como jefe de la Oficina Nacional de Turismo en San Francisco y allí entró en contacto con Anton LaVey, con quien compartió orgías y misas negras, pero también «tertulias, proyectos e ilusiones». No es de extrañar que el Doktor en persona le encargara la misión de abrir una delegación en España como punta de lanza para llegar a todos los países de habla hispana.[411] Según confesó en una

---

408 *Cultos Satánicos. Demonología, sectas satánicas y logias luciferinas: una realidad social.* Manuel Carballal Págs. 50-51. El Ojo Crítico Libros, 2023.

409 *Ibid*, p. 146.

410 «Condenan a cuatro años a una tarotista que encargó matar a una clienta». Agencias. *ABC* Cataluña 26/I/2005. abc.es/espana/catalunya/abci-condenan-cuatro-anos-tarotista-encargo-matar-clienta-200501260300-20207047706_noticia.html

411 *Franco Top Secret. Esoterismo, apariciones y sociedades ocultas en la Dictadura.* José Lesta y Miguel Pedrero, p. 299. Temas de Hoy, 2005.

entrevista,[412] hasta presenció sacrificios humanos en la Casa Negra. El diplomático, ya fallecido, estuvo al frente del grotto español hasta 1989, cuando decidió irse al Templo de Set.

Aunque Moreno Sandoval era un profundo conocedor del satanismo y creó una organización satánica, lo cierto es que casi toda su historia era falsa. En primer lugar, ni conoció a LaVey en persona ni se le encargó ninguna misión; Moreno Sandoval no ingresó en la Iglesia de Satán hasta julio de 1985, casi una década después de volver a España. El único contacto que consta en la institución es una carta de bienvenida. No hubo más. De hecho, el correo devolvió a la Casa Negra el ejemplar de la revista *Cloven Hoof* que le enviaron en octubre y no supieron nunca más de él.[413] Pero tampoco le fue mal: su objetivo, tener sexo y cuanto más, mejor, parece que sí lo logró.

En 1989, tras abandonar la Iglesia de Satán española que él mismo creó, ingresó en el Templo de Set, donde ni siquiera llegó a superar el grado de Setiano (el primero de los seis existentes), en el que los nuevos miembros esperan unos dos años hasta convertirse en Adepto (miembros de pleno derecho). Aunque se presentaba como «introductor» de la Iglesia de Aquino en España, de lo único que podía presumir era de haber sido uno de sus primeros miembros (la organización no tuvo un pylon o delegación en España hasta mediados de la primera década del siglo XXI, que duró apenas cuatro años). Desde luego, no tuvo ningún cargo en la entidad.

El siguiente en formar una falsa Iglesia de Satán en España fue José María Font Cañameras quien, por lo menos, intentó sin éxito lograr el reconocimiento de la verdadera Iglesia de Satán (no llegó a iniciar el trámite, aunque en Estados Unidos su oferta no fue mal recibida). También fracasó en su proyecto de intentar aunar al muy disperso movimiento satánico español. El entonces funcionario de prisiones, más a la derecha si cabe que Moreno Sandoval, era un auténtico

---

412 *El Templo de Set en España.* Gabriel Carrión. *Karma 7* nº 248. Julio 1993.

413 Correo electrónico de Maga Peggy Nadramia, archivista y Suma Sacerdotisa de la Church of Satan. 14/III/2024.

badge collector que ingresó en el plazo de dos años en la Iglesia de Satán americana, el Templo de Set, la efímera Couleuvre Noire del ocultista norteamericano Michael Bertiaux (una curiosa fusión entre vudú y gnosticismo) y el Ordo Templi Orientis (O.T.O.), de inspiración crowleyana. Esta actividad la compaginaba con su membresía en dos organizaciones de clara inspiración nacionalsocialista: CEDADE (Círculo Español de Amigos de Europa) y al grupúsculo terrorista VI Comando Adolfo Hitler, que atentó contra varias librerías durante la Transición y llegó a reclamar falsamente la autoría del asesinato nunca esclarecido del dirigente de ETA Eduardo Moreno Bergaretxe Pertur.[414] Según la periodista Joana García Grenzner:[415]

> Font Cañameras viajó en 1996 a visitar las penitenciarías de Texas. Según un documento firmado por el mismo Font en 1999, el fin del viaje fue iniciarse «en una organización satánica de la que habría que responsabilizarme como máximo representante en España, de la que formaban parte diversos funcionarios de prisiones de ideología ultraderechista y satánica en California y Texas». Una vez en el Estado español, debía fundar «una organización satánica que aglutinara a todos los elementos ultraderechistas del ámbito penitenciario y mantuviera contactos con los principales partidos de Estados Unidos y Europa», para lo que entró en la secta OTO de Mataró, cuyos miembros ya habían sido iniciados por el dirigente del Front National francés Christian Bouchet.

En 1997, Font Cañameras dimitió de su cargo y cedió el testigo a dos jóvenes de Terrasa que afirmaban ser miembros de los Templarios Negros: Jordi García Casas (a la sazón, chivato del Centro Superior de la Información de la Defensa,

---

414 «El VI Comando Adolfo Hitler se atribuye la muerte de "Pertur"». Jesús Ceberio. *El País*. 21/XI/1976. elpais.com/diario/1976/11/21/espana/217378813_850215.html

415 «UGT Presons Catalunya distingue a un ultra sancionado por malos tratos». Joana García Grenzner, 11/11/200. *Diagonal*. rebelion.org/ugt-presons-catalunya-distingue-a-un-ultra-sancionado-por-malos-tratos/

CESID)[416] y Juan José Comas García, igualmente relacionados con grupos ultraderechistas. Además, ambos estaban vinculadas a la O.T.O., apadrinada por Bouchet.[417] Aunque este[418] siempre ha negado su relación con los hechos, varios *mails* en posesión del investigador suizo Peter Robert Koenig desmienten su versión.[419] García y Comas fueron noticia[420] poco después tras ser detenidos —junto al inclasificable Gabriel López de Rojas, fundador de la Orden Illuminati— por organizar misas negras (al precio de entre 10.000 y 40.000 de las antiguas pesetas), realizar pintadas satánicas en la Catedral de Barcelona y otras iglesias, y amenazar a trece periodistas especializados en temas esotéricos. Entre ellos estaba Ernesto Milá (jefe de redacción de la revista especializada en fenómenos paranormales *Nuevos Horizontes*), fundador del Partido Español Nacional Socialista (PENS), vinculado a los servicios secretos franquistas. En 2005, Jordi García —que trabaja de taxista y ya tenía alguna denuncia por amenazas— fue detenido por apuñalar a un amigo por una cuestión de celos. Si por entonces la versión *made in Spain* de la Iglesia de Satán, ya solo existía sobre el papel, aquello fue la puntilla.

EL SATANISMO HOY

Tras el pico de informaciones sobre los peligros del satanismo, el interés decreció. Las expectativas eran altas, pero ni la Policía ni las asociaciones antisectas conseguían encontrar el menor rastro de su existencia. Tampoco tuvo éxito el CESID (antecedente del Centro Nacional de Inteligencia,

---

416 *Los expedientes secretos*. Manuel Carballal, p. 451. Planeta, 2001.

417 «The milieu and the Templar's Reich. The slaves shall serve». Peter Robert-Koenig. 2006. https://www.parareligion.ch/2006/pro/pene.htm

418 Correo electrónico de Christian Bouchet con el autor. 12/III/2024.

419 Correo electrónico de Peter R. Koenig con el autor. 14/III/2024.

420 «Dos sectas satánicas amenazaban a periodista y hacían misas negras de pago». Daniel Marchena. *La Vanguardia*. 1/VII/1999, p. 38.

CNI) que investigó brevemente el fenómeno. Con la popularización de internet hubo algún tímido intento de unificar o, al menos, poner en contacto, a los interesados en la materia. En 2001 nació Red Satánica, que estuvo activa varios años, y llegó a congregar a algunos miles de satanistas y luciferinos de habla hispana. Allí nació el Círculo Luciferino de Valencia (aunque sus miembros remontaban su origen a 1971, dato absolutamente increíble), el más activo de todos, que llegó a contar con algo más de veinte miembros, y que desapareció a principios de 2003. Otro intento fue el OND (Orden de los Nuevos Dioses), nacida en 2004 con el lema de «La ley de los fuertes, esa es nuestra ley», que tampoco tuvo excesiva trayectoria. Más interesante fue la iniciativa del doctor en Filología Miguel Algol —uno de los mejores conocedores del satanismo de España y autor de libros como *Materia Oscura* (2020) o *Misal Negro: Antología de guiones de misas negras* (2020)—, bautizada como La Cueva de Salamanca, nacida allá por 2012 y que duró al menos hasta 2018. Fue un punto de encuentro para creyentes con mayor formación sobre la materia, que atrajo a un número no muy elevado de practicantes pero sí muy preparados. Sus ideas son próximas a la Orden de los Nueve Ángulos y, de hecho, es el traductor al castellano de *El libro negro de Satán*.

Actualmente, un punto de encuentro son las redes del argentino que usa el pseudónimo de Alejandro Maquiavelo y su falsa Iglesia de Satán, nacida en 2013, y que, siguiendo la tradición, es la cuarta de este nombre surgida en nuestro país que ha usurpado el nombre de la creada por LaVey (la tercera la lideraba la catalana Raquel Joana Hernández en los años noventa). Maquiavelo es traductor de Stanislaw Przybyszewski, de libros como *La Llave de Salomón* y autor de obras como *Grimorium Verum, Demonialidad: íncubos y súcubos...* Es el satanista más seguido en lengua castellana. Ha habido otros intentos de crear organizaciones que aspiran a mantener cierta estabilidad y actividad presencial. Un ejemplo es igualmente efímera Iglesia Satánica de Andalucía o Templo la Novena Puerta, fundada por José

Cadaveria, otra de las referencias del satanismo español. Prolífico escritor, es autor de *El cuaderno de Pedro Botero, La mirada diabólica* o *El Infernicón*.

Miguel Ángel Pastor, fundador
de la asociación Satanistas de España.

Sin embargo, la iniciativa más interesante hasta la fecha es la asociación Satanistas de España,[421] que nació en la red a finales de 2018. La entidad surgió al calor de la nueva ola del satanismo americano (el grupo original se llamaba Friends of the Satanic Temple), y asumió su visión atea, progresista y defensora de los derechos LGTBI+. El 11 de enero de 2019, lograron inscribirse como asociación cultural. Se convertía así en la segunda organización de este tipo en obtener recono-

---

421 satanistas.es

cimiento legal, tras el antecedente la enésima falsa Iglesia de Satán (con sede en Algeciras, Cádiz), aceptada en noviembre de 2007 en el registro de asociaciones de Andalucía y que apenas tuvo actividad. Presidida por el doctor en Ciencias de las Religiones Miguel Pastor, su próximo objetivo es lograr la inscripción en el Registro de Confesiones Minoritarias del Ministerio de Justicia. Se sumaría así a un grupo que incluye, entre otras, a varias entidades que practican la Wicca, Cienciología, la Comunidad Odinista de España - Asatrú, la Asociación Religiosa Druida Fintan, la Federación Hindú, la Hermandad de la Diosa de los 10.000 nombres, la Asamblea de Cultos de la Naturaleza - Antigua Sociedad Kelt o la asociación Sagrados Fuegos Gentiles.

En la práctica, el reconocimiento del que gozan estas confesiones es escaso. Para que sus bodas sean legales, tendrán que obtener el estatus de Religión de Notorio Arraigo, que está lejos del alcance de estas religiones por las condiciones que impone (treinta años de antigüedad desde su inscripción en el Registro, presencia activa en la sociedad, presencia en diez comunidades…). En España solo han logrado este reconocimiento los protestantes, los testigos de Jehová, los mormones, el judaísmo, el islamismo, la Iglesia ortodoxa y los budistas.

La puesta de largo de Satanistas de España demostró el recelo que aún existe en los sectores más ultramontanos de la sociedad contra este tipo de creencias. El 28 de noviembre de 2019, Pastor fue uno de los invitados a *La experiencia siniestra*, seminario organizado por la Asociación de Jóvenes Investigadores en Ciencias de las Religiones de la Universidad Complutense de Madrid. Al saber del evento, un grupo de estudiantes con el *nick* España Unidad difundió un comunicado en Change.org titulado *Pide a la Complutense que no apoye el satanismo*, reclamando la suspensión del acto, pues consideraban intolerable que «en la universidad pública se permita la difusión de pseudorreligiones que hacen apología del Mal, veneran ídolos malignos y animalizan al ser humano, y cuyas prácticas han causado y causan miles de víctimas en el mundo entero».

Al auto de fe se sumó *OKDiario,* que añadió que el acto era un «ritual satánico» y que la entidad académica incluso había cerrado la capilla para evitar que los estudiantes pudieran orar y protegerse de este modo de la influencia del maligno. En realidad, fue la delegación de Pastoral Universitaria (un ente autónomo ajeno a la Facultad), la que, *motu proprio,* clausuró la capilla para «evitar situaciones desagradables» ante lo que consideraba «una provocación».[422] Finalmente, los incidentes no los provocó el maligno, sino un grupo de cinco encapuchados vinculados a Falange Española que intentaron amedrentar a los asistentes al grito de «¡Viva Cristo Rey! ¡Fuera los masones de la Universidad!», lanzaron varias veces sal en los pasillos de la Facultad de Filosofía, pegaron pegatinas carlistas, realizaron pintadas a mayor gloria de la Virgen María y acosaron a los organizadores en las redes sociales.[423] No contentos con eso, acudieron por la noche al local donde Satanistas de España había organizado un espectáculo de burlesque para seguir rezando por el alma de los allí reunidos.

En su corta historia, Satanistas de España ha dedicado sobre todo a organizar actos culturales sobre temas relacionados con el Sendero de la Mano Izquierda y, más allá de su actividad en redes sociales, no ha hecho ningún acto proselitista para lograr nuevos socios (son unos doscientos miembros), se limita a gestionar las solicitudes que recibe. También ha conseguido salir en prensa en repetidas ocasiones ayudando así a cambiar la percepción del público sobre este tipo de creencias.

---

422 «La Complutense monta un ritual satánico y cierra la capilla para que no se rece mientras se celebra». Redacción. O*kDiario.* 28/11/2019.

423 *Comunicado oficial de AJICR.* 29/XI/29019.
ajicr.org/2019/11/29/comunicado-oficial-de-ajicr/

La Sinagoga de Satán 2.0

Cuando era joven yo creía
que pronto, todo el mundo sería libre.
Pero el comunismo está creciendo
y Satán tiene un nuevo disfraz.

Commie Lies, JANET GREENE

Poco después de escribir su famoso libro *Memoria para servir a la historia del Jacobinismo,* cuya tesis principal era que los masones y los Illuminati provocaron la Revolución Francesa, el sacerdote Agustín Barruel recibió una extraña carta fechada el 1 de agosto de 1806. En ella el capitán del ejército de Piamonte (Italia), Juan Bautista Simonini, le confiaba que su tesis no era errónea, solo incompleta: los verdaderos artífices de la caída de Luis XVI eran los judíos. Barruel decidió no publicar la carta para evitar un pogromo antijudío. Aunque Simonini remitió el mismo texto a otras personas, no vio la luz hasta que lo publicó el diario cristiano parisiense *Le Contemporain,* en julio de 1878.[424]

---

424 *Freemasons, Illuminati and Jews. Conspiracy theories and the French Revolution.* Claus Oberhauser, pp. 563-565. Routledge Handbook of Conspiracy Theories. Routledge, 2021.

La tesis del militar italiano fue una de las fuentes de inspiración de *Los protocolos de los sabios de Sión*, una obra creada por la policía zarista (la Ojrana) que vio la luz en San Petersburgo en 1903, en el periódico *Znamya* (*La Bandera*). Sin embargo, el original se compuso en Francia a mediados de 1890 en un momento en el que la Ciudad de la Luz era la capital europea del antisemitismo tras el famoso Caso Dreyfus.

Portada de una edición rusa de *Los protocolos de de los sabios de Sión* de principios del siglo XX que equipara el judaísmo con el satanismo.

Znayma presentó *Los protocolos de los sabios de Sión* como las actas de una reunión secreta celebrada en París, al mismo tiempo que el Primer Congreso Sionista (que tuvo lugar en agosto de 1897 en Basilea, Suiza). La falsificación tomó prestados varios capítulos de la novela *Biarritz* (1868), de Hermann Goedsche (publicada con el pseudónimo de John Retcliffe) que, a su vez, era un plagio de *Diálogo en los infiernos entre Maquiavelo y Montesquieu* (1864), una sátira sobre el gobierno de Napoléon III del abogado y periodista Maurice Joly (1829-1878).

Uno de los capítulos de *Biarritz* narraba la reunión, en el cementerio judío de Praga, de representantes de las doce tribus de Israel para evaluar el estado de su plan para conquistar el mundo infiltrándose en todo tipo de organizaciones (desde la masonería a los jesuitas, pasando por gobiernos, universidades, ejército, prensa...). El encuentro —una ceremonia que se repetía una vez cada cien años desde el siglo I— estaba presidido por alguien a quien se aludía como «el hijo de Baal» o «el hijo del maldito»,[425] es decir, Satanás. Desde 1876, antes de que la Ojranan utilizara el libro de Goedsche para componer *Los protocolos...*, el citado capítulo se publicó como panfleto y presentándolo como un hecho verídico. Las alusiones al maligno que aparecen en *Biarritz* no aparecen en *Los protocolos...*, pero la idea de que los judíos eran la fuerza de choque de Satán comenzaba a extenderse por Europa.

SU MAJESTAD NESTA WEBSTER

Aunque la historia se la haya tragado, la británica Nesta Helen Webster (1876-1960) fue una de las personas que más ha influido en la génesis de las conspiraciones modernas. Muy leída —y tomada en serio por Winston Churchill—, sus obras recibían reseñas (alguna hasta favorable) en los principales

---

425 *The History of a Lie: «The Protocols of the Wise Men of Zion».* Herman Bernstein, pp. 37 y 42. Andesite Press, 2015

periódicos británicos de la época. Fue la primera en formular una teoría unificada de la conspiración, cuyo origen —según ella— se perdía en la noche de los tiempos y explicaba todos los sucesos ocurridos a lo largo de la historia unidos por un nexo: acabar con la cultura cristiana.[426] Culta, viajada, pionera del feminismo (al que acabó renunciando), la suya fue una infancia feliz, empañada apenas por la pertenencia de su madre (la poetisa Emma Frances Bevan) a la secta de los Hermanos de Plymouth,[427] la misma a la que perteneció la familia de Aleister Crowley, a quien nunca conoció.

Una de las escasas fotos que se conservan
de Nesta Helen Webster.

Gran aficionada al ocultismo, en 1910, durante una visita a Suiza, sufrió una experiencia mística, como ella misma contó en su autobiografía *Spacious days: An autobiography* (1949). Leyendo la correspondencia privada de la condesa de Sabrán, descubrió que no solo lo que esta contaba le sonaba, sino

---

426 *Spacious Days. An Autobiography. Nesta H. Webster*, p. 191. Hutchinson & Co., 1949.

427 *Behind World Revolution. The strange career of Nesta H. Wester.* Richard M. Gilman, p. 15. Insights Books, 1982.

que lo había escrito ella misma. Desde ese momento vivió convencida de ser la reencarnación de la noble francesa. Convencida de que había sido testigo presencial de los acontecimientos de 1789, publicó *The French Revolution: A study in democracy* (1919), en la que retomaba las teorías de Barruel y compañía sobre los Illuminati. En esa misma época comienza a publicar en el diario londinense *Morning Post* la serie *El peligro judío* —que reunirá en *The cause of world unrest* (1920)—, en la que se mostró firme defensora de *Los protocolos*... Según ella, pese a las dudas sobre su autenticidad, los datos sobre el plan de los judíos para dominar el mundo eran ciertos. En 1926 ingresó en el partido British National Fascisti, de cuyo Gran Consejo formó parte durante dos años.[428]

El satanismo fue uno de sus temas preferidos, cuya relación con los movimientos subversivos a lo largo de la historia trató profusamente en dos de sus libros más conocidos: *World Revolution: The plot against civilization* (1921) y *Secret societies and subversive movements* (1924). En todos los acontecimientos mundiales, desde la aparición del maniqueísmo (siglo III) se podía, según ella, apreciar la mano del maligno de una u otra forma. En el caso del comunismo —cuyo origen traza hasta los Illuminati—, la relación era más evidente todavía. Sus puntos de vista inspiraron al escritor Dennis Wheatley, que se encargó de difundirla entre sus miles de lectores,[429] en títulos como *The satanist* (1960).

SATÁN CRUZA EL ATLÁNTICO

La obra de Webster tuvo un considerable eco en su tiempo, pero las malas críticas que recibía la llevaron a convencerse de que había una conspiración contra ella. Dejó de defender a Hitler cuando firmó su acuerdo con Stalin en el Pacto Ribbentrop-

---

428 *Fellow Travellers of the Right*. Richard Griffiths, p. 57. Faber & Faber, 1983.

429 *The Devil is a Gentleman. The Life and Times of Dennis Wheatley*. Phil Baker, p. 310. Dedalus, 2011.

Mólotov de 1939, y, tras las Segunda Guerra Mundial, su obra cayó el en olvido. De hecho, hoy sería una curiosa anécdota histórica si no fuera porque sus trabajos se convirtieron en la referencia intelectual de la Sociedad John Birch, fundada en 1958 por el ultraderechista Robert W. Welch Jr. (1899-1985). La entidad atrajo a sus filas a lo más granado de la ultraderecha norteamericana: desde los que detestaban a Roosevelt y su *New Deal* y los que consideraban a Eisenhower demasiado blando con Moscú, a los aislacionistas radicales que creían que EEUU había permitido el ataque a Pearl Harbor, y los que opinaban que la entrada del país en la ONU era un paso previo a la puesta en marcha de un Gobierno Mundial; pasando por los admiradores del senador McCarthy, miembros del Ku Klux Klan, integristas cristianos, filonazis, libertarios…

Que los Illuminati eran el mal absoluto no hacía falta que Nesta Webster lo dijera. En Estados Unidos se sabía desde los tiempos en que Jedidiah Morse (1761-1826) —el padre de Samuel, inventor del telégrafo y el código que lleva su apellido— introdujo en el país las teorías de Barruel y Robison. Más tarde, el evangelista filonazi Gerald B. Winrod publicó *Adam Wishaupt. A human devil* (1935), en el que advertía a sus fieles que Satán era «el cerebro» de la organización[430] y los judíos, sus más fieles servidores. Welch tomó buena nota y cuando descubrió a Webster quedó cautivado.

A partir de 1965 la Sociedad John Birch comenzó a publicar los libros de la pseudohistoriadora británica, mientras Welch asumía sus postulados y se dejaba seducir profundamente por su visión del mundo. Así, pasó de considerar el comunismo —su bestia negra— como un movimiento político, a verlo como un estadio más del proyecto para dominar el mundo urdido de los Illuminati, que no eran más que la suma de todas sociedades secretas del siglo XVIII «unidas en un credo y un programa satánico».[431] Dentro de su

---

430   *Adam Wishaupt. A human devil.* Gerald B. Winrod, p. 10. Defender Publishers, 1935.

431   *More stately mansions.* Robert Welch. Discurso en el Conrad Hilton Hotel de Chicago. 5/VI/1964

cosmovisión, uno de los puntos más importantes era la existencia de los *insiders* («infiltrados») en las altas instancias del gobierno que trabajaban en secreto para someter a Estados Unidos, y que será la base teórica del llamado *Deep State* (Estado Profundo del futuro presidente Donald Trump). Aunque la retórica satanista fue un elemento secundario en la ideología de la entidad[432] —ultracristiana, pero con un enfoque político y secular—, será una referencia habitual en los discursos de Welch y de algunas de las figuras más representativas de la JBS (Jack Mohr, Henry N. Norton, Marilyn R. Allen, la escritora Taylor Caldwell...).

Webster sentó las bases de la conspiración moderna; Welch añadió los mitos de la Reserva Federal, el patrón oro, el Council on Foreign Policy, el grupo Bilderberg, la ONU, el Nuevo Orden Mundial, la lucha por los derechos civiles, las elecciones amañadas, el Estado Profundo... como elementos de un mismo plan para someter el mundo a una dictadura socialista. Sus ocurrencias influyeron en otras organizaciones de extrema derecha como el claramente neonazi Liberty Lobby de Willis Carto (1926-2015) o la Fusion Energy Foundation y la Executive Intelligence Review de Lyndon Larrouche (1922-2009), y más tarde en las milicias y en movimientos como Identidad Cristiana.

Las teorías de la JBS tuvieron gran influencia en el canadiense William Guy Carr (1895-1959), a quien el folclorista norteamericano Bill Ellis atribuyó el mérito de ser «la fuente más influyente a la hora de crear la demonología de los Illuminatis americanos».[433] Si en su primer gran éxito (*Pawns in the game*, 1958) denunciaba una conspiración mundial orquesta por los Rothschild, posteriormente, en su *opus magna* titulada *Satan: Prince of this world* (escrito en 1959, pero publicado tras su muerte), apuntaba directamente hacia el maligno. En él —tras precisar que su

---

432 *The world of the John Birch Society. Conspiracy, conservatism, and the cold war.* D.J. Mulloy, p. 133. Vanderbilt University Press, 2014.
433 *Raising the Devil: Satanism, New Religions, and the Media.* Bill Ellis, p. 128. University Press of Kentucky, 2000.

libro no era antijudío— afirmaba tener pruebas de que *Los protocolos de los sabios de Sión* no habían sido escritos por los Sabios de Sión, sino por la Sinagoga de Satán que domina el mundo.[434]

SATÁN ES ROJO

Al miedo a los Illuminati —y a los jesuitas, a los comunistas, a la masonería...— se le añadió pronto la amenaza comunista, que muchos americanos consideraban no solo una ideología política sino una especie de antirreligión. La línea que separaba el satanismo del comunismo era tan tenue que se convirtió en uno de los elementos definitorios de lo que el periodista americano Jonathan P. Herzog definió como el Complejo Industrial-Espiritual.

Uno de los mayores promotores de lo que se conoce como la Teoría Diabólica del Anticomunismo fue el sacerdote presbiteriano Carl McIntire, fundador del International Council of Christian Churches y el American Council of Christian Churches, además de uno de los predicadores más eficaces a la hora de usar la prensa y la radio para llevar sus palabras a los lugares más remotos del país. Para él, estaba claro: «Si Dios dio a América la bomba atómica, Satán le dio a Lenin la ideología del comunismo».[435] Por si fuera poco, añadía, el maligno «está haciendo horas extra en Washington D.C.».[436]

Aunque su extremismo lo convertía en un personaje marginal, sus teorías eran compartidas por amplias capas de la sociedad. Creer en Dios era parte de la identidad de cualquier verdadero americano, en una época en que los billetes comenzaron a incluir la leyenda *In God We Trust*. El estilo

---

434 *Satan: Prince of This World.* William Guy Carr, pp. 204-205. Omni Publications, 1966.

435 *Freedom is my bussiness: Carl McIntire, Christian Fundamentalism and the Rise of Modern Conservatism.* Bobbly Glen Griffith, p. 27. Discurso en la Universidad de Oklahoma, 2019.

436 *Communism is of the Devil.* Carl McIntire, 1956.

de McIntire podía ser demasiado exagerado para el movimiento evangelista, pero no decía nada que no asumirán más tarde los líderes de lo que en los años setenta se conocerá como la Nueva Derecha Religiosa.[437] Entre estos, destacaba el baptista Billy Graham, ni de lejos el más radical (era amigo personal de Martin Luther King y luchó contra la segregación racial), quien no tenía empacho en afirmar que el comunismo «es la religión de Satán».[438]

A ojos de muchos, Reinhold Niebuhr y Paul Tillich se habían convertido en peligrosos liberales, pese a que apenas unos años antes, estos dos teólogos progresistas se habían convertido en la referencia el debate sobre el papel de la fe en la sociedad americana, defendiendo el equilibrio entre lo secular y lo religioso.

Pero en Estados Unidos siempre hay alguien más a la derecha. Aunque la teoría del israelismo británico (que hunde sus raíces en el siglo XVIII) ya había cruzado el Atlántico a principios de siglo, fue el predicador Herbert Armstrong, con *The United States and Britain in prophecy* (1954), quien se convertiría en el intelectual de cabecera de la Identidad Cristiana al introducir una nueva relación entre Satán y los judíos. Esta doctrina defendía que los anglosajones eran los verdaderos representantes del pueblo elegido, ya que eran los herederos de las diez tribus perdidas de Israel. Según su particular interpretación de la Biblia, Abel fue el hijo de Adán, pero el auténtico padre de Caín fue la serpiente del paraíso (identificada con Satán); los anglosajones descendían del primero, el resto de razas, del segundo.[439]

Por muy descabellada que fuera la hipótesis, se convirtió en complementaria de otra que no lo sería menos: El Rapto y la Segunda Llegada de Cristo (que, según la versión, podrían

---

437 «Constructing "Godless Communism". Religion, politics, and popular culture, 1954-1960». Thomas Aiello. *The Journal of American Popular Culture.* Vol. 4, n° 1. Verano 2005

438 «Satan's religion». Bill Graham. *The American Mercury.* VIII/1954.

439 «British Israelism». Aidan Cottrell-Boyce. *Critical dictionary of apocalyptic and millenarian movements.* 21/X/ 2021. cdamm.org/articles/british-israelism

ser dos eventos separados por el tiempo o simultáneos). Según esta creencia expuesta por primera vez en 1927 por el inglés Joan Nelson Darby, fundador de los Hermanos de Plymouth (la secta en la que se criaron Aleister Crowley y Nesta Webster), el fin del mundo era inminente, y los últimos días serían los del enfrentamiento armado entre los cristianos que tenían algún pecado pendiente de expurgar y los seguidores de Satán. La batalla final, que ganarían los cristianos, abriría la puerta al segundo advenimiento del Mesías. Las enseñanzas del británico comenzaron a hacerse populares en los años setenta, con la aparición del libro *The late great planet earth,* de Hal Lindsey, y, sobre todo, en los noventa con la serie de novelas *Left behind,* de Tim LaHaye. El Rapto, curiosamente, introdujo algunos matices delirantes en el antisemitismo del satanismo cristiano: dado que el paso previo al fin del mundo era que todos los judíos volvieran a Israel (donde serían masacrados), sus seguidores se hicieron profundamente prosionistas.

La llegada de anticristo y el fin de los tiempos no era solo una metáfora. No lo era, por ejemplo, para el telepredicador Pat Robertson, fundador en 1961 del Christian Broadcasting Network (CBN), cuya influencia se extendía por 138 países y una audiencia de 360 millones de personas. Robertson, una de las personalidades más importantes del movimiento evangélico de la segunda mitad del siglo XX, publicó en 1991 *The New World Order,* en el que insistía, Biblia en mano, en que la ONU (controlada por los Illuminati) era la punta de lanza de un plan para establecer un gobierno mundial centralizado, cuyo líder sería nombrado directamente por Satán. Aunque no se puede decir que hubiera nada nuevo en su diatriba, pocos libros han tenido tanto efecto en la creación del mito del Nuevo Orden Mundial.

La suma de estas ideas sería la argamasa que sirvió de base, en los noventa, a los movimientos de Identidad Cristiana (con Naciones Arias a la cabeza) y las milicias de extrema derecha. El resultado el atentado contra el edifico del FBI en Oklahoma de Timothy McVeigh y Terry Nichols que, en 1995, causó 168 muertes (19 de ellas, menores de seis años) y 680 heridos.

LA RELIGIÓN DEL MIEDO

Una de las personalidades más destacadas en la difusión de la amenaza satánica fue John Wayne Todd (1949-2007), cuya obra y figura merecen un lugar destacado en el panteón de la conspiranoia moderna por la importancia que tuvo en el circuito evangélico de principios de los setenta, cuando el pánico satánico aún estaba aún en mantillas. Aseguraba que había nacido en el seno de en una familia de brujos y, como sacerdote experto en Magia Negra, llegó a ser consejero en la materia de JFK. Dar misa con pistola, ser expulsado del ejército por problemas mentales, abusar de las drogas, y acabar encarcelado por violar a una menor (tras un largo currículo de abusos sexuales), fueron solo algunos de los hitos de la carrera de un tipo que murió en su psiquiátrico vestido de bruja, y que inauguró un género fundamental en *lore* conspiranoico: el testimonio personal basado en hechos biográficos que jamás ocurrieron.

Todd dio sus primeros pasos en el movimiento conocido como los Hippies de Jesús, que mezclaba las teorías del Verano del Amor con el mensaje del Nazareno. Tras intentar hacer carrera entre los Pentecostales (que lo expulsaron), se fue al ejército (lo licenciaron a los pocos meses), abrió una librería sobre ocultismo (que tuvo que cerrar), ingresó en la Wicca (le invitaron a irse) y dejó embarazada a la hermana menor de edad de su mujer. El premio a la constancia llegó en 1977, cuando se presentó como cabecilla de una gran conspiración satánica a la que había renunciado tras abrazar el cristianismo. Comenzó entonces a girar por distintas parroquias del país recomendado a la gente que almacenara armas y víveres ante la inminente guerra contra los Illuminati satánicos que iban a tomar Estados Unidos. Para él, la mano del maligno estaba detrás de todo: Jimmy Carter era el anticristo de la Biblia; el rock cristiano había nacido en el infierno; los principales representantes de la Nueva Derecha Religiosa estaban en el ajo; *La Rebelión de Atlas,* de Ayn Rand, escondía el plan maestro de los satanistas... No todo era original (de hecho, tomó mucho de *The Satan seller,* de Mike Warnke), pero con sus delirios llevó la psiquiatría a lugares que no sabía ni que existían.

Aunque siempre fue una figura relegada al movimiento evangélico, su mensaje llegó a millones de personas gracias al dibujante Jack Chick (1924-2016), a quien *The Guardian* calificó como «el teólogo más leído en la historia de la Humanidad».[440] Inspirado por los tebeos de la editorial E.C que leía de joven (*Tales From The Crypt, The Vault of Horror...*), fue fuente de inspiración de maestros del cómic como Robert Crumb, Daniel Clowes o Jim Woodring. Es difícil comprobarlo pero, probablemente, fue el dibujante más vendido y desconocido de la historia, traducido a cien idiomas y con unas ventas (según datos de su compañía) de 750 millones de tebeos.

Satanás se lleva a otra alma al infierno,
en una de las historietas de Jack Chick.

Chick fue una especie de anarquista del fundamentalismo religioso, un verso suelto dentro del extremismo cristiano que nunca perteneció a ninguna corriente concreta

---

440 «Remembering Jack Chick: the Christian cartoonist who tried to save us from hell». Sam Thielman. 25/X/2016. *The Guardian.* theguardian.com/ books/2016/oct/25/jack-chick-christian-comic-cartoonist-death

(más allá de definirse como protestante y profundamente anticatólico), pero que influyó en todo el espectro del extremismo religioso americano. En 1970, creó Chick Publications en la cocina de su casa, lo que sería el embrión de su pequeño emporio editorial. Si hay un dibujante de cómics que merece ser considerado *underground* es Chick. Su exitosa fórmula se basaba en vender, directamente y a precio de derribo, cajas de *tracks* (así se conocen sus libritos) para ser repartidos de manera gratuita en iglesias, en la calle o por misioneros alrededor del mundo (de ahí que se hayan traducido al tagalo, tamil, tibetano o zulú). Su fórmula era sencilla: cuadernillos del tamaño de un billete, de 24 páginas en blanco y negro, en los que arremetía contra cualquier tema (la ONU, la homosexualidad, los juegos de rol, el rock, Halloween, Harry Potter, el islam, la ciencia, la televisión, el feminismo...) y solían acabar con el pecador en el infierno. Más que difundir la palabra de Jesucristo, Chick se empeñó en promocionar las malas artes de Satán.

DE LOS ILLUMINATI A LOS ILUMINADOS

Otra de las grandes aportaciones a la causa conspiranoico-satanista fue la de la pareja formada por Cathy O'Brien y Mark Phillips, con su libro *Trance-Formación de América* (1995). En él, Cathy contaba cómo, de niña, había sido la cobaya del Proyecto Monarch, una de las ramificaciones del MK Ultra. Este famoso programa de la CIA fue una continuación del Proyecto Artichoke (o Bluebird) nacido durante la Guerra de Corea, para intentar crear asesinos programados mediante el uso de drogas o hipnosis, y que estaba inspirado por los trabajos del científico nazi Kurt Plötner. Hasta 1973, cuando se cerró oficialmente, llevó a cabo más de 150 estudios.

Durante muchos años fue, literalmente, una historia de ficción plasmada en el libro *El candidato de Manchuria*

(Richard Condon, 1959), que tres años más tarde fue adaptada al cine por John Frankenheimer. La historia podía haber acabado en leyenda, ya que el director de la CIA, Richard Helms, intentó destruir toda la información sobre la iniciativa, pero se salvaron 20.000 documentos que habían sido mal clasificados y que aparecieron por casualidad. En 1975, el Comité Church del Senado[441] sacó a la luz su existencia. En 1991, el periodista John Marks publicó *En busca del candidato de Manchuria*, que influyó notablemente en los delirios de Cathy O'Brien y su marido.

Cathy O'Brien en un fotograma del documental
Trance: The Cathy O'Brien story (Adrienne Youngblood, 2022).

En su libro, O'Brien cuenta que de niña fue reclutada como parte del Proyecto Monarch (del que no existe a día de hoy constancia documental alguna), para convertirla en una esclava sexual al servicio de una secta satánica, a cuya cabeza estaba el fundador del Templo de Set, Michael Aquino.[442] La escritora decía haber sido internada en un

441 «Senate Select Committee to Study Governmental Operations with Respect to Intelligence Activities». I/1975-IV 1976. senate.gov/about/powers-procedures/investigations/church-committee.htm

442 *Trance-Fromation of America. The True Life Story of a CIA Mind Control Slave.* Cathy O'Brien y Mark Phillips, pp. 110-111. Reality Marketing, 1995.

base subterránea y enviada a un *Charm Camp* (Campo de Encanto), donde fue abusada por importantes políticos, como el entonces gobernador de California Ronald Reagan o el senador Arlen Specter (padre de la teoría de la «Bala Mágica» del magnicidio de John Fitzgerald Kennedy). En algún momento fue entregada a la industria del Country para uso y disfrute de distintos músicos, en una operación liderada desde Nashville por el cantante Kris Kristofferson, mano derecha de Aquino.[443] Y por si no tenía ya bastantes desgracias, la obligaron a embarcarse en un crucero organizado por Norwegian Caribbean Lines (NCL), con base secreta en el Triángulo de las Bermudas,[444] donde volvió a ser utilizada como esclava sexual. La lista, no completa, de los implicados en el Proyecto Monarch, además de los citados, incluía al expresidente Gerald Ford, George Bush, Bill y Hillary Clinton, dos presidentes de Canadá (Pierre Trudeau y Brian Mulroney), Panamá (Manuel Noriega) y Nicaragua (Daniel Ortega) y al secretario de Defensa Dick Cheney.

Pese a que la trama se había infiltrado en todas las capas del poder de Estados Unidos, un día O'Brien conoció a su marido —que decía ser agente de la CIA—, se fue por la puerta y nunca más volvió. Desde entonces —con tres libros a sus espaldas y habitual del circuito de las charlas conspiranoicas— insiste en que el gobierno ha intentado eliminarla, aunque no consta ni que le hayan puesto una multa. Como apuntó irónicamente el periodista Brian Hess, tras leer *Trance-formación de América,* «al lector solo le quedan dos posibilidades, o es una paranoica esquizofrénica o está diciendo la verdad».[445]

El libro de O'Brien y Phillips animó a Brice Taylor a sumarse a la causa con *Gracias por los recuerdos* (1999). En él,

443 *Ibid,* p. 115.
444 *Ibid,* p. 125.
445 «Conspiracy Corner: Cathy O'Brien». Brian Hess. 22/I/2024. Timesbulletin. com. timesbulletin.com/opinion/conspiracy-corner-cathy-o-brien/article_6c01be0f-9067-5dd3-9974-c1bc939a04d2.html

añadía a la lista de líderes del programa Monarch al famoso cómico Bob Hope, a Henry Kissinger, Jimmy Carter, los Rockefeller, el *Rat Pac* (Frank Sinatra, Dean Martin y Sammy Davis Jr.), Mickey Roonie, al cantante Neil Diamond, a los príncipes de Inglaterra Phillip y Charles, la compañía Disney (sus películas y parques de atracciones servían para reclutar incautos)… y desveló que Hollywood en su conjunto estaba al servicio de la red. Su experiencia como esclava sexual y «computadora personal» le permitió acceder a los documentos internos del «Consejo», órgano directivo de una entidad heredera de los Illuminati-satanistas, cuyo plan era instaurar el Nuevo Orden Mundial.

A Cathy O'Brien o Brice Taylor solo se las tomaron en serio los conspiranoicos más radicales, mientras que John Todd o Jack Chick eran parias incluso dentro del movimiento evangélico. Pero sus ideas les sobrevivieron y permearon en la mente de millones de americanos. Años más tarde, volverían a aflorar.

OBAMA, EL ANTICRISTO

A principios del siglo XXI, el pánico satánico era un triste recuerdo. El integrismo religioso estaba suficientemente dentro del sistema como para necesitar publicidad; la herencia de LaVey, prácticamente dilapidada y, en una sociedad cada vez más secularizada, Satán no vendía ni una escoba. Los atentados del 11S dieron lugar al mayor ciclo conspiranoico desde el asesinato de Kennedy. Los líderes evangélicos Jerry Falwell o Pat Robertson aseguraban que había sido un castigo de Dios por el aborto, los liberales, los gays y demás sospechosos habituales,[446] pero sus prédicas apenas calaron en un movimiento, el de los *Truthers* (o «buscadores de la verdad»), que creía que el atentado había

---

446 «Remembering 9/11: Political blowback or divine judgment?». Redacción. 16/IX/2007. *JourneywithJesus*.journeywithjesus.net/essays/3637-20070910JJ

sido orquestado por la Casa Blanca. Incluso entre los suyos, a muchos sus prédicas les sonaban a otros tiempos. De hecho, el teólogo David Ray Griffin —uno de los más críticos con la versión oficial y autor del venerado *9/11 Commission Report: Omissions and Distortions* (2004)—, jamás mezcló el atentado con la religión. Tampoco lo hicieron el malogrado exagente del FBI Michael C. Ruppert o el entones semidesconocido locutor de Texas, Alex Jones, dos de los líderes más conocidos del movimiento contra la versión oficial

La cosa empezó a cambiar cuando un negro decidió presentarse a las elecciones de 2008. Durante las primarias, en las que Barack Obama competía por la candidatura demócrata con Hillary Clinton, ocurrió un hecho muy curioso. Fue en octubre de 2016, mientras pronunciaba un mitin en Greensboro (Carolina del Norte). El futuro presidente de Estados Unidos interrumpió su alocución para olerse la piel. Luego, con una irónica sonrisa, se dirigió al público: «Hay un tipo en la radio que, por lo visto, ha dicho que Hillary y yo somos demonios, y que olemos a sulfuro», aseguró en alusión a Alex Jones. Días antes, el fundador de *Infowars* afirmó que el personal de seguridad de ambas candidaturas estaba muy preocupado porque los aspirantes demócratas olían a «demonio».[447] El nuevo romance entre el satanismo cristiano y la ultraderecha no había hecho más que empezar.

Los bulos contra Obama acusándole de ser musulmán o de que sus padres falsificaron su partida de nacimiento para que pareciera que había nacido en Estados Unidos, fueron los más frecuentes. Pero la idea de que fuera el anticristo gozó de cierto predicamento entre los sectores más radicales del Partido Republicano y el movimiento evangélico. Uno de los presentadores estrella de la cadena Fox, Glenn Beck, llegó a preguntar en directo al líder ultraconservador John Hagee si creía que el presidente era realmente el Anticristo. Con cara

---

447 *Obama smells himself, confirms he is not a demon.* David Wright. CNN, 12/X/2016. edition.cnn.com/2016/10/12/politics/obama-sulfur-smell-alex-jones/index.html Glenn Beck Watch: 'Is

de asombro, el predicador respondió que no.[448] Ese fue el contexto en que se publicaron libros como *Really Obama is the Antichrist: 70 facts identifying the antichrist right now!* (Christian Prophet, 2014), *The Final Antichrist Barack Obama* (Michael D. Frotner, 2014) u *Obama Antichrist: The Baraq-U-Bamah and the coming Apocalypse* (Bensa Magos, 2022). Aunque los medios convencionales dieron escasa importancia a esta narrativa, una encuesta de 2013 reveló que el 13% de los americanos creía que Obama era el Anticristo, cifra que aumentaba al 22% entre los republicanos.[449]

DE «KILLARY» CLINTON A QANON

En 2015, Hillary Clinton anunció su candidatura para suceder a Obama, en unas elecciones en las que se enfrentaría a Donald Trump. En marzo del año siguiente, unos *hackers* rusos accedieron al correo personal de su asesor, John Podesta, y se hicieron con unos 20.000 correos personales que fueron publicados por *Wikileaks* en plena campaña electoral. El día 31 de octubre, una cuenta anónima vinculada a supremacistas blancos (utilizaba el nombre de David Goldberg, un inexistente abogado judío de Nueva York) aseguraba que en el Departamento de Policía circulaba el rumor de que los *mails* apuntaban a la existencia de una red de pedófilos encabezada por la candidata demócrata. La siguiente en apuntarse fue otra cuenta falsa en Facebook (a nombre de Carmen Katz) quien, desde Minnesota, confirmaba las *fake news*, y añadía el nombre de Anthony Weiner (congresista demócrata condenado en 2011 por enviar fotos pornográficas a una menor) y que, junto a Bill Clinton, había sido un habitual del Lolita Express, el avión del financiero Jeffrey Epstein (condenado

---

448 «Obama The Anti-Christ?». Jason Linkins. 28/III/2008. *Huffpost*. huffpost.com/entry/glenn-beck-watch-is-obama_n_89983

449 *Some Americans actually believe Obama is the anti-Christ*. Emma Margolin. 4/IV/2013. NBC. nbcnews.com/id/wbna51428957

en 2008 y que posteriormente se suicidó). Al día siguiente, la teoría fue amplificada por la web ultraderechista especializada en difundir bulos *YourNewsWire.com*. A partir de ahí, cuentas falsas, redes como Reddit o 4Chan, y webs conspiranoicas (*Infowars* y su filial *Prision Planet*, entre otras) hicieron crecer la bola a base de citas cruzadas y mentiras.[450]

A partir de ahí, distintos foros de internet se volcaron en encontrar pruebas de la presunta red liderada por «Hitlary» o «Killary» Clinton. Dado que no había ninguna, empezó a consolidarse como verdad alternativa que los *mails* de Podesta incluían un código secreto en el que un *hot dog* significaba un chico; una *pizza*, una chica; *queso*, una menor; *pasta*, un menor y *nuez*, un negro. Las palabras clave eran, en realidad, los pedidos que los asesores de la entonces exsecretaria de Estado hacían a locales de comida para llevar de Washington. Varios de los establecimientos sufrieron amenazas y boicots, pero el caso más conocido fue el del restaurante italiano Comet Ping Pong. Allí se presentó, el 4 de diciembre, el joven Edgar Maddison Welch, que había viajado desde Minnesota con un rifle de asalto AR-15 para investigar *in situ* lo que estaba ocurriendo en el local. Quería acceder al inexistente sótano en el que la red escondía y torturaba a sus no menos falsas víctimas. Su acción acabó costándole cuatro años de cárcel.[451]

Pero los *mails* del asesor John Podesta encerraban un secreto más. La artista serbia Marina Abramovic, conocida por inspirarse en el mundo del ocultismo, invitó a este y a su hermano a una cena de cocina espiritual (*spirit cooking dinner*).[452] Pero como existía cierta amistad entre Hillary y la anfitriona, la candidata demócrata —que ni había sido

450 «How the bizarre conspiracy theory behind "Pizzagate" was spread». Craig Silverman. 5/XII/2015. *Buzzfeed News*.buzzfeed.com/craigsilverman/fever-swamp-election

451 «"Pizzagate" gunman sentenced to 4 years in prison». Merrit Kennedy. NPR. 22/VI/2017. npr.org/sections/thetwo-way/2017/06/22/533941689/pizzagate-gunman-sentenced-to-4-years-in-prison

452 wikileaks.org/podesta-emails/emailid/15893

convidada— fue el centro del escándalo. El famoso *spirit cooking dinner* era, originalmente, una *performance* que la serbia había realizado en el 1 de junio de 1997 en el Zerynthia, un centro de arte contemporáneo ubicado en Paliano (Italia)[453] y que, más o menos, consistía en escribir con sangre de cerdo en una pared la frase «con un cuchillo afilado, hazte un corte afilado en el dedo corazón de la mano izquierda y cómete el dolor». Las webs pro-Trump, lideradas por *Infowars*,[454] aprovecharon la invitación para afirmar sin ninguna prueba que la cena era, en realidad, una ceremonia satánica en la que se iban a distribuir Pasteles de Luz hechos con aceite y miel (pero que pueden incluir orina, semen o líquido vaginal) como aparecen en *El libro de Ley*, de Aleister Crowley.

Marina Abramovic, en una imagen de la performance Count on Us que puede verse en el Museo Nacional Reina Sofía.

---

453 youtube.com/watch?v=3EsJLNGVJ7E

454 «"Spirit Cooking": Clinton campaign chairman practices bizarre occult». Paul Joseph Watson. Infowars. 4/X/2016. infowars.com/spirit-cooking-clinton-campaign-chairman-invited-to-bizarre-satanic-performance/

Fuera del ambiente conspiranoico, las acusaciones podrían sonar totalmente descabelladas, aunque quizás no tanto después del caso de Jeffrey Epstein. Sin embargo, para el sector más ultra, la conexión satánico-pedófila de Clinton no era otra cosa que la confirmación de un bulo que venía de lejos. De hecho, no hacía sino refrendar algo que sabían desde hacía décadas: las élites se reunían todos los meses de julio, desde 1878, en un club de campo conocido como el Bohemian Groove (Monte Rio, California). El acto central de la cita consiste en un ritual conocido como «Quema de las Preocupaciones» (*Cremation of Care*), en el que un grupo de hombres vestidos con túnicas prende fuego a una estatua que representa a un hombre ante a la figura de un búho de más de doce metros de altura. Para Alex Jones, que logró filmar el acontecimiento para su documental *Dark Secrets: inside Bohemian Grove* (2000) —en cuya carátula había un pentáculo invertido—, era un rito en el que las elites demostraban su fidelidad a Lucifer. Eso, sumado al marco mental creado por toda la literatura conspiranoica anti-Nuevo Orden Mundial y satánico de las décadas anteriores, permite hacerse una idea de lo que entendieron algunos cuando leyeron el famoso *mail* de Abramovic.

QANON ENTRA EN ESCENA

Pero lo mejor estaba por llegar. El 28 de octubre de 2017, en la red 4 Chan —un foro de debate anónimo, de tendencia ultraderechista—, un usuario que se hacía llamar Q Clearance Patriot subió el primero de sus más de 5.000 *drops* o *bredcrumbs* (migas de pan, en alusión al cuento de Pulgarcito) en el que anunciaba que la detención de Hillary era cuestión de horas. El *nick* hacía alusión a una acreditación de seguridad que otorga el Departamento de Energía y permite acceder a documentos clasificados. Parte del éxito del bulo hay que atribuírselo a Tracy Diaz, una joven ultraderechista con un *blog* y un canal de YouTube que había demostrado cierta actividad siguiendo el caso del *Pizzagate*. Su vídeo (*Who is QAnon?*), del 2 de agosto de 2018, supuso el despegue oficial del movimiento. La pandemia, los medios de ultraderecha, el uso intensivo de *bots*, los algoritmos de las redes sociales como Facebook y el respaldo más o menos indisimulado del presidente Trump, hicieron el resto. La bola era imparable: en marzo de 2021, un 46% de los norteamericanos aceptaban la narrativa de Q; un año después ya eran el 53%.[455]

Q fue lo que los seguidores de Trump estaban esperando, la confirmación de todos sus delirios. 4Chan se convirtió en su fuerza de choque en las redes, donde se iban avanzando todos los pasos que el entonces presidente de Estados Unidos iba a dar contra el llamado Estado Oculto para hacer América grande de nuevo. Esta batalla tenía tintes bíblicos: era la calma antes de la tormenta. De hecho, *The Storm* se convirtió en el acontecimiento apocalíptico que todos sus seguidores estaban esperando. Era una lucha entre el bien y el mal —la red internacional de pedófilos satanistas que tenía secuestrado Washington y que operaba a nivel mundial—, en la que Trump era un «sombrero blanco», una especie de profeta de una pretendida Hermandad de los Dragones Blancos (de origen chino), la sociedad secreta más activa en la lucha contra los Illuminati desde tiempos inmemoriales (un delirio inspirado en la Teosofía de Blavastky).

QAnon fue un movimiento principalmente secular y de carácter político, pero con innegable trasfondo religioso. No es ninguna exageración decir que gran parte de los *Anons* (los seguidores de Q) creían formar parte de esa lucha entre el Bien y el Mal, con Trump como profeta, creencia que bebía de todas las conspiraciones habidas y por haber. Pero una teoría actuaba como la sal de cocido: la existencia de una cábala de progresistas (representada por Hollywood y el Partido Demócrata) que formaban parte de una red satanistas pedófilos y que bautizaron como el *Pedogate*. Michael

---

455 «How widespread are QAnon beliefs?». Ian Huff. PRRI. 24/VI/2022. prri.org/spotlight/qanon-beliefs-have-increased-since-2021-as-americans-are-less-likely-to-reject-conspiracies/

Jackson, aseguraban, había fingido su propia muerte para desenmascararla y de ella formaban parte, como beneficiarios o en calidad de víctimas del MK Monarch, Beyoncé, Lady Gaga, Madonna, Katy Perry, Rihanna, Chris Brown, Jay Z, Brad Pitt, Boy George, Robert Downey Jr... Por supuesto, no faltaba el elemento antisemita: el plan para dominar el mundo contra el que Trump luchaba se parecía demasiado a *Los protocolos de los sabios de Sion* como para ser casualidad.

Las alusiones a un culto satánico de carácter internacional jugaron un papel secundario en los mensajes de Q, pero ahí estaban. El 10 de agosto de 2018, uno de los *drops* se titulaba «Mucha gente con poder rinde culto al diablo» (*Many in power worship the Devil*) y dos semanas después, en plena convención Demócrata, incluyó un logo del partido de Hillary con pentáculo invertido en cuyo centro aparecía la cabeza de Baphomet. El empleo de esta narrativa tenía un objetivo claro, según el profesor de Estudios Religiosos en la Universidad de Radford (Virginia) Paul Thomas:[456]

> Estas conversaciones van más allá del nivel de nosotros contra ellos. En su lugar, para Q y los Anons eleva la conspiración a una cuestión del bien cósmico contra el mal más monstruoso [...]. A través de ese proceso, los Anons pueden verse a sí mismos como posibles asesinos de monstruos listos para usar la violencia para eliminar el mal.

Uno de los aspectos más ridículos de la teoría conspiranoica del todo que fue QAnon fueron las innegables reminiscencias del llamado Libelo de sangre. Sus seguidores creían que la elite de Hollywood no solo abusaba de los niños, sino que los utilizaba para obtener adrenocromo, una especie de fuente de la eterna juventud. La historia de esta sustancia se remonta a los años cincuenta, cuando dos psiquiatras canadienses —Abram Hoffer y Humphry

---

456 «How QAnon uses satanic rhetoric to set up a narrative of "good vs. evil"». Paul Thormas. *The Conversation*. 20/X/2020. theconversation.com/how-qa-non-uses-satanic-rhetoric-to-set-up-a-narrative-of-good-vs-evil-146281

Osmond— detectaron algunas similitudes entre las crisis esquizofrénicas y los efectos de la mescalina.[457] Su investigación los llevó a concluir que existía una hormona en la sangre con una estructura similar y que, debido a alguna alteración del metabolismo, podría hacer que causara los mismos efectos que esta droga. Aunque los primeros experimentos ofrecieron tímidos resultados, a la larga su teoría acabó en el basurero de la ciencia. En 1971, el periodista Hunter S. Thompson, en su novela *Miedo y asco en Las Vegas*, convirtió al adrenocromo en la droga preferida por sus protagonistas. En 1998, el exmiembro de los Monty Python Terry Gilliams dirigió una exitosa adaptación al cine (protagonizada por Johnny Deep) que revivió el mito.

La teoría empezó a hacerse popular a partir de 2018 gracias a *Adrenochrome, The elite's secret super drug!,* un vídeo del documentalista conspiranoico Jay Myers, al que no se le pasó por alto un dato: la energía que obtenían los protagonistas de la película de Pixar *Monsters Inc.* (Peter Docte, 2002) asustando niños no era más que una referencia oculta a esta técnica. En todo caso, si la red del *Pedogate* existía, estaba utilizando el método menos adecuado posible, ya que así solo conseguiría pequeñas cantidades. La manera más sencilla de obtener esta molécula —un intermediario en el proceso de oxidación de la adrenalina— que se emplea para detener hemorragias es sintetizarla en un laboratorio, que es como se produce en el mundo real (y en cantidades industriales).

Pero, ¿quién estaba detrás de Q? ¿Quién era el portador de esa acreditación que le permitía anticipar lo que iba a ocurrir con días y semanas de antelación y nunca acertar? «El futuro explica el pasado», repetían los *Anon* confiando en que al menos uno de sus crípticos mensajes —y alguna de sus cientos de interpretaciones posibles— se confirmaran. Había quien pensaba que, en lo más alto, estaba

---

457 *QAnon's Adrenochrome Quackery.* Joe Schwarcz. Office for Science and Society. 10/II/2022. mcgill.ca/oss/article/pseudoscience/qanons-adrenochrome-quackery

el presidente Trump, que había encontrado en el foro de 4Chan la mejor manera de enfrentarse al Estado Profundo. La respuesta llegó con el documental de HBO *Q: En el ojo del huracán*.[458]

Detrás de la conspiración más extendida del siglo XXI, la que había llevado a millones de personas a tomar la pastilla roja, que abría los ojos a la realidad y permitía a los despiertos adentrarse en la madriguera del conejo que llegaba hasta la verdad que los poderosos intentaban ocultar, había solo dos personas: Jim Watkins y su hijo Ron, los dueños de 4Chan (luego 8Chan y finalmente 8Kun). Eran ellos los que se ocultaban tras Q, el profeta del conspiracionismo mesiánico de las redes sociales. Visto con perspectiva, sonaría ridículo si no fuera porque el 6 de enero de 2021, miles de seguidores del presidente Trump, convencidos de que unos satanistas pedófilos habían tomado el control de Estados Unidos y conseguido robar las elecciones, asaltaron el Congreso lideraros por un vegetariano vestido de búfalo.

Imagen del asalto al Congreso de EEUU, el 6 de enero de 2021.

458 *Q: Into the Storm.* Cullen Hoback. Hyperobject Industries y HBO Documentary Films. 2021.

Lo que los nazis o los confederados sólo pudieron soñar, lo logró una amalgama de creyentes en toda suerte de disparates azuzados por Trump que, afortunadamente, no consiguió su objetivo de anular el resultado electoral de noviembre de 2020. Fracasó, pero como el Satán de Milton, al menos asaltó el paraíso.

Conclusión:
Nos vemos en el infierno

Hablando del demonio, él no es amigo mío.
Lo que queremos es alejarnos de él.
Es un mentiroso y un ladrón, la Palabra nos lo dice.
Queremos que sepa a dónde se puede ir:
¡Al infierno con el diablo!

To Hell With the Devil. STRYPER

El 9 de abril de 2024, la madre, el abuelo y un tío de Arely Naomi Proctor, de tres años, se sentaban en el banquillo de los acusados. ¿Su delito? Haber sometido a esta menor a un exorcismo de veinte horas que le causó la muerte. Para intentar salvarse mientras era torturada, Naomi le repetía a su madre «te quiero», pero no sirvió de nada. Horas antes, en Salem (Massachusetts), Sean Patrick Palmer —en nombre de Dios— lanzaba una bomba incendiaria contra la sede del Templo Satánico. Era el tercer atentado que sufría en su joven historia. No hace falta ser muy listo para saber de dónde viene el peligro; señalar las contradicciones de un dios bondadoso puede salir caro.

La realidad es que, pese a la leyenda negra, las sectas satánicas no existen y los satanistas no son un problema. No se puede decir lo mismo de otras confesiones amparadas por la ley como Cienciología, los Testigos de Jehová, los Legionarios de Cristo, los mormones… Cierto es que hay creencias vinculadas al maligno muy peligrosas como la Orden de los Nueve Ángulos. Pero incluso en el caso de este movimiento, su forma de actuar no tiene nada que ver con el mito de los amos del mundo borrachos de adrenocromo. Y, al revés: el bulo de esa especie de elite global que quiere instaurar una especie de dictadura socialista en el mundo tampoco ofrece mucho más recorrido. No es más que una variación de ese presunto Nuevo Orden Mundial al que, en los últimos años, se le ha añadido la manida Agenda 2023.

La simple idea de que un grupo secreto pueda controlar el destino el mundo es tan simple que debería ser patrimonio exclusivo de los menores de diez años. Sí existen grupos de intereses de carácter internacional que aspiran a influir en el devenir del planeta, pero de progresista tienen poco. Sin embargo, en la literatura conspiranoica, esa tan sesgada hacia la ultraderecha, apenas hay menciones a entidades como el Atlas Network (originalmente, Fundación de Investigación Económica Atlas). Desde su fundación en 1981 en San Francisco, esta amalgama de distintos *think tanks* de carácter ultraconservador jamás ha ocultado sus intentos por lograr un orden mundial regido por el neocapitalismo más extremo, y por la defensa de los privilegios de los más ricos. Su lema no podría ser más engañoso: «Juntos, podemos reforzar el movimiento mundial por la libertad». Cuando hablan de libertad, por supuesto, se refieren única y exclusivamente a libertad de empresa. Presente en los cinco continentes, la Red Atlas cuenta con aproximadamente 500 socios y un presupuesto anual superior a los 20.000 millones de dólares, según sus propios datos. Financiado por algunas de las principales multinacionales del mundo, tiene una enorme capacidad de influencia política, social y mediática, y lo mismo apoya a la industria del tabaco y el negacionismo climático, que abandera la llamada Guerra Cultural contra la izquierda, o apoya golpes de Estado por todo el mundo. En España, uno de sus apéndices son las FAES (Fundación para el Análisis y los Estudios Sociales) que preside José María Aznar.

Atlas Network es sólo uno de los actores internacionales al servicio de las políticas más conservadoras. La lista es interminable. Más a la derecha se puede encontrar, por ejemplo, lo que se conoce como la Ibero Esfera, impulsada por Vox, organizada a través de la Fundación Disenso, y el llamado Foro Madrid, que ha conseguido conectar partidos políticos de España, Perú, Colombia, Nicaragua, Uruguay, Brasil, Cuba, Honduras o Chile. Y un poco más a la ultraderecha estaría, por ejemplo, la Alianza por la Paz y la Libertad (heredera del Frente Nacional Europeo), cuyo *think tank* es Europa Terra Nostra.

El panorama del poder de la ultraderecha internacional incluye también personajes como el agitador norteamericano Steve Bannon (fundador de la web *Breibart News* y asesor de Trump), cuyo ascendente en la derecha extrema se extiende *urbi et orbi*. En enero de 2017, fundó en Bruselas The Movement, que aspira a ser un punto de encuentro de todos los partidos reaccionarios de Europa. Incluso se podría incluir en la cesta al empresario libertario Elon Musk, que al transformar Twitter en X lo ha convertido en la plataforma soñada para difundir las ideas más extremistas. Todos estos actores tienen distintos grados de conexión, pero forman una red de defensa de interés comunes. Y un dato más: estas organizaciones antiliberales y empeñadas en hacer del mundo un lugar peor no solo no son progresistas, sino que tampoco rinden culto al diablo, son cristianos hasta el tuétano.

Dada la ola reaccionaria que sacude el mundo, no se puede negar el éxito de esta estrategia, de la que se pueden sacar algunas conclusiones. La primera es que «dominar el mundo» exige una estructura muy compleja. La segunda es que, mientras en esa hipotética lucha entre el Bien y el Mal, los presuntos partidarios de lo segundo son acusados de *globalistas* —frente al teórico patriotismo de los primeros—, lo único cierto es que el deseo de internacionalizarse y buscar alianzas fuera de las fronteras es condición *sine qua non* para intentar lograr algún resultado real. En el fondo, los defensores de la tesis de los Amos del Mundo son tan globalistas como esos fantasmas a los que dicen combatir.

La tercera, es la ingenuidad de los que creen que exista una cábala secreta que pretende instaurar una dictadura socialista global. La lucha por la hegemonía mundial se libra a plena luz del día. El marco de referencia de los que compran estas narrativas no es la realidad, sino la eterna lucha por el Bien aderezada con una puesta en escena propia de *Los protocolos de los sabios de Sión*. Aunque no parece que la realidad vaya a influir mucho en los que sigan percibiendo el culto al maligno como una amenaza que acecha en la sombra. Por supuesto, no es casualidad que los que defienden la teoría de la elite progresista satano-pedófila, se muevan tan a gusto en el marco de una ultraderecha, que se ha puesto de perfil en el caso de los abusos sexuales en la Iglesia Católica. En definitiva, una colección de mitos de proyección, el enésimo intento de deshumanizar al contrario y convertirlo en su caricatura para justificar cualquier ataque contra él.

EN ESPAÑA

Por suerte, en España, el satanismo cristiano no ha tenido excesivo recorrido, aunque no quiere decir que no asome la cabeza de tanto en cuanto. En abril de 2024, la Universidad Católica de Murcia organizó el Congreso *El Combate Espiritual: Ángeles y Demonios*, que se dedicaba a espiar a rivales políticos. El objetivo del encuentro era «proponer una atenta reflexión, unida siempre a la oración, sobre la lucha contra los astutos planes de destrucción y deshumanización llevados a cabo por el demonio en la realidad cotidiana de la vida cristiana. Frente a la obra de Satanás», explicaban en su web, «los ángeles […] defienden el gran misterio oculto de Dios». Es la misma universidad que preside el pintoresco empresario José Luis Mendoza, que se hizo famoso durante la crisis de la Covid por acusar a Bill Gates y George Soros —a los que tildó de «esclavos y servidores de Satán»— de querer implantar chips en las vacunas para controlar a la población.

Otro que está convencido de que el mundo está en manos de los adoradores de Satán es el director del digital *Rambla Libre*, Enrique de Diego. En su último libro *Letizia, satánica y adúltera* (2023), centrado en la figura de la reina consorte, asegura entre errata y errata que la monarca rinde culto al maligno, como parece demostrar el hecho de que sea seguidora del guionista británico Alan Moore y mantenga cierta relación con la artista serbia Marina Abramović, quien recibió el premio Princesa de Asturias en 2021.

Igualmente obsesionado con las redes satánicas que dominan el mundo, pero desde el punto de vista conspiranoico, está el periodista para mentes galácticas Rafa Pal, que vino al mundo para hacer que De Diego parezca sensato. A la lista se unen de vez en cuando luminarias como Lucía Etxebarría, que alertó de los peligros que acechaban tras la actuación con tintes satánicos de la cantante irlandesa Bambie Thug en la última edición de Eurovisión. Parecen casos anecdóticos, nada comparado con lo que ocurre en EEUU, pero son semilleros de disparates que poco a poco dan sus frutos.

EL FUTURO DEL SATANISMO

Aunque es aventurado imaginarse el futuro del satanismo, nada hace pensar que vaya a dejar de ser una realidad muy minoritaria, formada principalmente por gente que vive su experiencia como algo personal y tiene un contacto bastante limitado incluso con los que comparten sus creencias. EEUU, gracias al Templo Satánico, es el único país en el que puede convertirse en un agente de cambio, si sigue apostando más por su vertiente social que por la religiosa. Con todas sus contradicciones, tiene un líder inteligente y carismático, un mensaje claro y muy bien articulado. Aunque en los grandes temas sus batallas legales se cuentan por derrotas, ha conseguido algunos triunfos menores contra los privilegios del fundamentalismo cristiano en su país.

Es poco probable que se convierta en un movimiento de masas, pero como otras instituciones (la Unión por las Libertades Civiles, la Asociación de Ateos de América o la Asociación Humanista Estadounidense), no es tanto una cuestión de número como de conseguir cierto reconocimiento social que le permita convertirse en parte activa del debate público. En estos momentos, además de su defensa del derecho a decidir, TST se prepara para una batalla legal en Florida que sí podría ganar. El gobernador Ron DeSantis aprobó en abril de 2024 una ley que permite a capellanes sin ningún tipo de formación específica trabajar en colegios de hasta secundaria, en sustitución de los psicólogos infantiles. DeSantis aseguró públicamente que se impedirá a los satanistas beneficiarse de ella mientras la organización que dirige Lucien Graves insiste en que cuando la norma entre en vigor, ellos se acogerán a ella. El choque puede acabar en el Tribunal Supremo y tendría consecuencias legales sobre cómo aplicar la Primera Enmienda. Sería una batalla legal larga y costosa, pero la atención mediática que puede lograr el TST debería ser tenida en cuenta. No digamos ya si acaba ganando.

A nivel político, siendo el satanismo una antirreligión, sus propuestas resultarán más atractivas a medida que el integrismo cristiano gane fuerza. En ese sentido, el momento le es propicio. Trump consiguió su primer mandato gracias, en parte, al movimiento evangélico, un apoyo que conserva. A eso se ha sumado una nueva hornada de predicadores que se hacen llamar directamente profetas o apóstoles, y presumen de su relación directa con su dios. Muchos ven en ellos al magnate como un enviado divino. Lance Wallnau, Dutch Sheets, Cindy Jacobs, Rebecca Greenwood, Rick Joyner, Shane Vaughn, Che Ahn.... son algunos de estos líderes de lo que se conoce como Nueva Reforma Apostólica, y han recuperado lo peor del cristianismo satánico en su discurso político.

El telón de fondo de sus prédicas son movimientos como el Dominionismo, una corriente teocrática fundada en los setenta por el teólogo calvinista Rousas John Rushdoony que defiende que EEUU es una nación cristiana, y que la Ley suprema debe ser la Biblia. Otra ramificación es el movimiento Kingdom Now, que coincide con la anterior en creer que el pacto entre Yavhé y el pueblo elegido fracasó, y es la Iglesia la que debe sustituir a este último (es la Teología del Remplazo). Talibanes cristianos con otro nombre, estos predicadores defienden que Satán (padre de Caín) domina el mundo, y que sólo cuando se acabe con los que continúan su obra (liberales, ateos, proabortistas, partidarios de la separación iglesia estado... en realidad todo el mundo menos ellos) tendrá lugar el segundo advenimiento de Cristo. Son la versión protestante de lo que el teólogo español Juan José Tamayo denominó la Internacional del Odio. Y no se trata precisamente de ideas marginales: son estos movimientos los que marcan el perfil religioso de la CAPC (Conferencia Política de Acción Conservadora), la organización más influyente dentro del Partido Republicano americano. Son grupos ideológicamente muy extremistas que influyen en millones de americanos, pero que suelen pasar más o menos desapercibidos para el gran público o los medios de comunicación.

Para frenar esta ola conservadora que se extiende por el mundo como plaga de langostas es necesario un buen plan. Visto así, Satán es la mejor opción que les queda a los buenos.